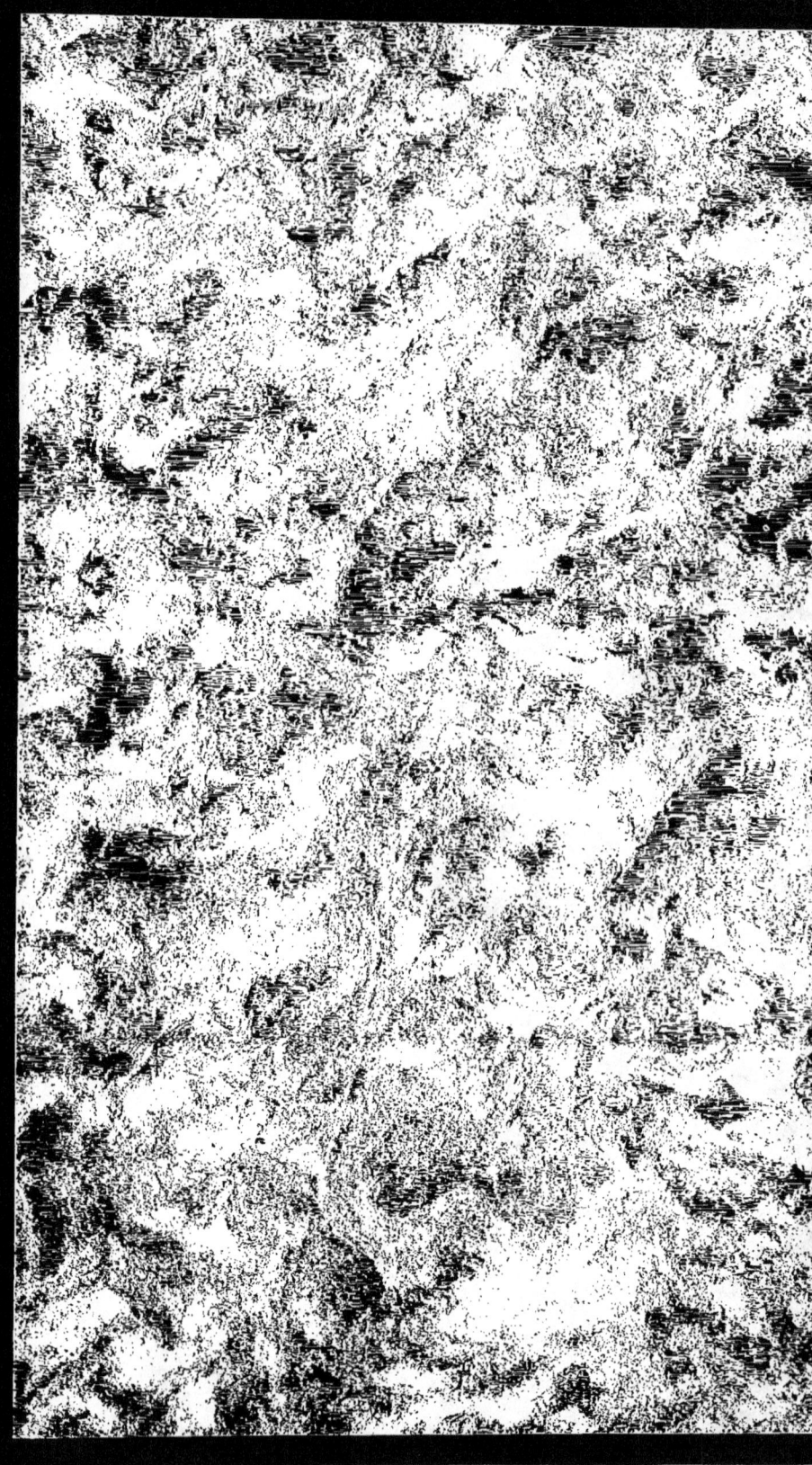

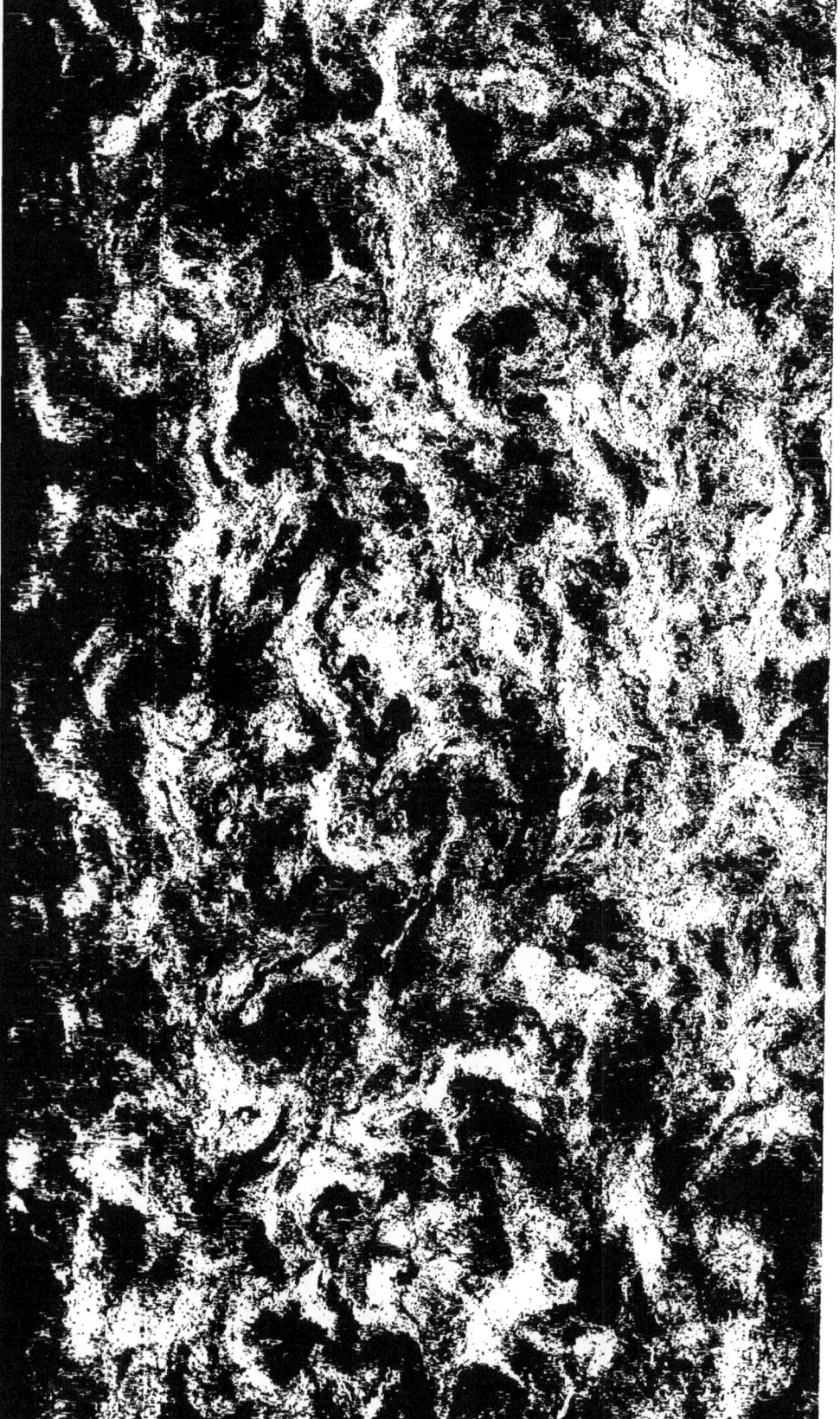

FERRET GUIONIE 1988

HISTOIRE

DE

L'ÉGLISE ST-GERMAIN D'AMIENS,

PAR

FRANÇOIS GUERARD

membre fondateur de la Société des Antiquaires
de Picardie, etc., etc.

AMIENS

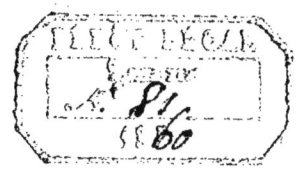

HISTOIRE
DE
L'ÉGLISE SAINT-GERMAIN D'AMIENS.

(Extrait du tome XVII des Mémoires de la Société des Antiquaires de Picardie.)

HISTOIRE

DE

L'ÉGLISE S^T-GERMAIN D'AMIENS,

OUVRAGE POSTHUME

De M. François GUERARD,

Conseiller a la Cour impériale,

Membre titulaire fondateur de la Société des Antiquaires
de Picardie, etc., etc.

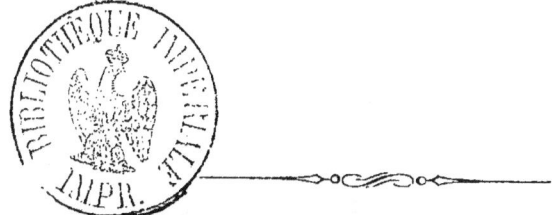

AMIENS,
IMPRIMERIE Ve HERMENT, PLACE PÉRIGORD, 3.
—
1860.

HISTOIRE

DE

L'ÉGLISE SAINT-GERMAIN, D'AMIENS.

De tous les monuments religieux renfermés dans l'enceinte de la ville d'Amiens à la fin du dernier siècle, le plus remarquable, sans contredit, fut toujours l'admirable basilique connue dans le monde sous le nom de Notre-Dame d'Amiens. Autour de ce chef-d'œuvre de l'art du xiiie siècle viennent se grouper, comme des enfants autour de leur mère, un grand nombre d'autres monuments également consacrés au service divin, mais d'une architecture moins riche, moins élégante, et d'un style beaucoup plus simple que celui dont tant de plumes savantes nous ont décrit les merveilles.

Un grand nombre remontaient à des époques plus ou

moins éloignées, à peine en reste-il quelques-uns. Presque tous ont été démolis, vendus, ou affectés à des services publics. Au milieu de tant de ruines il en est un cependant qui, depuis longtemps, s'était fait distinguer par la régularité de son style, l'élégance de son architecture, et que communément on se plaisait à regarder comme ce que nous avions de mieux après notre belle cathédrale. Heureusement, grâce à la destination plus que profane qui lui fut donnée durant la période révolutionnaire, l'église St.-Germain a échappé au marteau des démolisseurs. Rendu au culte en 1802, ce joli vaisseau de style flamboyant a été classé en 1841 au nombre des monuments historiques du département, et mis ainsi à l'abri du vandalisme. Si, sous le rapport de l'art, ce monument est digne de tout notre intérêt, disons aussi que, au point de vue historique, ses archives méritent d'être compulsées. Il y existe sans doute des lacunes considérables, mais ce qui nous reste n'est pas indigne de l'attention de l'historien ; et, quand on les a parcourues, on regrette plus vivement ce que le temps a détruit, et ce qui n'est point parvenu jusqu'à nous.

§ 1. Origine de l'Église St-Germain. — Son érection en paroisse.

L'église de St.-Germain ne remonte pas plus haut que le commencement du xv° siècle. Tous les détails de son architecture en portent le véritable cachet, et ses archives nous apprennent qu'elle ne fut pas achevée de suite, et que ce ne fut qu'à la fin de ce même siècle que trois maisons furent achetées pour la rallonger, construire le chœur et la terminer telle que nous la voyons aujourd'hui. On tomberait cependant dans une grave erreur si, ne se reportant qu'à cette époque, on pensait qu'il n'existait pas d'église St.-Germain dans des siècles plus éloignés, et si, comme l'ont prétendu quelques auteurs, on soutenait que St.-Germain d'Écosse n'a pas toujours été celui dont elle a porté le nom. Son origine est aussi ancienne que celle de la commune d'Amiens, et le monument de la foi de nos pères se rattache à celui de leur liberté.

Après la prise du château connu dans l'histoire sous le nom de Castillon, après la démolition de ce dernier rempart de la tyrannie des comtes, une ère nouvelle commençait à s'ouvrir, l'ordre renaissait de toutes parts, et chacun songeait à réparer les malheurs d'un long siége; mais une pensée générale dominait toutes les autres : une grande partie des églises avaient été détruites, et tout en en déplorant la perte, on voulait trouver les moyens de les rétablir. Selon l'usage du temps, on crut ne pouvoir mieux faire, pour se procurer les fonds nécessaires, que de promener la chasse de St.-Firmin dans les bourgs et les villages du diocèse. Tout le monde sait que c'était un des moyens les plus efficaces alors pour recueillir les aumônes suffisantes. Barthélemy l'avait employé après les malheurs arrivés en la ville de Laon ; les reliques des saints avaient été portées jusqu'en Angleterre, et on avait ainsi obtenu de quoi construire la principale église de son siége. Les hommages qu'on rendait alors aux saints, la vénération dont on entourait leurs reliques étaient tels que, dans toutes les contrées où elles étaient portées avec solennité, chacun s'empressait de venir déposer son offrande entre les mains des prêtres, persuadé que c'était un moyen sûr d'obtenir leur protection et leur appui auprès de Dieu.

Les habitants d'Amiens avaient toujours eu confiance dans les reliques de saint Firmin; tous le regardaient comme leur véritable défenseur, et dans les temps malheureux qui venaient de s'écouler, combien de fois n'avaient-ils pas vu Geoffroy aller sur le tombeau de Firmin implorer la miséricorde divine pour son peuple. Enguerrand de Boves, après la démolition de la tour, s'était empressé de convertir en église la prison où l'apôtre du diocèse avait été renfermé et dans laquelle il avait souffert le martyre. Cette dévotion, fondée sur la reconnaissance, était loin de s'affaiblir, lorsque, peu de temps après, arriva à l'une des portes de la ville un fait regardé alors comme un nouveau gage de la prédilection de Firmin pour les habitants de cette cité. Le peuple entier en avait été témoin, et Geoffroy n'avait pas laissé échapper l'occasion de lui rappeler que c'était à Firmin qu'il était redevable de sa liberté. Sa voix éloquente et persuasive qui, si souvent, avait électrisé les âmes, avait alors ranimé la foi dans les cœurs, et des aumônes considérables avaient été aussitôt déposées à ses pieds. L'histoire nous apprend qu'en cette circonstance ces offrandes furent tellement abondantes que, non-seulement elles suffirent à la reconstruction des églises, mais encore qu'il y en eut assez pour faire faire une chasse d'une grande richesse, en remplacement de celle qui avait été faite jadis par saint Salve.

Le fils de l'ancien commandant du château dans les

domaines duquel ce miracle avait été opéré, voulut en perpétuer la mémoire, et fit élever aussitôt, sur le lieu même, une église qui, depuis, a toujours porté le nom du premier évêque de ce diocèse. Mais cette fondation n'était pas le seul monument que la piété de cette famille dût faire construire en l'honneur des saints dont elle avait entendu préconiser la puissance. Le temps n'était pas éloigné où elle voudrait encore mettre les habitants de la ville d'Amiens d'une manière plus spéciale sous leur protection, et peu d'années devaient s'écouler entre la fondation des deux églises dont nous venons de parler et celle dont nous avons à retracer l'histoire.

Depuis longtemps, on avait entendu parler des merveilles opérées au tombeau d'un autre apôtre qui, jadis, traversant les mers, était venu apporter les lumières de l'Évangile dans un pays voisin. Guy, l'héritier des chatelains, et Mathilde sa femme, issue de la maison de Boves, possédaient dans les vastes domaines de ces deux maisons réunies un petit village sur les bords de la rivière de Bretizelle, aujourd'hui la Bresle. C'est là que saint Germain d'Écosse, en évangélisant les peuples, était venu verser son sang pour celui dont il annonçait la doctrine ; c'est là que, pendant quelque temps, son corps avait été confié à la terre pour devenir ensuite l'objet de la vénération des fidèles (1). Jamais, dit-on, les malheureux n'avaient en vain imploré sa puissance ; aussi ce village n'était-il plus connu

---

(1) S. Germain d'Écosse a reçu la couronne du martyre le 2 mai 480. Il avait été baptisé par S. Germain d'Auxerre. — LENAIN DE TILLEMONT, *Mémoires pour servir à l'Hist. ecclés.*, t. xv, p. 28, 2ᵉ éd.

que sous le nom de celui qui y opérait tant de merveilles, et qu'il porte encore aujourd'hui (1).

Selon la tradition, saint Germain, avant de mourir, avait obtenu de Dieu la grâce d'exaucer les vœux de tous ceux qui s'adresseraient à lui. Les miracles qu'il avait faits pendant sa vie, ceux qui, journellement, s'opéraient à son tombeau, fortifiaient cette opinion dans l'esprit des populations. Aussi voit-on que son nom était devenu célèbre, non-seulement en France, mais encore dans tous les pays qu'il avait parcourus. En Normandie diverses églises avaient été bâties en son honneur, plusieurs villages portaient son nom; et, au commencement du xiie siècle, la chapelle où son corps avait été déposé, était devenue un des pélerinages les plus fréquentés de toutes les provinces voisines.

De tels faits engagèrent Guy et Mathilde sa femme à élever dans la ville d'Amiens une église en l'honneur de saint Germain d'Écosse et à donner ce nouveau protecteur aux habitants. Ils voulurent qu'elle fût bâtie dans leurs domaines, non loin des murs de l'ancien château et près de l'endroit où fut élevé le monument qui devait transmettre aux générations futures l'époque de l'affranchissement de la cité. Pour assurer son existence, ils dotèrent cette chapelle de la propriété et de la dîme d'un champ qui, depuis, a toujours porté le nom de celui à qui cette église avait été dédiée.

Cette église n'était dans le principe qu'une simple cha-

(1) S.-Germain-sur-Bresle, petit village de 218 habitants, situé à un myriamètre environ d'Aumale, sur la route de Paris à Eu, est à l'extrémité du département de la Somme. — Voyez note A.

— 11 —

pelle, un oratoire construit pour la dévotion des habitants ; mais elle était destinée à servir bientôt de fondation à l'une des plus célèbres abbayes de cette ville.

On était en effet arrivé au temps où l'ami, l'émule de saint Bernard, devait venir changer les déserts de la forêt de Coucy en une nouvelle Thébaïde. Frappé sur le chemin de Freden comme autrefois l'apôtre des nations sur celui de Damas, le fils du comte de Guinnep s'était relevé en adorant la main du Dieu qui l'avait terrassé, pour devenir un de ses apôtres les plus fervents. Issu du sang des empereurs, Norbert, après avoir renoncé aux vains plaisirs des cours, avait vendu les immenses domaines que lui avaient laissés ses ancêtres, et en avait distribué le prix aux pauvres. Echangeant les riches vêtements qu'il portait contre une soutane de peau d'agneau, n'ayant qu'une corde pour ceinture, les pieds nus, il parcourait ainsi les pays témoins de sa jeunesse et de ses plaisirs, prêchant partout la pénitence et la réforme des mœurs. A peine entré dans la carrière apostolique, il avait eu le courage d'attaquer les déréglements des chanoines de Santen, sa patrie, et aussitôt on l'avait représenté comme un novateur, un hypocrite qui cachait de mauvais desseins (1). Ces calomnies, dictées par la ven-

(1) Ce que saint Norbert éprouva en cette occasion, n'était que le prélude de ce qui l'attendait sur le siége de Magdebourg. Etant archevêque de cette ville, il voulut réformer le clergé et on attenta plusieurs fois à sa vie. Il eut le même sort que tous ceux qui, à diverses époques, ont voulu porter la réforme dans les mœurs corrompues et ramener le clergé et les moines à la régularité dont ils n'auraient jamais dû s'écarter. — On peut rappeler ici pour exemple ce qui arriva à saint Geoffroy, à saint Charles Borromée, à l'abbé de Rancé et autres.

geance, n'avaient point ralenti son zèle ; déjà l'Allemagne avait retenti du bruit de ses prédications ; en France sa voix avait tonné dans plusieurs provinces sur les désordres du siècle ; enfin, dans tous les pays qu'il avait visités, sa vie simple et austère avait attiré l'admiration des peuples.

L'évêque de Laon qui, comme celui d'Amiens, avait si souvent gémi sur la corruption de son clergé et qui, comme Geoffroy, avait tant de fois essayé de ramener ses prêtres à des habitudes plus régulières, ne laissa pas échapper la nouvelle occasion que le Ciel allait lui procurer pour frapper un dernier coup. Norbert, dont on connaissait le zèle et le caractère, devait passer par Laon pour se rendre à Reims, lorsque Barthélemy l'engagea à tenter d'établir la réforme chez les chanoines de St.-Martin ; il y consentit, mais en vain : ses efforts ne furent point couronnés de succès. C'est alors que, voyant l'état désespéré de ce diocèse, et après s'être concerté avec l'évêque, cet homme apostolique prit le parti de se retirer dans un des lieux les plus déserts de la forêt de Coucy, avec quelques-uns des compagnons qui le suivaient partout, et de jeter en cet endroit solitaire les fondements d'un ordre religieux qui, sous sa direction, devait rétablir en peu de temps les mœurs antiques et la discipline sévère des premiers siècles de l'église. Bientôt à sa voix accoururent des hommes distingués par leur savoir et par le rang élevé qu'ils occupaient dans le monde. Les uns sortis des écoles de Laon, les autres appartenant aux principales maisons de la province, s'empressèrent de venir partager ses travaux et s'humilier sous la règle austère qu'il avait rédigée.

En fondant cet établissement, Norbert avait sans doute pour but de mettre un terme au relâchement déplorable dans lequel était tombé le clergé, et c'est pour cela qu'il voulut joindre la vie pénitente et austère à la profession canoniale. En agissant ainsi il allait donner à son ordre la prééminence sur la profession monastique, en vertu du caractère clérical qui y était uni (1). Mais là ne se bornaient pas les vues de ce saint personnage; une pensée plus vaste avait dicté sa résolution : il voulait travailler à l'instruction des peuples, à leur sanctification. Pour parvenir à ce résultat il sentait la nécessité de former des pasteurs capables de les instruire et de les édifier par leurs exemples. Ce n'était en effet que par ce moyen qu'il pouvait parvenir à dissiper les ténèbres dans lesquels la génération d'alors était enveloppée, et à faire connaître à ceux qui allaient être chargés de cette mission, les devoirs sacrés qu'ils auraient à remplir. Son attente ne fut pas trompée; à peine eut-on entendu parler de cet ordre nouveau qu'on le vit se répandre dans tous les diocèses avec une rapidité telle qu'en moins de trente ans on comptait déjà plus de cent abbayes (2).

(1) Abélard, contemporain de saint Norbert, se moqua de cette prétention et accusa Norbert d'abuser les peuples par de feintes résurrections de morts, etc. ; d'avoir eu la vanité d'instituer une nouvelle espèce de chanoines, etc. ; mais Clément VIII jugea cet ordre beaucoup plus avantageusement. L'objet de son établissement était, selon ce souverain pontife, de fournir aux peuples des pasteurs capables de les instruire. DENISART, V. *Prémontré.*

(2) Clément V regardait l'ordre des Prémontrés comme méritant une estime particulière des souverains pontifes et la confiance des peuples. Par un effet de cette persuasion, il lui accorda différents priviléges

— 14 —

Les persécutions que Geoffroy avait eu à souffrir, les efforts qu'il avait faits pour parvenir à la réforme de son diocèse, enfin tous les évènements accomplis sous son épiscopat n'avaient pas échappé à la mémoire de Guy. Élevé pour ainsi-dire sous les yeux de ce saint évêque, qui avait été lié d'une amitié si étroite avec son père, l'héritier des châtelains voulut exécuter ce que Geoffroy aurait fait lui-même et ce qu'il n'avait pu exécuter pendant sa vie ; pour celà il s'empressa de doter la ville d'Amiens d'un établissement qui promettait de si grands avantages pour l'avenir. Guy fit donc venir plusieurs religiéux de cet ordre et leur donna pour dotation première la terre de Marcelcave, les églises d'Outrebois, de St.-Firmin-au-Val, de St.-Germain, avec la dîme et le champ qui portait ce nom, etc. (1).

par une bulle du 8 octobre 1310, et singulièrement, 1° aux abbés, prieurs et supérieurs de l'ordre, de donner l'institution à ceux de ses membres nommés à des cures de l'ordre, lorsque les ordinaires refuseraient de la leur donner ; 2° il décida que les cures appartenant à l'ordre ne pourraient être impétrées, même à Rome, par des séculiers ; 3° que, cependant, lorsque l'ordre le trouverait à propos pour le bien public ou par nécessité, par exemple *pro defectu regularium*, il pourrait nommer à ces cures des ecclésiastiques séculiers, sans qu'en ce cas la possession pût changer et en prescrire l'état, etc.

Cette bulle et les priviléges qu'elle contient, ont été confirmés par une autre du pape Jean XXIII de l'année 1412 (dans laquelle elle a été transcrite) ; les rois Louis XI, Charles VIII, Louis XIV et Louis XV les ont autorisées par différentes lettres patentes. — *Ibid.*

(1) L'époque de l'arrivée des Prémontrés à Amiens, et par conséquent la fondation de l'abbaye de St.-Jean, se trouvent indiquées dans le vers suivants :

Anno milleno centeno bis duodeno,
Ambianis primo fundatur candidus ordo.

LA MORLIÈRE. — *Antiq. d'Amiens.*

Eustache, le premier prieur connu, eut pour résidence pendant quelques années le prieuré de St.-Firmin-au-Val, peu distant de celui de St.-Germain ; mais, en 1130, Gérard de Picquigny, les comtes de Ponthieu, de Boves, et les principales maisons de la contrée s'empressèrent d'augmenter les donations faites par Guy et sa femme.

Une charte de 1131 contient l'énumération des biens donnés dans le principe par le châtelain et de tous ceux qui y ont été ajoutés peu d'années après. Emanée de Guarin, évêque d'Amiens, cette pièce devient pour nous un titre précieux qui nous apprend, ainsi que je l'ai dit plus haut, que l'église St.-Germain existait plusieurs années avant l'introduction des religieux de St.-Norbert dans la ville d'Amiens, et que sa fondation a suivi de près la mort de Geoffroy, si même elle n'a eu lieu pendant sa vie, et l'établissement de la commune. Cet acte nous apprend encore les noms des personnes qui, les premières, en ont été les administrateurs. Le nom que ce monument, berceau de l'abbaye de St.-Jean, portait à son origine n'est plus désormais un problème ; appuyé sur la charte de 1131, comme sur toutes celles qui l'ont suivie, nous savons que le nom sous lequel cette église est aujourd'hui connue, a été le même dans tous les temps, à son origine comme depuis ; et qu'ainsi disparaît cette tradition erronée qui a fait penser à quelques auteurs que le nom de St.-Blaise lui avait été donné jusqu'en 1526. Si j'examine ce qui a pu donner lieu à une erreur aussi manifeste, je trouve que longtemps avant cette dernière époque il a existé dans cette église une confrérie connue sous le nom de St.-Blaise, qui même a duré jusqu'à la fin du dernier siècle, et qu'un grand concours de peuple avait lieu en l'honneur de ce saint dans l'église St.-Germain. Or il n'y a rien d'étonnant que le nom du saint qu'on venait prier au mois de février, ait remplacé dans l'esprit des pélerins celui de l'apôtre à qui l'église était dédiée et où reposaient ses reliques. Il serait facile de citer un grand nombre d'exemples de semblables méprises; au surplus, qu'il en soit ainsi ou non, toujours est-il que cette tradition ne peut se soutenir en face d'un acte aussi authentique que la charte de 1131, dont le texte entier se trouve dans le cartulaire de l'abbaye de St.-Jean.

Depuis l'époque où l'église St-Germain fut donnée aux enfants de saint Norbert, elle fut régie par l'abbé comme tous les biens de l'abbaye. Comme elle était peu éloignée du chef-lieu de cet ordre, un des religieux était chargé d'aller y célébrer le service divin. C'était une annexe de St.-Firmin-au-Val, et celui qui la desservait n'était point considéré comme titulaire, mais bien comme simple obédiencier, administrateur comptable et révocable à volonté. L'abbé en touchait donc les revenus, et comme exempt de la juridiction de l'ordinaire, il n'avait aucun compte à rendre de la direction des affaires spirituelles et temporelles. Cet état de choses dura jusqu'en 1198. C'est en cette année seulement que, conformément au concile de Latran de 1179, le légat du Saint-Siége ordonna à Odon de Crécy, abbé commendataire de ce monastère, de faire desservir les églises paroissiales qui en dépendaient par trois ou quatre religieux, à la condition que dans ce nombre il y en aurait un qui serait particulièrement chargé de la direction des âmes, et qui dépendrait de l'évêque pour tout ce qui regarderait le spirituel, quoique restant toujours soumis à l'abbé pour l'administration du temporel. L'évêque Thibault souscrivit à cet accommodement, et une charte spéciale de Guillaume, archevêque de Reims, confirma cette même année la transaction faite entre l'évêque et l'abbé de St-Jean. Cet acte nous apprend que tout en reconnaissant le patronage et le pouvoir de ce dernier sur le temporel, l'évêque s'était réservé le droit de donner le visa à la nomination des curés faite par l'abbé (1).

C'est donc à dater de l'année 1198 que l'église St-Germain, desservie de tout temps par des chanoines réguliers, a commencé d'être placée sous la direction de l'évêque d'Amiens, mais il est à remarquer qu'avant d'entrer en fonctions, le religieux désigné par l'abbé pour en être le curé, était obligé de prêter entre les mains de l'évêque un serment de soumission, d'obéissance, par lequel il prenait l'engagement formel de résider dans la paroisse, d'administrer les biens de l'église avec fidélité, de ne jamais les aliéner ni hypothéquer, et dans le cas contraire d'en assumer sur lui toute la responsabilité (2).

En 1217, le pape Honorius confirma et sanctionna les actes émanés de son légat, comme aussi ceux des évêques de Reims et d'Amiens (3). Cette sanction ne comprenait pas seulement les actes relatifs à toutes les églises paroissiales dépendantes de l'abbaye de St-Jean, elle s'éten-

---

(1) Note B.
(2) Note C.
(3) Note D.

dait encore à ceux qui étaient particulièrement destinés à régler la manière dont serait desservie l'église St-Germain. Déjà, peu de mois auparavant, ce même pape avait fait donner plusieurs bulles relatives à cette église (1). La première l'avait été au sujet de plaintes contre l'abbé de St-Jean, qui, disait-on, ne choisissait pas avec assez de soins les religieux qu'il nommait à cette cure, et quelquefois aussi désignait des hommes peu propres à remplir ces fonctions. La seconde portait que désormais cette église et ses dépendances appartiendraient à la mense commune, c'est-à-dire que la propriété n'appartiendrait plus exclusivement au chef du monastère, mais bien aux religieux et à l'abbé, d'où nous tirons la conséquence qu'avant 1217 ce dernier seul avait le droit d'en disposer (2).

Par ces divers règlements, cette cure venait de recevoir une institution définitive, mais un an s'était à peine écoulé qu'en 1218 l'église St-Germain devint la proie des flammes. Fut-elle rétablie immédiatement? ou bien laissa-t-on passer un certain nombre d'années avant de la reconstruire? C'est un fait sur lequel on ne trouve aucun renseignement. Généralement on pense qu'elle fut assez longtemps à être relevée de ses cendres, mais la liste des curés d'Amiens dressée d'après les registres de leur congrégation (3), ne nous fournit aucun renseignement

(1) V. Cartulaire de l'abbaye de St-Jean d'Amiens.

(2) Le droit de visite était payé à l'évêque par l'abbaye. Le 13 juin 1408, le prieur du couvent était assigné par l'évêque d'Amiens à l'effet de lui payer 10 sous qui lui sont dus *pour la visitation qu'il fit en l'église St-Germain*. Archives de la fabrique.

(3) Voyez note E.

avant 1280. C'est alors seulement qu'on y voit cette cure occupée par Guillaume de Ribemont ; et, comme on ne dit pas que ce religieux en ait pris possession cette année, mais seulement que des actes constatent son existence à cette époque, en prenant ce document pour base, il y aurait lieu de présumer que cette église n'aurait été reconstruite que dans la seconde moitié du xiii° siècle. Cependant il serait peu croyable que l'abbaye de St-Jean, propriétaire et du fonds et du revenu annuel, eût laissé écouler un espace de temps aussi considérable que celui d'un demi siècle, sans penser à la reconstruction de cette église, surtout lorsque l'abbaye avait à sa disposition les matériaux nécessaires. Si je consulte les archives du département, je vois en effet dans les titres de l'abbaye de St-Jean qu'outre les biens immenses qu'elle possédait à cette époque, en 1219, c'est-à-dire dans l'année qui suit l'incendie, Enguerrand de Picquigny confirma la donation faite par Raoul de Breilly, de toutes les pierres qu'elle voudrait extraire pour son usage dans la carrière de Belmetz. Il serait donc plus juste d'admettre que la liste des curés avant 1280 a été perdue, et que cette église n'a pas été reconstruite aussi tard que plusieurs auteurs l'ont pensé.

§ 2. Emplacement de l'Église. — Circonscription de la paroisse.

Avant de parler de la reconstruction, des restaurations diverses de ce monument depuis le xv° siècle, et des changements et des améliorations qu'on y a faits depuis son établissement primitif, je pense qu'il n'est pas sans intérêt de jeter un coup d'œil rétrospectif sur l'emplacement même où il fut élevé, et sur les lieux qui forment encore aujourd'hui la circonscription de cette paroisse.

En me reportant à la charte de 1131, dont j'ai déjà parlé, il me paraît incontestable que par ces mots *altare et campum sancti Germani cum decimâ*, le fondateur de l'abbaye de St-Jean a voulu donner à ce monastère trois choses : 1° *Altare*, l'église avec son produit ; 2° *Campum*, la propriété entière du champ sur lequel elle était bâtie ; 3° *Decima*, la dixme qu'il percevrait sur toute cette surface. Or cette église n'ayant jamais été changé de place depuis l'époque de sa fondation, il est constant que le terrain qui l'entoure aujourd'hui et forme la circonscription de sa paroisse, est le même champ, et la même portion du domaine donnée par le châtelain à l'abbaye de St-Jean. Une seule difficulté pourrait peut-être s'élever relativement à son étendue, à ses limites, mais elle me paraîtrait peu sérieuse, car les limites de ce champ se retrouvent dans l'ancienne circonscription de la paroisse (1), comme celle de l'ancien château dans la paroisse de St-Firmin-en-Castillon, de même que dans la paroisse de St-Firmin-au-Val se trouve encore l'emplacement de l'ancienne porte de la ville avec ses dépendances (2). Cela n'a rien d'étonnant, il en est des

---

(1) Nous ferons remarquer à l'appui de cette opinion que la plupart des divisions diocésaines de la France représentaient encore assez fidèlement sous Louis XVI, les divisions civiles de la Gaule au temps des Romains. GUÉRARD, *Index géograph. de César.* — WALCKENAER, *Géographie ancienne des Gaules.*

(2) Il faut toutefois avoir égard aux modifications que la construction de la ville et le percement des rues ont pu introduire avec le temps.

paroisses comme des villages. Qu'étaient en effet ces derniers dans le principe, si ce n'est des populations agglomérées sur un même point, soit autour d'un château-fort, soit autour d'un monastère, dans le voisinage desquels des populations éparses venaient se réunir pour en obtenir appui et protection ? En échange de l'asile qui leur était accordé, ces malheureux aliénaient leur liberté, consentaient à défricher des terres incultes, à les cultiver, et s'engageaient à payer les divers tributs qui leur étaient imposés. Si telle a été l'origine de la plupart de nos villages, nous pouvons dire aussi que telle a été l'origine des paroisses. Près d'une ferme, au milieu des riches domaines d'une antique abbaye, s'élevait toujours une église, qui d'abord n'était que la chapelle de la ferme ; les religieux y célébraient le service divin, et les domestiques y assistaient les dimanches et les fêtes. Plus tard on permit aux prieurs d'administrer les sacrements à ceux qui demeuraient dans ces fermes, et enfin on étendit ce droit sur toutes les personnes qui étaient venues s'établir dans les environs, parce que la plupart travaillant à l'exploitation de ces domaines, en étaient en quelque façon comme les domestiques. C'est ainsi que peu à peu on vit, sur toute la surface de la France, les chapelles des fermes devenir des églises paroissiales et par la suite des titres perpétuels de bénéfice.

Une des conditions requises pour qu'une église fût regardée comme paroisse, a été, dans tous les temps, qu'elle eût un terrain circonscrit et limité, or l'église St-Germain s'est trouvée dans ces conditions dès le principe. D'après la charte de 1131, nous avons vu qu'elle avait, longtemps avant d'être érigée en paroisse, une circonscription et des limites fixes. C'était l'étendue du champ sur lequel elle était bâtie, et les bornes de ce champ. Le ressort de cette paroisse s'étendait autrefois depuis la rue du Beffroi jusqu'à la hauteur de la place du Petit-Quay, et depuis la place Maubert environ jusqu'au Marché-aux-Herbes, ce qui donne à peu près à ce terrain une étendue de 310 mètres de longueur sur 210 de largeur. Cette circonscription remonte à la plus haute antiquité ; il est à penser, et tout me porte à croire qu'elle nous indique la superficie et les limites véritables du champ sur lequel elle a été bâtie, en y comprenant toutefois une partie considérable du grand marché.

A l'appui de ce sentiment je puis invoquer le témoignage de l'histoire locale, car, en parcourant les antiquités du chanoine de La Morlière, je vois qu'en 1391, lors de l'incendie de la grande boucherie, les religieux de St-Jean ont fait valoir leurs droits sur le terrain où étaient les maisons consumées par le feu. Je vois en outre qu'en 1405 une transaction a eu lieu entre les mêmes religieux et le corps de ville, relativement à ce terrain qui devait rester vague pour l'embellissement du marché. « La grande boucherie, dit cet auteur, qui avoit esté
» longtemps sur le marché commençant au coing de la
» rue du Beffroy, fut entièrement bruslée, avec les mai-
» sons des bouchers là auprès, pourquoy du congé du
» Roi on la transféra au lieu où elle est à présent, jadis
» nommé les Vieils Meseaux. »

Il est bon de remarquer encore que par la transaction de 1405, Guillaume de Montonvillers, abbé de St-Jean, obtint du corps de ville divers droits (parmi lesquels on remarque celui de nettoyer les fossés du marais entre St-Maurice et Longpré) en échange de l'abandon qu'il fit de quelques places demeurées vides après l'incendie des boucheries, au coin en faisant le touquet de la rue de la Poterie, à présent dite du Beffroy, sur le grand marché.

Ce n'est donc point sans fondement que nous pensons retrouver dans l'ancienne circonscription de la paroisse St-Germain, l'étendue et les limites du champ dont parle la charte de 1131.

Si nous examinons maintenant avec attention la position du terrain dont il est question, et que nous regardons comme une dépendance de l'ancien château au commencement du xiie siècle, il sera impossible de ne pas reconnaître dans le champ St-Germain le lieu dont parlent les historiens, qu'ils qualifient de *vaste esplanade* qui se trouvait jadis dans les environs de la rue des Vergeaux, et où Mérovée fut, dit-on, porté sur le pavois. Pour en acquérir la conviction, il suffit, selon nous, de réfléchir à la signification du mot *Campus*.

Campus signifie bien, il est vrai, une plaine cultivée ou susceptible de l'être, mais on l'emploie plus spécialement pour indiquer une vaste plaine, une grande place, soit à la ville, soit à la campagne, à la différence du mot *Ager*, qui a un sens beaucoup plus restreint, et ne s'applique qu'à un champ, une terre labourable ou susceptible de l'être. C'est ainsi qu'on se sert du mot *Campus* pour désigner le Champ de Mars où se réunissait le peuple romain, le lieu où se tenaient les états, les assemblées de la nation. Or tout le monde sait que ce château, qui fut pendant si longtemps regardé comme imprenable, et dont le siége dura plus de deux années, avait été bâti par les Romains pour contenir le peuple et assurer la levée des impôts. On sait de plus que les empereurs y faisaient leur résidence, et qu'après avoir appartenu aux comtes, il passa définitivement avec toutes ses dépendances entre les mains du châtelain. Si nous nous reportons maintenant à l'époque de la fondation de l'église St-Germain, qui, comme nous l'avons vu, a suivi de très près la démolition du château, nous ne pourrons nous empêcher de reconnaître qu'une place a dû exister devant ce château et que, par suite de cet évènement, la place qui dépendait de cette tour avait perdu toute son importance, toute son utilité. Le châtelain n'avait plus aucun intérêt à la conserver dans son état primitif, et il a dû songer à en tirer un produit ; la dixme qu'il y établit, le prouve suffisamment. Or quoi de plus naturel qu'il en attribuât les fruits à l'église qu'il faisait construire en l'honneur de St-Germain d'Écosse, et qu'il les employât à la dotation de l'abbaye de St-Jean. C'est donc avec raison que le rédacteur de l'acte de 1131 s'est servi du mot *Campus*, voulant exprimer ainsi d'une manière plus spéciale et plus claire ce qu'était, à l'époque de la donation, et ce qu'avait été antérieurement, le terrain qui en faisait l'objet.

Une fois ces faits reconnus constants, que de nobles souvenirs viennent ici se retracer à notre mémoire ; aux pieds de ce château et sur le lieu même où se trouve aujourd'hui la paroisse St-Germain, j'aperçois les Césars, ces dominateurs du monde, rassembler leurs cohortes et passer en revue leurs légions ; ici, Claude, marchant à la conquête des Bretons, porte des lois contre les Druides et leur culte barbare ; Vespasien visite un peuple fidèle ; Antonin, Marc-Aurèle en embellissant notre cité, la rendent une des plus florissantes de la seconde Belgique, et en sont regardés comme les fondateurs (1). Là Probus vient s'opposer à l'irruption, aux courses incessantes des barbares, il transporte la vigne dans nos climats et nous en permet la culture ; Constance-Chlore amène attachés à son char les Bataves, ses ennemis vaincus ; Constantin dispute l'empire à Maxence ; Valentinien remet entre les mains de son fils les destinées de Rome ; et Gratien reçoit avec la couronne le titre d'Auguste, au son des fanfares, aux acclamations unanimes du peuple et de l'armée toute entière. Plus tard je vois encore dans ce lieu les habitants d'Amiens réunis, s'affranchir de la domination romaine; le peuple en armes s'y rassemble pour s'occuper des grands intérêts de l'État ; il fonde la monarchie en portant sur un bouclier et promenant autour du camp celui qu'il choisit pour son chef, et dont le nom doit immortaliser la première race de nos rois (2). Qui de nous, enfin, pourrait avoir oublié que, pendant deux années, cette même place, ce même terrain a été

---

(1) *Civitatem quam Antonius Pius cum filio Aurelio condidit, et Somonabrinam ab adjacente flumine appellavit. Gratianus imperator suo dominio mancipatam, mutato nomine, Ambianis, ab ambitu fluminum facit vocari.* — SIGEBERT, *Chron. ann.* 382.

(2) Clodion, après la bataille de Hem en Artois, vint, en 445, établir son empire à Amiens ; il fixa sa résidence en cette ville et y mourut. Mérovée fut choisi pour lui succéder, et porté sur le pavois. Childéric continua aussi d'y habiter. — MÉZERAI.

arrosé du sang de nos frères, lorsque, soutenus par Geoffroy, hommes, femmes, enfants et vieillards venaient à l'envie chercher la mort aux pieds de ce formidable château, pour parvenir à la conquête de notre liberté.

J'ai dit en commençant que l'origine de l'église St-Germain se rattachait à l'établissement de la commune d'Amiens, et cela me paraît démontré; maintenant j'ajouterai que la constitution de cette paroisse a été la suite de l'émancipation de la cité et je le prouve en peu de mots.

Affranchis de la domination des comtes, les habitants ne tardèrent pas à sentir les bienfaits du régime nouveau qu'ils venaient d'établir; la ville avait été constituée en commune, et l'industrie, le commerce et les arts prirent bientôt un nouvel essor. Attirés par les franchises dont jouissait la cité, des étrangers nombreux, jaloux d'y participer, vinrent y fixer leurs demeures; des manufactures inconnues jusqu'alors s'élevèrent dans son enceinte, et la ville d'Amiens reprenant le rang distingué qu'elle avait jadis occupé dans les Gaules, redevint par son commerce et ses relations extérieures l'une des plus florissantes du royaume. A mesure que des établissements nouveaux se formaient, la population toujours croissante faisait sentir le besoin d'augmenter le nombre des habitations, et d'utiliser les terrains qui y étaient propres. A l'exemple de tous les ordres religieux, les Prémontrés s'empressèrent de favoriser ce mouvement, ils concédèrent le droit de bâtir sur le champ qui leur avait été donné, et sur la place de l'ancien château s'éleva bientôt un quartier nouveau. C'est ainsi qu'à la fin du xiie siècle une nouvelle ville s'était formée autour de l'église St-

Germain, et que ce monument de la foi du dernier des châtelains en était déjà constitué la paroisse.

§ 3. État de l'Église St-Germain au xiv⁰ siècle. — Sa reconstruction au xv⁰.

Ainsi que je l'ai dit plus haut, le commencement du xiii⁰ siècle avait vu la flamme dévorer la chapelle élevée par les soins du fondateur de l'abbaye de St-Jean, et les religieux la faire renaître de ses cendres. A cette époque l'église suffisait aux besoins de ce quartier, mais plus tard il n'en fut plus ainsi. L'église resta encore dans cet état pendant tout le xiv⁰ siècle, soit que pendant ce temps les guerres continuelles que la France avait à soutenir contre l'Angleterre aient exclusivement préoccupé les esprits, soit que par suite des invasions et de tous les malheurs qu'elles traînent toujours après elles, l'abbaye et ses administrateurs aient manqué de ressources pour l'agrandir, toujours est-il qu'on ne pensa à lui donner une plus grande dimension que dans la première moitié du xv⁰ siècle, et que le projet n'en fut réalisé qu'à la fin du xvi⁰, ainsi que nous le verrons plus tard.

On trouve peu de renseignements sur l'église St-Germain et sur son administration pendant le xiv⁰ siècle, cependant il existe dans les archives de cette paroisse des documents sur cette époque qui sont loin d'être dénués d'intérêt, je veux parler des anciens titres des maisons achetées au xv⁰ siècle pour le rallongement de l'édifice ; ces titres sont d'autant plus précieux pour son histoire qu'ils nous dépeignent de la manière la plus certaine la physionomie du terrain et du monument au xiv⁰ siècle, conséquemment avant l'existence de celui que nous admirons aujourd'hui.

Cette église, tournée vers l'Orient, avait son entrée par la rue que nous connaissons sous le nom de Basse rue St-Germain, elle était située entre deux autres rues, l'une dite de *Coquerel*, l'autre des *Mailles*. La première avait porté le nom de Coquerel depuis son origine ; mais, au commencement du xv⁰ siècle, lorsqu'on s'occupa de la construction de l'église, on lui donna le nom de St-Germain qu'elle porte encore. La seconde n'existe plus depuis l'établissement de l'église actuelle, d'abord on en supprima une partie en construisant la nef, et le surplus en édifiant le chœur, enfin le terrain qu'elle occupait a été entièrement compris dans la largeur de l'église.

La longueur de ce monument au xiv⁰ siècle se trouve fixée d'une manière certaine par un acte de 1487. Je lis en effet dans le titre constitutif des logettes adossées contre l'église actuelle, qu'*il est concédé une portion de terre amortie contenant cinquante-cinq pieds environ, étant entre les cinq piliers de l'ouvrage neuf de l'église St-Germain, à prendre depuis le viel ouvrage, jusqu'à une maison qui fait le coin de la rue qui mène derrière l'église*. Comme on sait que la première partie de ce monument fut construite sur le terrain occupé par l'ancien, en jetant les yeux sur cet édifice, il est facile de voir que ce qu'on appelle le *viel ouvrage,* se terminait à peu près aux marches du chœur, et que l'ancienne église avait au xiv⁰ siècle environ 22 mètres de longueur. Sa largeur comprenait, avec le bas-côté sur la rue St-Germain, la presque totalité de la nef, car il est à remarquer que le bas-côté Nord ne fut construit que longtemps après.

Dans la rue des Mailles, qui longeait cette église au Nord, se trouvaient contre les murailles, le presbytère, le cimetière, ainsi que quelques maisons achetées et démolies vers 1415. Le terrain qu'ils occupaient et celui de la portion de rue où ils étaient placés, furent employés à l'agrandissement du nouveau monument. C'est alors que la rue des Mailles fut fermée, ainsi que nous le dit le Père Daire, mais non dans toute son étendue; on y arrivait encore par la rue de la *Poterie*, cela était nécessaire pour aller au presbytère. Cet état de choses a duré jusqu'à l'époque où de nouvelles constructions nécessitèrent le changement de la demeure du curé, alors seulement le presbytère fut transporté près de l'abside, et une porte d'entrée fut établie dans la rue de la Poterie.

Dans la seconde moitié du xve siècle, on pensa à rallonger et à finir l'église en construisant un chœur. C'est pour cela qu'en 1452 Pierre Estocquart et les principaux paroissiens achetèrent tout l'emplacement compris entre la rue St-Germain et la rue des Mailles, et depuis l'église jusqu'à la rue du Four de la Poterie. Ce terrain contenait plusieurs maisons et jardins; la principale avait son entrée par la rue St-Germain, elle faisait le coin de la rue qui mène derrière l'église, on arrivait dans les autres par la rue du Four de la Poterie. Des titres anciens, de 1362, 1364, etc., en indiquent les tenants et les aboutissants, et font connaître en outre les noms des propriétaires auxquels ces maisons ont appartenu, de même que l'usage auquel ce terrain était alors destiné.

Deux cyrographes de 1362 nous apprennent que « le
» derrain jour de juin, Beuves de Samers, fille de Mathieu
» Samers, a recognu par devant les maieur et échevins,
» avoir livré heritaulment et à toujours, moyennant
» 10 livres parisis de cens ou rente annuelle, à Ricart
» le Toillier, bourgeois d'Amiens, une masure avec
» toutes les appendances et appartenances d'icelle, ainsi
» qu'elle se comporte et estend de tout côté, en laquelle
» le four qu'on dit de St-Germain, soulait estre assis en
» le parois tenant à l'église St-Germain, d'une part, et
» fait le touquet de la rue qui va de la dite poterie, en
» la rue des Merderons et aboute par derrière à le mai-
» son du presbytère de le dite église »

Dans une autre pièce relative à la même maison, je vois, en 1364, une semblable désignation à laquelle on ajoute: *la ruelle susdite conduit à la rue des Merderons et au pont de la Coque ;* or il est bon de mentionner ici que le pont ainsi dénommé au xive siècle, est le même qui porte aujourd'hui le nom de *Pont-Troué* (1).

(1) Suivant l'opinion de Daire, ce nom de *Pont-Troué* serait celui d'une famille. Je ne nie pas ce fait; cependant, si j'en crois certains renseignements donnés par des personnes fort âgées, il me semble qu'il pourrait en être autrement. Il m'a été affirmé qu'anciennement se trouvaient sur ce pont des lieux d'aisance publics, ce qui aurait pu donner lieu à la dénomination de pont *troué;* ce fait est loin de me paraître invraisemblable, surtout en me reportant à l'ordonnance de l'échevinage, relative à l'établissement d'une halle aux cuirs, en 1543, et où il est dit qu'il y avait en cet endroit des *chambres secrettes.* Quoiqu'il en soit, il ne peut être révoqué en doute qu'au xive siècle le pont dont il est ici question se nommait le pont de la *Coque.* Cette indication, dans un acte de cette époque, prouve évidemment l'antiquité de ce pont, et le nom qui lui avait été donné nous apprend aussi

Dans un cyrographe du 1er juillet 1364, je vois :
« Ricart le Forestier, dit le Toillier, bourgeois d'Amiens,
» céder à cens par devant les maieur et eschevins, à
» Jehan Bouclies, boulanger, et à Jehanne, sa femme,
» une maison que le dist livreur avait en la rue de la
» Poterie, tenant à une maison qui est au dist livreur
» de ce tenement, et tout à en comble d'une part, et
» fait le touquet de la ruellette qui va de la dite Poterie
» sur l'eau des Merderons, et aboute par derrière à la
» maison du presbytère. » On ajoute dans cet acte : « Ne
» porront les dits preneurs ni leurs hoirs et ayant cause,
» d'eux ni de la dicte maison livrée faire ne faire faire,
» ne asseoir en le dicte maison ou en le cours d'icelle
» aucun édifice, en manière que le dicte église St-
» Germain soit accourchie, ni endommagée, en aucune
» manière, et pour cette condition que en la dicte mai-
» son livrée, ou en le court d'icelle sera fait un riez par
» lequel la dicte maison appartenant au dit livreur,
» qui tient à l'église, ara son cours et esseau tout autour
» d'icelle en allant à le dicte ruellette. »

Enfin dans des actes de 1405, 1406, 1407, je vois

qu'il avait été établi jadis en cet endroit un passage sur la rivière, avant même l'établissement du pont. Sans entrer dans le domaine des étymologistes, ne peut-on pas dire en effet que par le mot *Coque* qui vient de *Concha* et qui, suivant Ménage et Rocquefort, était autrefois employé pour signifier un *bateau*, on a voulu rappeler qu'avant d'établir un pont en cet endroit on y avait placé un bac ou bateau pour l'utilité des habitants, et pour leur faciliter les moyens d'arriver à l'église et à la Poterie. Or cela n'aurait rien qui pût nous surprendre, si nous voulons bien faire attention à l'état comme à la situation de la ville à cette époque.

qu'il existait sur le même emplacement deux autres maisons appartenant à la famille Aucoste, d'Abbeville, et données par elle à cens à un nommé Miquiel Acateblé, que nous trouvons parmi les bienfaiteurs de cette église ; ces maisons sont désignées, tenant ensemble et séant en la rue de la Poterie, tenant d'un côté à l'église St-Germain, d'autre à la ruelle des Mailles, et aboute par derrière à la maison du presbytère d'icelle église.

Afin de faire mieux connaître la physionomie du terrain de l'ancienne église, je puis ajouter encore aux actes que je viens de citer un dernier renseignement que je trouve dans un inventaire de 1641, où je lis qu'outre les maisons décrites ci-dessus il existait encore un petit *court, fourchelle et étable*, appartenant à la fabrique et qui allait depuis un *pastel* jusqu'au presbytère, auquel il y avait un huys perdu qui faisait issue sur la ruellette appelée *Four de la poterie;* ce petit court était loué à un nommé Deslaviers, pâtissier, qui avait une maison y attenante.

De toutes ces pièces résulte bien évidemment la preuve que le terrain dont il s'agit était couvert de maisons et que toutes elles tenaient à l'église et au presbytère ; mais ce n'est pas là le seul renseignement qu'elles nous fournissent, il en est encore un autre qu'il importe de constater ici pour l'histoire de notre cité. Le premier titre dont j'ai parlé nous apprend en effet que, contre l'église St-Germain, il existait, au XIIIe et au XIVe siècle, un four à poterie (1) et que c'était là que se fabriquaient à cette époque tous ces vases, toutes ces poteries du moyen-âge

(1) Des lettres de l'Official d'Amiens, à la date du 1er octobre 1269, nous apprennent le nom du propriétaire de ce four. — Note F.

que nous recueillons avec tant de soins et qui attirent l'attention des amateurs de l'antiquité et des arts. Pendant longtemps on a cherché à savoir en quel lieu les fabriques de cette espèce avaient été placées. Diverses découvertes ont fait penser que sous la domination romaine il en avait existé près du bastion de Longueville. De nombreux débris de poteries rouges trouvés à St.-Maurice, sur lesquels se voyaient des bas-reliefs, ont fait penser que dans ce faubourg avait autrefois existé une fabrique de poterie, à l'époque où les Romains étaient maîtres de nos contrées. Jusqu'à présent on n'avait rien trouvé qui indiquât la trace des fabriques de ce genre au moyen-âge ; le titre dont je parle nous fait connaître d'une manière positive le lieu où elles étaient situées. La place où était construit le four une fois connue, il est facile de déterminer celle des ateliers, des fosses dans lesquelles on déposait et préparait les matières propres à ce genre d'industrie, et je la trouve en face du four, c'est-à-dire sur le terrain compris entre l'église St.-Germain et le Beffroy. Nous avons vu plus haut que, suivant La Morlière, la rue du Beffroy avait porté précédemment le nom de rue de la Poterie ; or, en rapprochant de cette indication l'acte de 1362, qui fixe d'une manière incontestable la position du four, il est évident que les ateliers ont dû nécessairement être placés à l'endroit que je désigne. A la proximité du four vient encore se joindre l'usage constant de vendre la poterie en cet endroit. Il n'est personne de nous qui ne se rappelle avoir vu, pendant longues années, étaler et vendre de la poterie autour du Beffroy, et particulièrement du côté de la rue des Chaudronniers ; cet usage qui, malgré les réglements de police, s'est constamment perpétué, vient donc attester encore que c'était dans ce lieu que se vendaient autrefois les marchandises de cette espèce, près de l'endroit où elles étaient fabriquées.

Tel était, à la fin du xiv° siècle, l'état du terrain sur lequel l'église St.-Germain a été construite.

Dans la première partie du xv° siècle on s'était contenté d'utiliser l'emplacement de l'ancienne église, en y comprenant une partie de la rue des Mailles. On s'était arrêté à peu près à la hauteur du transept ; mais lorsque les maisons dont j'ai parlé eurent été achetées et démolies, des constructions nouvelles vinrent bientôt s'unir aux anciennes. Le chœur s'éleva ; peu de temps après le bas-côté nord vint compléter l'édifice, et c'est alors que la rue des Mailles, supprimée dans toute sa longueur, fut entièrement comprise dans l'église. Par suite de cette construction, le presbytère dont le terrain était aussi devenu nécessaire, fut transféré près de l'abside et eut son entrée dans la rue du Four de la Poterie. La largeur du monument actuel prise à la hauteur du chœur, donne une idée exacte du terrain acheté et employé pour la réédification de l'église. On tomberait dans une grave erreur si l'on prenait pour base la largeur de la nef, car la différence qui existe entre ces deux parties de l'église vient de la nécessité où l'on fut plus tard de donner une dimension plus vaste à cette dernière partie.

Si je consulte les lettres d'amortissement accordées par Louis XI, je vois qu'en 1470 la paroisse St.-Germain était une des grandes paroisses de la ville, que sa population égalait celle des autres et que l'agrandissement de cette église était d'autant plus urgent qu'en un jour solennel le peuple pouvait à peine y tenir tout entier. Si on veut bien se rappeler en outre qu'à cette époque les chœurs des églises étaient spécialement consacrés aux prêtres, qu'il était expressément défendu aux laïcs d'y entrer, on concevra facilement que la construction du chœur et des deux bas-côtés ne pouvait suffire aux fidèles et qu'il y avait nécessité de donner encore à la nef une plus grande dimension. Aussi voyons-nous que, si on ne put agrandir la nef à cette époque, faute de terrain, on ne renonça point à ce projet, et qu'il fut effectué aussitôt que cela fut possible. La nef était en effet l'emplacement destiné aux laïcs dans les temples. C'était là que, du haut du jubé ou d'une chaire placée dans son enceinte, la parole de Dieu était annoncée au peuple. Dans presque toutes les églises des couvents et principalement dans celles des religieux mendiants, il se trouvait même en face de la chaire une espèce d'enfoncement formant bas-côté, qui se terminait à la hauteur du chœur et qui portait le nom d'*auditoire*. Les archives nous apprennent l'époque à laquelle la nef reçut enfin une dimension plus grande et définitive. Nous y voyons que cela n'eut lieu que longtemps après l'élévation du chœur. Dans les titres de fondations, on trouve un acte de 1530 par lequel Claire Dupont et Marie Delattre, sa belle-sœur, donnent à l'église une maison ayant son entrée dans la rue des Merderons et tenant de l'autre bout à l'église. L'acte porte que cette donation est faite pour faciliter l'agrandissement de l'église. Dans la même liasse il existe des pièces qui viennent démontrer que la volonté des donatrices a reçu son exécution et que le court de cette maison a été effectivement employé à cette fin. En 1559 je trouve encore un acte indiquant que les marguilliers ont acheté une maison voisine de celle dont il vient d'être parlé, pour augmenter et élargir la fabrique, c'est-à-dire la nef. Ce n'est donc qu'en 1559, après l'acquisition de cette maison, que la nef a été entièrement terminée. Le mot *fabrique*, employé dans l'acte de 1559, désigne d'une manière toute spéciale la partie de l'église qu'on voulut élargir alors, et il est évident que c'est celle où le peuple se rassemblait et dans laquelle les administrateurs de la fabrique exerçaient leurs fonctions. C'était en effet dans la nef qu'était placé le banc d'œuvre, et c'était sur ce banc que les reliques étaient exposées, les collectes faites, et que le pain bénit était découpé pour être distribué au peuple. Ces titres nous indiquent donc de la manière la plus certaine que l'église St.-Germain, commencée dans la première partie du xv° siècle, n'a été terminée et mise en l'état où nous la voyons aujourd'hui que vers 1560, c'est-à-dire plus d'un siècle après.

J'ai dit que la reprise des travaux pour la construction du chœur n'avait eu lieu que vers la fin du xv° siècle, et nous sommes heureux de pouvoir ici en fixer la date précise. Les lettres d'amortissement accordées par le roi Louis XI sont bien, il est vrai, datées de 1470, mais il est à remarquer qu'elles ne furent pas enregistrées tout de suite par le corps de ville. Cette formalité n'eut lieu que le 1er avril 1478, après le remboursement total des cens et rentes constitués sur les maisons dont l'acquisition avait été faite. Le contraire a été cependant avancé par certains auteurs, mais les lettres de 1478 viennent repousser leur assertion. En examinant leur contenu, on voit que le Corps de ville, avant de laisser commencer les constructions, avait exigé qu'il fût constitué à son profit et à titre d'indemnité, une rente annuelle de quarante sols, et que les marguilliers consentirent ce même jour à lui abandonner cette somme à prendre en premier sur un cens de soixante-six sols neuf deniers mailles, au paiement duquel était affectée une maison rue des Vergeaux appartenant à l'église et provenant d'une fondation faite par Jeanne de Beaupigné. Il reste donc constant que les travaux dont il s'agit n'ont pu être commencés plus tôt qu'en avril 1478, et nullement en 1477, ainsi qu'on l'a prétendu.

Si je consulte les historiens de la cité, je vois que le corps de ville a contribué à l'agrandissement de l'église St.-Germain en donnant des matériaux provenant des anciennes fortifications. Mon intention n'est point de chercher à mettre ici les auteurs en défaut ni de contredire leur assertion assez peu importante d'ailleurs, mais il me sera permis d'examiner jusqu'à quel point elle est fondée pour connaître la part que le Corps de ville a effectivement prise à l'établissement de ce monument.

Par l'acte du 1er avril 1478 il est bien constant que la permission de bâtir n'a été accordée qu'à dater de ce jour. On y voit bien qu'en octobre précédent des pourparlers avaient eu lieu entre les échevins et les marguilliers sur la fixation du chiffre de l'indemnité réclamée par la ville, mais on y remarque aussi que cette dernière ne voulut faire aucun abandon des prétentions qu'elle avait émises, et que cette indemnité fut définitivement réglée et payée le 1ᵉʳ avril. Ceci posé, il est naturel de penser que, si des matériaux ont été donnés, ils n'ont pu l'être qu'après la permission de bâtir, et non dans l'année qui l'a précédée ; or, c'est précisément le 21 avril que nous voyons les paroissiens demander au Corps de ville les pierres provenant d'une ancienne tour, et le Corps répondre à leur demande par un refus, en ajoutant que ces pierres seraient employées aux ouvrages de la ville. Dira-t-on que dans l'espace de temps écoulé entre le 1ᵉʳ et le 21 de ce mois, une concession avait été faite ; celà ne paraîtrait pas vraisemblable ; deux décisions aussi contradictoires n'auraient pu être rendues dans l'espace de vingt jours. L'assertion avancée me paraît donc peu exacte, et si le Corps de ville a contribué en quelque chose à l'édification de l'église St.-Germain, on ne peut admettre que les matériaux nécessaires ont été fournis par lui. Je crois qu'il est plus vrai de dire que la ville n'y a pas contribué, et que, si ce monument, comme on n'en peut douter, a été fondé par la foi du dernier des châtelains, le temple que nous possédons est dû tout entier à la piété et à la générosité des habitants de cette paroisse.

§ 4. Logettes.

L'établissement des petites loges ou logettes que nous voyons encore aujourd'hui adossées contre l'église St.-Germain remonte à l'époque de la construction de ce monument. Personne n'ignore qu'au xivᵉ et au xvᵉ siècle il était d'usage général d'élever ainsi des boutiques contre les temples. Les murs, les parvis de nos églises étaient obstrués par des bâtiments de cette espèce ; les monuments civils n'en étaient pas exempts, et on peut encore voir sur les murs du Beffroy les traces des échoppes qui n'ont été démolies que depuis le commencement de ce siècle. Quelque désir que nous ayons aujourd'hui de voir disparaître ces constructions ignobles qui portent un si grand préjudice à tous les édifices contre lesquels ils sont adossés, nous ne pouvons cependant méconnaître qu'à l'époque où elles ont été élevées, elles étaient en harmonie avec la plupart des habitations ; qu'un but utile les a fait établir ; enfin que la conduite de nos pères a été en cela conforme à un usage qui remonte à la plus haute antiquité et qui, depuis longtemps, a été admis parmi nous.

Il est à croire que de semblables constructions ont existé tant contre l'église incendiée en 1218 que contre celle qui lui a succédé et qui fut démolie au commencement du xv° siècle. L'usage général, joint à la dévotion des peuples, doit le faire penser, car il n'existe aucun document positif à cet égard.

Le titre le plus ancien qui nous soit resté pour fixer l'année de ces constructions, est un acte de 1487. Il n'est relatif qu'à l'établissement des quatre dernières, mais de son contexte résulte la preuve que toutes les autres existaient déjà, même celle qui fait le coin de la rue du Four de la Poterie. Cette dernière, la seule qui fut construite en maçonnerie et élevée en même temps que l'église, est toujours désignée dans les titres sous le nom de maison ; il est probable qu'elle avait été destinée à loger quelqu'un de ses officiers. Les autres n'étaient primitivement que de simples logettes en planches adaptées entre deux piliers et ne s'attachant en rien aux murailles de l'église. Cela résulte des registres de l'échevinage d'Amiens, où l'on voit qu'en 1486 le Corps de ville accorde *à Michel Lesourt, Jehan Alain, et autres marguilliers de cette paroisse, la permission de faire faire quatre loges ou petits édifices honnestes, pour mettre et asseoir dans quatre creux, estant ès pilliers du neuf ouvrage de machonnerie qui se faisoit en icelle église, répondant sur la rue que on dit de St.-Germain, en attendant la terre de l'église aussi avant que portaient les dits pilliers sur la dite rue, pour les dites loges louer au profit d'icelle église.*

En 1487, les marguilliers pensant qu'il serait plus avantageux pour la fabrique de se créer un revenu net que de rester chargée des réparations d'entretien de ces petits bâtiments, décidèrent qu'il y avait lieu de les donner à celui qui voudrait en faire l'acquisition, de même que le terrain sur lequel ils étaient établis. L'adjudication publique eut lieu le pénultième jour d'octobre, et le tout fut adjugé à un nommé François Lequien.

Dans cet acte, qui est un bail à cens passé devant Jehan Crétu et Jacques Dallé, auditeurs royaux, on lit : « Le
» pénultième jour d'octobre 1487, après trois publi-
» cations successives faites les trois dimanches précédents
» en l'église St.-Germain, il a été mis aux enchères et
» adjugé après l'extinction de la chandelle à François
» Lequien, marchand à Amiens, certaine portion de terre
» estant entre les cinq pilliers du neuf ouvrage d'icelle
» église, au devant de la maison de la Brize canne, à
» prendre depuis l'anchien ouvrage jusqu'à une maison
» appartenant à Desforges, cordier, faisant le coin d'une
» petite ruelle qui mène derrière le canchel de la dite

» église, icelle portion de terre amortie, portant cin-
» quante-cinq pieds de long environ, à la charge par
» François Lequien de payer héritaulement et à toujours
» cinquante sols de cens ou rente, aux trois termes ordi-
» naires de cette ville, et d'amaser le dit terrain. »

En bons et sages administrateurs, les marguilliers cherchaient à tirer parti d'un terrain qu'ils pouvaient utiliser, mais ils étaient loin de vouloir nuire en quoi que ce soit aux murailles de l'édifice contre lequel les nouveaux bâtiments allaient être adossés ; [aussi ne manquèrent-ils pas d'indiquer dans l'acte que ces logettes ne pourraient point être élevées au-delà des verrières ; qu'elles ne devaient point être accrochées aux murailles par des barres de fer ; qu'il était défendu d'y faire aucune excavation et que, dans le cas où elles tomberaient en ruines, on serait obligé de les rétablir.

« François Lequien, ses hoirs ou ayant cause seront
» tenus de construire lesdits édiffices en bon et souffisant
» estat, sans les démolir, mesme ne porront pratiquer en
» eulx loges dedans la muraille d'icelle église, ne y faire
» dommage, ne faire entrer plus haults édiffices que ceulx
» que y sont à présent, et qui puissent empêcher les
» verrières et vues d'icelle église, auxquelles maisons et
» tenements le dit preneur ne ses hoirs ou ayant cause ne
» porront renoncher qu'elles ne soient en bon et souffisant
» estat, etc., etc. »

Sur les dix logettes qui existaient à cette époque et qui subsistent encore aujourd'hui, l'église s'en était réservé deux dont elle a constamment conservé la propriété jusqu'à la révolution, et qu'elle louait à son choix. En **1618** elles tombèrent en ruines et la fabrique en concéda le terrain par bail à cens à Jacques Postel et à sa femme, à la charge par eux de reconstruire les deux logettes et de les entretenir. Elles étaient situées devant la *Coupe d'or*, c'est-à-dire devant la maison qui fait le coin de la rue du Chapeau-de-Violettes. Le cens stipulé dans l'acte passé devant Bazin, notaire, était de 40 sols par an pendant la vie de Postel et de sa femme ; mais, après leur décès, la propriété de ces deux logettes devait revenir à la fabrique, *ycelles* préalablement refectionnées par Postel, sa femme et leurs successeurs. C'est ainsi que la fabrique en a joui jusqu'à la fin du xviiie siècle et que le prix s'en est élevé successivement à son profit. En 1641 ces deux logettes étaient louées 18 liv. 10 sols ; en 1791 l'une rapportait annuellement 15 liv., l'autre 24, et aujourd'hui les nouveaux propriétaires les louent 75 fr. chacune.

Les huit autres avaient toutes été aliénées par des baux à cens à différentes époques ; aussi voyons-nous qu'en 1642, lorsque Adrien Perdu voulut faire renouveler les titres de chacun des locataires, il fut établi que celle qui tenait aux deux loges appartenant à l'église devait un cens de 36 sols ; que les deux placées entre le portail et le terrain cédé à François Lequien devaient un cens de 38 sols ; enfin que la dernière, bâtie en pierres et par cela même considérée comme maison, faisant le coin de la rue de la Poterie, devait un cens de 3 liv. ou 60 sols parisis. En vain on croirait que ces boutiques étaient destinées à la vente d'objets de dévotion ; elles étaient toutes occupées au contraire par des personnes qui exerçaient les professions ordinaires de la vie, telles que des tailleurs, des cordiers, des serruriers, des épingliers, des drapiers, des chausseliers, et cela parce que, comme je le disais plus haut, elles étaient en harmonie avec la plupart des boutiques des marchands de cette ville.

Il eût été à désirer qu'on renouvelât plus souvent ce qui avait été fait en 1642 par Adrien Perdu, c'est-à-dire qu'à des époques fixes on eût fait passer aux locataires des reconnaissances de titres ; que les redevances eussent été constamment perçues avec exactitude ; enfin qu'on eût empêché de commettre des usurpations. Malheureusement il n'en fut point ainsi, et de 1643 à 1746 on ne s'en occupa guères. A cette dernière époque cependant on comprit la faute des administrations qui s'étaient succédé dans cet intervalle de temps. On s'aperçut du mal qu'elles avaient produit et on s'efforça de le réparer. Des recherches furent faites, les comptes furent compulsés, et non seulement on trouva qu'il était dû des arrérages considérables, mais encore que les loges appartenant à la fabrique étaient souvent restées sans être louées. Pour mettre un terme à ce triste état de choses, on obligea le marguillier en charge à répondre personnellement du loyer de ces deux loges ; des procédures furent entamées contre les détenteurs ; et, par sentences obtenues au Bailliage, on les força de passer des titres nouveaux, de payer vingt-neuf années d'arrérages ; un nommé Pierre Delattre fut même condamné à combler une cave qu'il s'était permis de creuser sous la logette placée en face de la rue des Doubles-Chaises. Alors seulement on s'était souvenu de 1487, mais il était trop tard ; des empiètements avaient été commis, et il n'était plus possible de les faire cesser ; si on eût agi autrement et plus tôt, nous n'aurions pas encore aujourd'hui à regretter de voir que, dans le nombre de ces petites maisons, les unes ont été exhaussées au delà des limites prescrites, que d'autres ne se soutiennent qu'au moyen des barres en fer scellées dans les murs, qu'ici des toits pendants existent sur les verrières, que là le jour ne peut pénétrer dans l'intérieur du temple, que partout enfin un préjudice notable est porté aux murailles contre lesquelles ces logettes sont adossées, par l'humidité qu'elles y entretiennent.

Passés en des mains étrangères par suite de la vente des biens des églises, ces bâtiments ne sont plus d'aucune utilité pour la fabrique depuis l'an II ; elles sont au contraire des propriétés évidemment nuisibles au monument, que tous les amis des arts voudraient voir disparaître. Si pendant longtemps les tentatives faites auprès de l'administration pour les démolir ont été vaines, si pendant longues années l'intérêt particulier l'a constamment emporté sur l'intérêt général, espérons qu'un jour viendra où nos administrateurs, se conformant aux vœux si souvent exprimés par le Comité des arts et des monuments, sentiront enfin la nécessité de les supprimer (1).

§ 5. Presbytère.

La façade de l'église qui est tournée vers le nord est aujourd'hui longée par le presbytère et une sacristie construite à la fin du dernier siècle ; mais au xve elle l'était par la rue des Mailles, qui allait de la rue basse St.-

(1) Le Conseil municipal, dans sa séance du 4 novembre 1854, a voté les fonds nécessaires pour la suppression de ces logettes, dont le terrain fut entièrement déblayé en 1855.

Germain à celle du Four de la Poterie. Contre ses murailles se trouvait le prieuré ou l'habitation du religieux qui la desservait, ensuite le cimetière. Par suite de l'agrandissement donné à ce monument, le presbytère, le cimetière, la rue même ne tardèrent pas à en faire partie, et, depuis cette époque, l'église n'a plus eu d'autres aboutissants que les maisons bâties de l'autre côté de la rue des Mailles.
— Conformément à l'usage de placer les cimetières et les presbytères auprès des églises, la demeure du curé fut transférée près de l'abside, avec une porte d'entrée sur la rue du Four de la Poterie, et c'est pour cela que, dans plusieurs titres du xvie siècle, cette rue porte le nom de *ruelle du Curé.* Le cimetière fut établi contre le bas-côté du chœur. Le presbytère eut une porte de communication dans l'église, derrière l'autel, du côté de l'évangile, et une fenêtre fut percée pour la commodité du curé à l'extrémité du bas-côté, où est la chapelle de St.-Nicolas. Cet état de choses ne fut pas de longue durée, car 60 ans à peine s'étaient écoulés que des réparations énormes firent penser à la reconstruction du presbytère.

Nous étions arrivés en 1559 et la fabrique sentait le besoin d'agrandir son cimetière, elle avait acheté pour cela une maison située près du grand portail et qui portait pour enseigne le *Plat d'argent;* cette maison qui avait appartenu à la famille de Saisseval, appartenait alors à un marchand de cette ville, nommé Jean Pingré, dont les descendants ont plus tard obtenu des lettres de noblesse sous Henri IV, comme la récompense du dévouement que Henri Pingré, l'un d'eux, n'avait cessé de manifester à ce prince, et notamment pour avoir, en

1594, contribué puissamment à chasser le duc d'Aumale de la ville d'Amiens qui tenait pour la ligue, et à faire rentrer cette cité sous l'obéissance de son roi.

La proximité de cette maison de l'église, la nécessité de se procurer une sacristie, ou plutôt, selon l'expression du temps, une trésorerie, pour y déposer les vases sacrés, les ornements et autres objets précieux, firent penser qu'il serait plus avantageux de destiner l'emplacement du presbytère à une trésorerie et de reporter la demeure du curé sur une partie du terrain de la maison dont on venait de faire l'acquisition, de faire une porte d'entrée sur la rue Basse-St-Germain, enfin de consacrer le reste du terrain à l'agrandissement du cimetière.

Ces dispositions adoptées, on s'empressa de fermer les portes et les fenêtres qui avaient été ouvertes pour l'utilité du curé, tant sur l'église que sur la rue du Four-de-la-Poterie, et on s'occupa de la construction du nouveau presbytère, mais à peine allait-on commencer les travaux que la mort du curé Fournier vint paralyser les bonnes intentions des habitants, et qu'un procès entre la fabrique et les héritiers en suspendit l'exécution.

M. Fournier était mort en 1568, et en 1573 les contestations n'étaient point encore terminées, j'en trouve la preuve dans les registres aux comptes de l'année 1573, où je vois un chapitre ayant pour titre : *Mises pour le procès à l'encontre de M. le Bailly Trony, au lieu de M. Fournier, curé de cette église, pour la réfection du presbytère, comme il fut dit et ordonné au présent compteur et à ses consorts marguilliers d'en faire la poursuite au nom des anciens marguilliers et paroissiens d'icelle église.*

Déjà l'affaire avait été portée au bailliage, et une visite des lieux avait été ordonnée, lorsque les parties consentirent à mettre fin à ce procès par une transaction dans laquelle les héritiers Fournier s'engagèrent à payer à la fabrique une somme de 36 livres, ainsi que cela se voit aux comptes de 1573 (1).

Aucun obstacle ne s'opposant plus à la réalisation du projet de la fabrique, les marguilliers s'empressèrent de le faire mettre à exécution, des devis furent dressés, des marchés furent passés avec divers ouvriers de cette ville (2) et l'on se réserva le droit d'employer ce qu'il y avait encore de bon dans l'ancien bâtiment. Les bois, les matériaux, les objets mobiliers qui ne présentaient aucune utilité vendus aux enchères, produisirent une somme de 80 livres 4 sous, qui, jointe à celle qui fut payée par Jacques Trony, présenta le chiffre minime de 116 livres

---

(1) *Registres aux comptes, année* 1573. — A été reçu de Jacques Trony, procureur au baillage d'Amiens, pour et au nom de vénérable et discrète personne monseigneur Robert Fournier, en son vivant *aulmonier de Monseigneur frère du Roi*, docteur en théologie, curé de cette église, pour l'accord et conventions faites par les mangliers et paroissiens avec le dit Trony, pour faire cesser le procès encommencé par Pierre Ducauroy, en l'an passé, comme il appert de son compte pour desseoir et rasseoir le presbytère et le mettre en la place où il est de présent... la somme de 36 livres.— *Compte de Firmin Deslaviers.*

(2) Noms des ouvriers employés par la fabrique pour la reconstruction du presbytère: *Firmin Deflandre*, charpentier à Cottenchy; *Pierre Mattier*, couvreur; *Michel Phypes*, maçon; *Martin Debonnaire*, pailloteur; *Jehan Geffroy*, paveur; *Jehan Vivault*, chaufourier; *J. Bachelier*, serrurier; *Jehan Durat*, charpentier; *Souplie Gillon*, messier; *Flaman*, terrier; *F. Achranchez*, tonnelier; *Germain Delattre*, feronnier; *J. Lhotellier*, briquetier; *Supert*, verrier; *Jehan Paden* et *Jacques Dubois*, huchiers. — *Compte de* 1573, 1574.

4 sous ; enfin les frais de reconstruction s'élevèrent, suivant l'état détaillé aux comptes de 1573 et de 1574, à la somme de 329 livres 15 sous 1 denier.

Au premier abord cette somme paraîtra bien peu importante, mais il faut remarquer que la maison dont il s'agit n'avait pas à cette époque la même étendue et la même quantité de bâtiments que celle d'aujourd'hui ; elle consistait seulement dans le corps de logis sur la rue, et les autres y ont été adjoints beaucoup plus tard. La porte d'entrée est cependant restée la même, et la croix placée au-dessus était encore, en 1790, la même que celle qui placée jadis dans la rue de la Poterie, avait été rapportée en cet endroit lors de la reconstruction du presbytère.

Soit que ce bâtiment ait été construit avec trop d'économie, soit qu'il ait reçu quelque avarie par suite du tremblement de terre dont les secousses se firent sentir à Amiens en 1580, toujours est-il que dix ans s'étaient à peine écoulés que des réparations importantes étaient devenues nécessaires. Mais alors surgirent de nouvelles contestations entre la fabrique et le curé sur la question de savoir à la charge de qui devaient être les réparations à faire (1). Ainsi que nous l'indiquent les registres aux comptes, l'affaire fut portée au bailliage, mais on ne sait

---

(1) Payé à Claude Magnier, procureur, un teston pour solliciter le procès que a intenté le curé d'icelle église touchant le presbytère, 14 sous 6 deniers. — *Compte de* 1584-1585.

Payé au bailly Magnier, pour les poursuites faites à l'encontre de frère Pierre Delespinoy, notre curé, pour le fait des réfections qu'il y avait à faire à son presbytère, ce que ne voulant lui accorder les marguilliers, les aurait mis en cause, dont à cette fin déboursé par le dit compteur 54 sous. — *Compte de* 1585-1586.

ce qu'elle est devenue. Il est à présumer que ces difficultés ont été levées par une transaction, ou que le curé aura été forcé à faire ces réparations. On ne trouve rien dans les registres de la fabrique qui indique que les marguilliers aient été condamnés à les faire, ou qu'ils les aient faites bénévolement. L'état de pénurie dans lequel se trouvait la fabrique ne permet pas de le croire, car nous la voyons à chaque instant surchargée de taxes extraordinaires au profit de l'État. Les malheurs du temps étaient tels, en effet, qu'indépendamment des sommes payées par les paroissiens, l'église avait été plus d'une fois obligée de vendre des objets mobiliers, des vases sacrés même pour y subvenir. Elle avait peu de revenus, et les réparations et l'entretien du monument en absorbaient une grande partie. En 1586, la fabrique, poursuivie par ses créanciers en paiement de fournitures faites pour la conservation de l'église, n'avait échappé à la vente de ses calices et de ses encensoirs qu'au moyen d'une quête faite par le curé. Tel était l'état déplorable de ses finances, lorsque les évènements de 1597 vinrent encore aggraver sa position.

Le presbytère, placé comme l'église sous le feu du canon, sous les éclats de la mitraille, eut aussi comme elle à souffrir des malheurs de la guerre, on n'y fit cependant aucune réparation alors, et ce n'est qu'en 1609, lorsqu'on s'aperçut que sa ruine était prochaine, qu'on chercha à le restaurer. Pour en avoir les moyens, on fit une quête qui ne produisit que peu de chose, **72 livres 18** sous, et qui servit à parer aux besoins les plus urgents. En **1612**, en **1618** on y travailla encore, et en **1624** il fallut encore recommencer, parce que les travaux précédents n'avaient fait que prolonger un état d'agonie auquel on n'avait point porté les remèdes nécessaires. On fit donc une nouvelle quête qui produisit 189 livres 7 sous 6 deniers, qui furent employés tout de suite ; et, comme on sentait la nécessité de le remettre en état, on y dépensa encore l'année suivante 200 livres 18 sous 9 deniers.

Ainsi qu'il est facile de le voir, depuis son établissement ce bâtiment avait toujours été à charge à la fabrique, l'état des finances de l'église n'avait jamais permis d'y faire de fortes réparations et il y en avait eu constamment à faire. Les temps des calamités passés, les curés vinrent enfin à son secours et depuis 1630, jusqu'à la fin du xvii° siècle, c'est à eux que la fabrique a été redevable en partie des secours qui ont été accordés pour l'entretien et l'agrandissement de ce presbytère.

En 1630, Guillaume Hublée fit en effet construire un petit bâtiment dans la cour près du puits ; en 1650, les registres de délibération nous apprennent que Jean Cauchie, qui mourut victime de son zèle en soignant les pestiférés, fit faire à ses dépens un autre bâtiment en briques de 30 pieds de longueur sur 15 de largeur, entre la cour et le cimetière. Ce bâtiment contenait une sallette, une allée, une étude avec cave au-dessous, et une cuisine entre ce bâtiment et l'ancien du côté du *Vert-Pourchel* (1).

(1) Notre frère, Jehan Cauchie, prêtre, religieux de l'abbaye de St-Jehan, curé de la paroisse St-Germain, a fait faire et bâtir à ses dépens le bâtiment de briques qui est entre la cour du presbytère et le cimetiére, de 30 pieds de long sur 15 de large, contenant une sallette, une allée, une étude avec une cave au-dessous et une cuisine entre ce bâtiment et l'ancien du presbytère du côté du Vert-Pourchel ; dans lesquels bâtiments sont entrées les matières d'une ancienne cuisine

En 1681, le curé Boucher fit refaire en partie, à ses frais, le bâtiment donnant sur la Basse-rue-St-Germain; il fit aussi élever et réparer ceux qui avaient été construits par son prédécesseur, ainsi que le mur au bout du jardin donnant sur la rue du Pont-Troué, mais le curé Roussel, qui lui succéda, fut celui qui contribua le plus à l'augmentation et à l'assainissement du presbytère. En 1698, il acheta trois petites maisons qui restaient encore de la rue des Mailles, pour agrandir le jardin, fit reconstruire le bâtiment élevé par le père Cauchie, et fit fermer le cimetière. A cette époque le bâtiment entre cour et jardin n'allait pas jusqu'à l'église, ce n'est qu'en le reconstruisant que les marguilliers permirent au curé Roussel de le pousser jusqu'à cet endroit, comme aussi d'ouvrir une porte dans la chapelle du sépulcre. Tous ces faits résultent d'une délibération qui doit ici trouver naturellement sa place et qui est ainsi conçue :

« Il a été proposé par M. Roussel, curé de la paroisse, que comme pour l'agrandissement du jardin du presbytère, il a acquis trois petites maisons qui étaient joignantes le dit jardin, l'une de Nicolas Braille, et les deux autres

qui tombait en ruine, en la même place qu'elle est rebâtie, comme aussi les matières d'un fournil non achevé que frère Guillaume Hublée, étant curé de la dite paroisse avait aussi fait construire à ses dépens, près le puits du dit presbytère.

Lecture faite du présent renseignement et après que le dit sieur Cauchie a déclaré qu'il ne prétend aucune chose pour les deniers par lui déboursés au sujet des dits bâtiment; les marguilliers remercient le dit curé et aussi de ce qu'il a fait construire à ses dépens une muraille de bocailles qui est au bout du cimetière, proche la sacristie. *Reg. aux délibérat.* 7 *avril* 1654. — *Comptes de* 1650.

d'Adrien Henon, qu'il a incorporé ce terrain au dit jardin, comme il déclare faire pour lui, la fabrique, ses successeurs, et tenir de la même nature à la dite fabrique, que le presbytère et jardin, à laquelle fin il en fait la présente déclaration pour être acceptée par la compagnie pour la dite fabrique.

» Il a encore proposé que la nécessité dans laquelle il est de démolir et rebâtir les lieux du presbytère, qui sont entre le jardin et la cour, pour rendre ce bâtiment plus commode, il aurait besoin de pousser ces bâtiments du côté de l'église jusqu'à la muraille d'icelle, de se servir du petit espace de terre qui est en le petit bout du mur dans lequel est une porte pour entrer dans le jardin du presbytère, jusqu'à celle par laquelle on entre dans l'église, du côté du presbytère.

» La compagnie a arrêté d'accepter comme elle déclare le faire, l'union et incorporation des susdites trois maisons au jardin du presbytère, pour le bien et l'avantage des successeurs du dit sieur curé, pour demeurer unie et de même nature à la fabrique qu'est le dit presbytère et jardin, et remercie M. le curé pour l'avantage qu'il fait à la dite fabrique.

» S'étant transportée dans le jardin, et vu la nécessité de faire le bâtiment ci-dessus énoncé, l'espace de terre qui est entre le dit bâtiment et l'église, et aussi le petit espace de terre qui ferme le jardin du presbytère, et les commodités de M. le curé comme l'inutilité des dits lieux à la fabrique, elle accorde et consent que le curé pousse ses bâtiments jusque le long de l'église, qu'il se serve du petit espace de terre qui est au bout des dits bâtiments, qu'il puisse faire l'ouverture d'une porte pour entrer dans l'église, à l'endroit où est la chapelle du sépulcre de notre Seigneur, et aller à couvert du dit presbytère dans l'église, même de rehausser les vîtres qui sont à la dite chapelle, si besoin est ; qu'il prenne le petit terrain qui est au dehors de l'église et y fasse une fermeture en briques, à commencer à onze pouces de l'hérette du pilier boutant au-dessous de la bache, tenant à l'escalier en grès de la porte de l'église ; le tout aux frais et dépens du curé pour ce qu'il peut débourser au pardessus de la somme qui lui a été accordée, sans que dans le fait des dites constructions il puisse faire aucun préjudice et intérêt aux murailles de l'église, et si aucun survenait, le sieur curé en demeurerait chargé en son propre et privé nom (1). »

La bonne harmonie qui régnait entre le curé Roussel et ses paroissiens, les sacrifices journaliers que ce pasteur faisait pour son église, les services qu'il avait rendus à la fabrique, notamment dans les procès de cotte morte, tout contribuait à l'investir de la confiance des marguilliers, et c'est pour cela qu'en lui abandonnant une somme de 550 livres pour contribuer au rétablissement du presbytère, la fabrique s'en rapporta à lui, et qu'il lui fut laissé la liberté de l'employer à sa volonté.

Depuis cette époque jusqu'à la fin du dernier siècle, on ne changea plus rien aux dispositions de ce bâtiment, et la révolution de 1789 le trouva tel que l'avait laissé le curé Roussel. On fut bien obligé sans doute d'y faire de temps à autre des réparations d'entretien, mais il est

(1) Registre aux délibérations du 26 mai 1698.

à remarquer que dans tous les temps, la fabrique ne les fit jamais qu'à son corps défendant. C'est ainsi qu'en 1735, il y eut un long procès entre les marguilliers et le curé Leseigne, et qu'ils furent contraints par sentence du bailliage, à faire les réparations demandées par le curé (1).

Ces procès avaient tous un principe commun, le refus constant fait par l'abbaye de St-Jean, d'abandonner la *cotte morte* des curés, à l'église ou à la fabrique.

Tout le monde sait ce qu'on entendait autrefois par les mots droits de cotte morte ou de dépouille. Ainsi que nous l'apprend Rousseau-Lecomte, en termes de droit bénéficial, la cotte morte était le pécule laissé par un religieux à son décès.

En règle générale la succession d'un religieux appartenait à son couvent, lorsqu'il décédait dans le cloître, ou même dehors, sans être pourvu de bénéfice cure. Il n'en était pas de même lorsque le religieux avait été pourvu d'une cure et qu'il vivait hors la mense commune.

(1) En 1734, le curé Leseigne, après avoir demandé vainement aux marguilliers de faire les grosses réparations qui étaient indispensables et en avoir constamment essuyé des refus, fut obligé, le 23 septembre 1734, de s'adresser au lieutenant-général du bailliage pour les y contraindre. Il s'agissait de faire refaire la couverture de la salle des délibérations du conseil, de faire rétablir la muraille du côté d'Anselin, la cloison de bois entre le jardin et le cimetière, les planchers, les plafonds de l'ancienne salle, la porte de la cave et toutes les croisées. Les marguilliers prétendaient n'être tenus de réparer que les bâtiments primitifs, ils disaient que les autres ayant été construits par les curés, étaient à la charge de l'abbaye de St-Jean qui réclamait leur succession; une visite des lieux, une expertise furent ordonnées et après de longs débats, le 4 juillet 1735 intervint une sentence qui condamna la fabrique à faire faire les grosses réparations demandées.

Cette question fut souvent agitée entre les paroisses et les monastères, et elle donna lieu à une foule de procès sur lesquels il intervint des décisions différentes suivant la juridiction devant laquelle ils étaient portés, car il y avait dissentiments entre la jurisprudence des Parlements et celle du Grand Conseil.

Le Parlement de Paris avait depuis longtemps adopté une jurisprudence uniforme et dont on ne saurait trop admirer la sagesse. Il admettait que les curés ne devaient prendre sur leurs bénéfices que la nourriture, l'entretien; que le surplus était le patrimoine des pauvres auxquels il était de leur devoir de le distribuer, enfin que si les curés n'avaient pas fait cela pendant leur vie, il était raisonnable qu'on le fît pour eux après leur mort; c'est pourquoi, dans les causes de cette nature, il se prononçait toujours en faveur des paroisses (1). Soefre, Bardet, rapportent un grand nombre de décisions de cette espèce rendues en 1643, 1651, etc. Enfin, le 4 février 1710, intervint un arrêt qu'il est bon de rappeler ici parce qu'il regarde l'abbaye de St-Jean, c'est celui par lequel le Parlement de Paris, en se fondant toujours sur les mêmes principes, a adjugé la succession d'un Prémontré, curé

---

(1) Cette jurisprudence était conforme à l'esprit de l'Église. Dans un concile de Tolède tenu en 655, on lit, canon 4 : « Si les évêques ou les économes de l'église n'ont que fort peu de patrimoine, les acquisitions qu'ils font doivent être au profit de l'église, mais s'il se trouve qu'ils aient autant de revenu de leur patrimoine que de leur évêché, leurs héritiers partageront par moitié ou à proportion du bien qu'ils ont du patrimoine de l'église. Enfin ils pourront disposer pendant leur vie de ce qui leur viendra par donations ; mais, s'ils n'en ont pas disposé, après leur mort ces donations appartiendront à l'Église.

de St-Léger, diocèse d'Amiens, aux pauvres et à la fabrique de cette paroisse.

Le Grand Conseil ne partageait ni l'opinion ni les principes du Parlement, il adjugeait la cotte morte des curés aux couvents dont le religieux était décédé profès, et n'accordait rien ni à la fabrique ni aux pauvres de la paroisse. Ce tribunal supérieur et d'exception allait plus loin encore, car plusieurs de ses arrêts nous apprennent qu'il adjugeait même les cottes mortes aux abbés commendataires, à l'exclusion des religieux de l'abbaye. C'est ainsi que le 26 septembre il fit défense aux prieur et religieux de l'abbaye St-Eloi, près Arras, de plus s'immiscer en la perception des cottes mortes des religieux qui décéderaient dans la jouissance des prieurés et cures régulières et de troubler l'abbé et ses receveurs dans les inventaires qu'ils feront des dites cottes mortes. Quelles que soient les dispositions de cet arrêt, on ne peut cependant disconvenir que le plus grand nombre des arrêts de ce tribunal aient été rendu en faveur des religieux contre les prieurs et abbés commendataires, ce qui paraît en effet plus conforme à la raison, car si tout ce que pouvait acquérir un religieux était acquis pour le monastère, pour le motif que sa profession le rendait incapable d'acquérir pour lui-même, il faut convenir qu'en même temps que sa profession opérait cette incapacité, elle assujettissait d'un autre côté les supérieurs à fournir au religieux le nécessaire et à prendre soin de lui tant en santé qu'en maladie. L'abbé commendataire, au contraire, était en quelque sorte étranger aux religieux, il n'avait sur eux aucune espèce de juridiction, et comme ce n'était pas entre ses mains qu'ils faisaient vœu de pauvreté, il était juste qu'il n'eût aucun droit sur leur pécule, ce qui est une suite des engagements qu'ils ont pris (1).

Si sous ce dernier point de vue il y avait de la variation dans la jurisprudence du Grand Conseil, il faut convenir qu'elle était constante et uniforme pour accueillir la réclamation des religieux contre la fabrique et les pauvres des paroisses, et que toujours il repoussa leurs demandes

Le bailliage d'Amiens n'admettait pas l'opinion du Grand Conseil, il suivait habituellement la jurisprudence du Parlement de Paris, ses diverses sentences l'attestent, et c'est pourquoi pendant longtemps, l'abbaye de St-Jean, à chaque renouvellement de curés dans les paroisses dépendantes de son ordre, se crut obligé de transiger avec les fabriques.

Rien n'indique que les deux procès qui ont eu lieu au sujet des réparations à faire au presbytère de l'église St-Germain soit entre la fabrique et les héritiers du curé Fournier, soit entre les marguilliers et le curé Delepinoy, aient été une suite des prétentions de l'abbaye de St-Jean sur les cottes mortes des curés, cela me paraît cependant vraisemblable, quand je les vois tous les deux naître après le décès du titulaire. Longtemps avant la fin du xvie siècle

---

(1) Richer, dans son *Traité de la mort civile*, cite deux arrêts en faveur des religieux, l'un rendu le 17 novembre 1718, le deuxième le 17 mai 1724 ; on peut aussi en ajouter un autre d'août 1735, par lequel l'abbé Ozanne, prieur commendataire de Lihons-en-Santerre, a été déclaré non recevable dans la demande qu'il avait formée pour obtenir certaines cottes-mortes au décès des religieux de cette abbaye, et un autre du 30 avril 1760 en faveur des religieux de la Madeleine de Château-Dieu, contre l'abbé commendataire de ce monastère.

l'abbaye avait élevé les prétentions de s'emparer de ce que laissaient les curés en mourant. En 1498, après la mort du curé Foulon, elle avait déjà agi ainsi. Sur sa demande, le roi Louis XII lui avait accordé des lettres de bénéfice d'inventaire à l'effet d'appréhender la succession de ce religieux, et plus tard elle ne manqua pas de se faire un titre de cette concession. Cette pièce n'était pas cependant d'un grand poids, car le frère Foulon y était dit *émancipé*; or, comme le disait fort bien la fabrique de St-Germain, si le frère Foulon y est dit *émancipé*, c'est qu'il n'était plus sous la juridiction de l'abbaye, la position n'était plus la même, il pouvait avoir fait des conventions particulières avec son monastère, le titre de curé pouvait lui avoir été donné sans exercice, enfin il avait pu faire desservir cette église par une autre personne, et l'argument tiré des lettres de Louis XII n'avait pas de valeur; aussi l'abbaye de St-Jean finit-elle par abandonner ce moyen.

En 1668, après la mort du curé Cauchie, les prétentions de l'abbaye de St-Jean se réveillèrent avec plus de vivacité que jamais; et, chose inouïe, elle commença par se faire justice à elle-même en emportant tout ce qui se trouvait dans le presbytère et en y plaçant des personnes qui lui étaient entièrement dévouées. Cette manière d'agir n'eut pas tout le succès auquel elle s'attendait, car sur la demande des marguilliers, le lieutenant civil du bailliage ordonna aux religieux de rapporter tous les objets qu'ils avaient enlevés du presbytère, notamment la vaisselle d'argent, la bibliothèque et divers autres objets précieux provenant de la succession du père Cauchie, comme aussi tout ce qui appartenait à la fabrique, et avait été déposé dans le presbytère du vivant du curé (1).

L'abbaye de St-Jean fut bien obligé de se conformer à cette ordonnance et de l'exécuter, mais comme elle ne voulut rien abandonner de ses prétentions sur la question de la cotte morte, la fabrique fut obligée de la traduire devant les juges qui devaient en connaître, et l'affaire fut portée au bailliage d'Amiens. Alors s'engagea devant cette juridiction une procédure qui eût pu devenir longue et dispendieuse pour les parties, si elle n'eût été arrêtée dans son cours par la médiation de l'évêque d'Amiens auprès de M. de Coislin, évêque d'Orléans, et en même temps abbé commendataire de St-Jean d'Amiens. En effet, à peine l'abbaye avait-elle fait rapporter dans le presbytère tous les objets dont elle s'était emparée, que la fabrique, pour la conservation de ses droits, s'était empressée de faire nommer des gardiens, des séquestres. Le 6 décembre était intervenue une sentence qui tout en ordonnant de faire inventaire, enjoignait à l'abbaye de remettre : 1° au marguillier en charge, tous les papiers appartenant à la fabrique ; 2° au curé, tous ceux qui regardaient la cure ; 3° enfin les papiers personnels au défunt, et ceux relatifs à d'autres biens, entre les mains d'une personne tierce désignée par la même sentence, à la charge par cette dernière de les rendre à qui de droit, quand et ainsi qu'il en serait plus tard ordonné par justice. L'abbaye redoutant les juges de la localité, qui étaient ses juges naturels et qui avaient une connaissance plus spéciale de ses faits et gestes, profita du droit de

(1) Voyez note G.

committimus dont jouissait l'évêque d'Orléans, pour traduire la fabrique devant les *requêtes du palais*, et n'appeler l'attention de ce nouveau tribunal que sur ce qui était relatif à la succession du Père Cauchie; mais la fabrique s'aperçut tout de suite du piége. Pour l'éviter, elle fit évoquer l'affaire en son entier au Parlement de Paris, et là elle demanda que les prieur et religieux de St-Jean fussent obligés de se purger par serment en tous les biens, titres et autres objets qu'ils n'avaient point représentés, et qui pouvaient encore être en leur possession.

La cause était en cet état, lorsque l'évêque d'Amiens, déplorant le motif et le scandale d'un procès de cette nature, crut devoir s'adresser à l'abbé commendataire pour la faire cesser. Après plus de six mois de contestations ce prélat fut assez heureux pour faire consentir M. de Coislin à mettre un terme à toutes les procédures et à payer à la fabrique une somme de mille francs, pour l'indemniser de ce qui pouvait lui revenir dans la succession du défunt, et à déclarer que sur cette somme deux cents francs seraient prélevés au profit des pauvres. Grâce à la même intervention, le 28 mai 1669, une autre transaction eut lieu entre la fabrique et les religieux de St-Jean, pour le règlement de la succession mobilière. Les meubles affectés au presbytère furent rendus, de même que ceux qui appartenaient à la fabrique. Le tout était peu de chose, il est vrai, mais on y remarquait cependant un beau graduel manuscrit sur vélin contenant la vie et l'office noté de St-Germain, un grand chandelier triangulaire en airain, un buffet dans lequel se trouvaient enchassés les portraits de plusieurs papes et empereurs, quelques tableaux antiques avec des remarques, un petit tableau en papier, des images de St-Germain, enfin l'original des plaques des images du même saint, c'est-à-dire des sujets choisis par le Père Cauchie, et exécutés sous ses ordres pour la décoration de la chasse qu'il avait fait construire et qui existait encore en 1789. L'évêque d'Amiens exigea en outre de l'abbaye qu'elle remît au curé une somme de 450 francs pour le rétablissement du pupitre c'est-à-dire du jubé, et qu'une indemnité fût accordée à titre de récompense au vicaire Jean Pupen, qui, durant la peste et pendant la vacance de la cure, avait souvent exposé sa vie en allant soulager les pestiférés et leur porter les consolations de la religion.

C'est ainsi que grâce à l'intervention de M. Faure, on vit, le 28 mai 1669, se terminer entre l'abbaye de St-Jean et la fabrique de St-Germain des contestations qui n'auraient jamais dû naître, et des scandales que n'auraient jamais dû donner des hommes consacrés à la vie religieuse et placés dans ce monde pour l'édification des peuples. Mais si ce digne prélat eut alors le bonheur de mettre un terme à un procès aussi déplorable, de faire cesser les excès auxquels les religieux s'étaient livrés tant envers leur confrère qu'envers les administrateurs d'une paroisse qu'ils étaient chargés de desservir et dont ils devaient se regarder comme les pères, il ne fut cependant pas donné à M. Faure de faire renoncer l'abbaye de St-Jean à des prétentions que lui-même avait regardées comme injustes et exagérés. Aussi vingt ans s'étaient à peine écoulés que la mort du successeur du curé Cauchie vint faire revivre les mêmes prétentions, et que tous les objets trouvés dans le presbytère, de même que le reste de sa fortune donnèrent lieu à un nouveau procès devant le bailliage d'Amiens.

Pierre Boucher qui, ainsi que nous l'avons vu, avait succédé au Père Cauchie dans la cure de St-Germain, avait été pendant toute sa vie le père et le bienfaiteur de diverses églises à la tête desquelles il avait été placé, et plus d'une fois aussi les hôpitaux de cette ville s'étaient ressentis de ses bienfaits. C'est à sa générosité en effet que l'église de St-Firmin-au-Val avait été redevable de plusieurs fondations et de la chaire qu'elle possédait lorsqu'il en était curé (1). Depuis qu'il était à St-Germain il avait fait à cette église des donations nombreuses; il y avait fondé une école de charité, et malgré son peu de fortune il avait encore trouvé le moyen de venir au secours des hôpitaux de cette ville (2). Ami des lettres et des arts, le curé Boucher s'était formé une assez belle bibliothèque et possédait à sa mort un certain nombre de diamants et de pierres précieuses, qu'il avait amassées et qu'il destinait à la confection d'une couronne pour le Saint-Sacrement (3).

(1) Pierre Boucher, avant de venir à St-Germain, avait occupé la cure de St-Firmin-au-Val, de 1642 à 1668. Le 16 avril 1648 il fit don à cette église d'une somme de 400 francs pour fonder un obit, et faire faire la chaire du prédicateur.

(2) Par acte du 5 octobre 1686, il donne à l'hôpital général de cette ville une rente de 60 francs au capital de 1,200, laquelle devait être employée en deux repas pour les pauvres.

(3) Suivant l'inventaire fait après la mort du curé Boucher, sa bibliothèque contenait 1,145 volumes in-f°, in-4° et in-8°. Par l'effet de la transaction, ces livres appartinrent à l'abbaye de St-Jean.

Aussitôt après son décès les religieux de St-Jean s'emparèrent encore de tout ce qui était dans le presbytère. Agissant comme par le passé, ils transportèrent indistinctement chez eux tout ce qui avait appartenu au défunt et tout ce qui appartenait à la fabrique, de telle sorte que cette dernière fut non-seulement obligée de les contraindre à rapporter ce qui lui appartenait, mais même de former une demande spéciale pour leur faire rendre les registres qui constataient l'état civil des habitants de la paroisse. L'abbaye de St-Jean alla à cette époque beaucoup plus loin qu'elle n'avait été précédemment, son avidité fut telle qu'elle éleva la prétention de faire rapporter par les fabriciens le montant des donations faites à l'église par le curé Boucher pendant sa vie. Ces réclamations n'étaient pas plus raisonnables qu'admissibles, la fabrique y résista et l'affaire fut encore portée devant le bailliage d'Amiens ; cette fois, le curé intervint au nom des pauvres. L'abbaye ne chercha point à éluder la juridiction de ce tribunal, elle s'y présenta, mais la conduite du curé lui fit craindre la perte de son procès, et elle pensa que l'intérêt des

---

Il en fut de même d'une plaque en cuivre rouge sur laquelle était gravé un des sujets de la vie de St-Germain, du modèle de la chasse, du graduel en velin laissé par le Père Cauchie et d'une petite boîte ronde en bois dans laquelle se trouvaient dix-huit paquets contenant plusieurs bijoux et joyaux destinés à une couronne pour le Saint-Sacrement.

Dans les paquets était écrit de la main de M. Boucher ce que chacun d'eux contenait, le nom de la personne qui l'avait donné.

Dans la boîte aux bijoux se trouvait en outre un état détaillé de tout ce qu'elle contenait et le modèle de la couronne qu'il avait l'intention de faire faire pour son église.

pauvres pourrait faire pencher la balance en leur faveur. Aussi après six années de chicane et de procédure, quelques jours seulement avant celui qui avait été indiqué pour rendre la sentence, elle consentit à une transaction qui fut passée chez Lagrenée, notaire à Amiens, le 17 mai 1697. Dans cet acte il fut dit, que non-seulement la fabrique conserverait les dons et avantages à elle faits par le curé Boucher, mais encore que les religieux seraient obligés de lui payer une somme de 1,200 francs dont 600 lui appartiendraient, 300 seraient versés dans la caisse des pauvres et 300 employés aux réparations du presbytère.

Jusqu'ici nous avons vu les prétentions élevées par l'abbaye de St-Jean après la mort des curés de St-Germain, constamment repoussées par les tribunaux et condamnées par les évêques du diocèse, de sorte qu'à chaque procès elle était obligée de transiger pour pouvoir réunir une partie du pécule des curés qu'elle avait convoité en totalité ; il n'en fut plus de même par la suite. En 1713, à la mort du curé Roussel, les religieux de St-Jean firent encore revivre leurs prétentions sur la cotte morte des curés, et cette fois enfin ils réussirent.

En vain depuis longtemps on s'était opposé de toutes parts à leurs réclamations, en vain les curés de St-Firmin-au-Val de 1713 à 1751 vinrent se joindre à ceux de St-Germain pour défendre leurs fabriques et lutter contre l'abbaye dont ils possédaient les bénéfices, toujours depuis le commencement du xviiie siècle les efforts des religieux furent couronnés de succès et ces deux paroisses finirent par être obligées de payer les frais énormes des longues procédures dans lesquelles elles s'étaient engagées.

Pour parvenir à ce résultat l'abbaye de St.-Jean prit une marche toute différente de celle qu'elle avait suivie jusqu'alors. Au lieu de faire évoquer ses affaires aux requêtes du palais, au lieu de se soumettre à la juridiction du bailliage d'Amiens, de subir les conséquences d'une jurisprudence qui n'était autre que celle du Parlement de Paris, les religieux s'adressèrent au Procureur général de leur ordre, et par son intermédiaire firent porter leurs affaires au Grand Conseil, dont la jurisprudence leur était favorable. Dès ce moment les choses changèrent. Ce n'était plus comme précédemment une simple contestation entre une maison religieuse et une fabrique, c'était l'ordre entier qui réclamait ses droits; et comme, suivant les ordonnances et les priviléges accordés par nos rois à l'ordre de St.-Norbert, au Grand Conseil appartenait la connaissance des affaires dans lesquelles l'ordre des Prémontrés était intéressé; le Procureur général, en déférant à ce tribunal exceptionnel la demande de l'abbaye de St.-Jean, n'eut pas de peine à la faire admettre.

La fabrique de son côté vit bien le piège qui lui était tendu, et, voulant éviter une juridiction qu'elle savait lui être contraire, elle fit évoquer l'affaire au Parlement. Ce conflit donna lieu à un réglement de juges; la cause fut portée au Conseil du roi, qui seul pouvait en connaître; malheureusement pour la fabrique, elle fut renvoyée devant le Grand Conseil. Après bien des délais, d'inutiles sollicitations, les fabriques de St.-Firmin-au-Val et de St.-Germain perdirent leurs procès et furent obligées de renoncer pour toujours à la cotte-mort des curés.

Telle fut en 1751 l'effet de tous ces longs et dispendieux

procès qui, renouvelés à la mort de chaque curé depuis plusieurs siècles, ont fini par obérer les fabriques qui les ont soutenus et par porter un si grand préjudice aux intérêts des pauvres.

Après avoir examiné toutes les pièces de ces procédures auxquelles ont donné lieu des discussions et des scandales suscités par un modique intérêt, je ne puis me défendre d'un sentiment pénible et ne pas gémir, surtout quand je vois une abbaye aussi riche, aussi opulente que celle de St.-Jean d'Amiens, disputer à des paroisses qui lui ont été confiées ce que l'église a constamment déclaré être le bien des pauvres. Tels furent les maux que l'avidité des bénéfices a trop longtemps enfantés et auxquels le Parlement de Paris avait voulu porter remède en adoptant une jurisprudence conforme aux principes de l'Eglise, et consacrée par elle dans ses assemblées et ses conciles.

§ 6. Cimetière.

Après avoir parlé du presbytère, considéré à si juste titre dans tous les temps comme une dépendance obligée des temples, j'arrive tout naturellement à parler du cimetière, cet autre lieu qui en fut toujours l'inséparable voisin et qui, après avoir entouré l'église St.-Germain pendant un certain temps, finit par longer ce monument, du côté du Nord, jusqu'à la fin du dernier siècle.

A St.-Germain, comme partout, le cimetière était placé près de l'église et touchait au presbytère. Il est même à remarquer que, dans le principe, et conformément à l'usage général, l'église était placée au milieu du cimetière et que ce n'est que par la suite que cet état de choses a été modifié, soit par le tracé de la rue St.-Germain, soit par la reconstruction de l'église qui aurait pris une partie du cimetière, ce qui du reste se trouve attesté par les nombreux ossements trouvés dans la rue St.-Germain, lors de la pose des tuyaux servant à la circulation du gaz et à l'alimentation des fontaines.

A l'époque de la reconstruction de l'église actuelle, le cimetière était placé en grande partie du côté de la rue des Mailles, et si, par suite de l'agrandissement de ce monument, le terrain précédemment destiné à la sépulture des morts, a été incorporé dans l'église, il faut convenir que le cimetière n'a point pour cela changé de place; il n'a été que reculé un peu plus loin et il est toujours resté adhérent à l'église. La population de la paroisse avait rendu depuis longtemps ce cimetière trop petit et l'on cherchait le moyen de l'agrandir, lorsqu'en 1558 se présenta une occasion favorable dont la fabrique s'empressa de profiter. Jean Pingré et la demoiselle Asselin, sa femme, avaient acheté de Jean de Saisseval une maison voisine de l'église, connue alors sous le nom du *Plat d'argent*, et dont le terrain longeait le cimetière. Jean Pingré, pour procurer à la fabrique dont il était membre, l'occasion d'agrandir son cimetière, lui proposa de lui céder cette maison. La fabrique s'empressa d'accepter et en recueillit un double avantage, car non-seulement elle put agrandir son terrain, mais encore elle évita les chances d'un procès qui était pendant entre elle et Jean de Saisseval, au sujet du mur qui les séparait

Cette acquisition faite, une partie fut destinée à la construction du presbytère, et le surplus employé à agrandir le séjour des morts. On se pourvut donc devant le Corps de ville pour être autorisé à faire ces changements. Le 27 octobre 1559 on obtint une réponse favorable moyennant une redevance annuelle d'un chapon, mais il fut dit dans l'autorisation qu'elle n'était accordée qu'à la condition de *n'ensépultérer en cette partie que les enfants.*

Le cimetière s'étendait alors sur toute la longueur de l'église; la porte qui donnait dans la rue du Four de la Poterie ne fut point fermée, car nous la retrouvons encore en 1669 ; mais on en ouvrit une autre à côté du presbytère dans la rue St.-Germain, et un mur, qui ne fut pas de longue durée, le sépara du jardin du presbytère.

En consultant les registres aux comptes de la fabrique on voit que cette nouvelle partie du cimetière ne fut point mise de suite en état et qu'on fut plusieurs années sans y enterrer. Les travaux préparatoires durèrent en effet près de quatorze ans, et cela à cause du peu de ressources de la fabrique et par suite aussi du procès qu'elle eut à soutenir, ainsi que je l'ai dit plus haut, en 1568, après la mort du curé Fournier. Ce n'est en effet que dans les comptes de 1566-1567, et dans ceux des années suivantes jusqu'à 1573, que l'on trouve les mémoires des ouvriers employés à disposer le terrain d'une manière convenable et à refaire la logette qui existait depuis longtemps dans l'ancien cimetière (1)

On conservait autrefois dans les archives une lettre du

---

(1) Voir les comptes de 1559, 1565, 1566, 1570 et suivants, jusques et y compris 1574.

cardinal de Créquy (1) relative à la bénédiction ou à la réconciliation du cimetière; elle n'existe plus depuis longtemps et se trouve seulement rappelée dans les inventaires, mais on peut y suppléer par l'examen des comptes de l'année 1573-1574 et connaître ainsi à quelle époque le nouveau cimetière a été bénit. Nous y trouvons en effet que le terrain dont il s'agit fut bien acheté en 1559, mais que la bénédiction n'en fut cependant faite qu'en 1573 par Mgr l'évêque d'Ebron, Nicolas Lagrenée, qui précédemment avait été curé de St.-Germain et n'avait quitté ce poste que pour être placé à la tête de l'abbaye de St.-Jean, puis devenir abbé du Mont-St.-Martin, évêque d'Ebron, et enfin suffragant de l'évêché d'Amiens (2).

En 1574 on refit les murs du cimetière et en 1593 on planta des tilleuls autour de la croix, mais cela n'em-

« En 1566. Payé pour latter la logette faite à neuf en la chimentière ; — raccounté les deux huis de la logette.

« En 1572. Porte du cimetière faite. »

(1) Antôine de Créqui, évêque d'Amiens, mort le 20 juin 1574.

(2) Nicolas Lagrenée fut suffragant des évêques François de Halluin et Charles Hémard.

Dépenses pour la bénédiction de la chimentière :

Payé à M. Gaillart, chanoine et secrétaire de M. le cardinal, et à M. Lesellyer, pour avoir la permission de faire bénir la dite chimentière . . . . 24 s.
A Mgr. l'évêque d'Ébron, pour avoir fait la bénédiction 46
Au prêtre qui l'a assisté 9
A son serviteur 9
Pour avoir des capons . . . . 2 s. 6 d.
Pour faire nétoyer quelqu'espace de la dite chimentière 4
Pour 5 petites croix à Guérard de Fransures. . . . 5

TOTAL . . . 99 s. 6 d.

pêcha pas qu'aussitôt après la bénédiction on ait commencé à y enterrer. Le mur séparatif du cimetière et du presbytère ne fut guères entretenu que jusqu'en 1625 ; il tomba vers cette époque, et on ne le rétablit point. En 1695 le curé Roussel, qui se trouvait souvent incommodé par les mauvaises odeurs qu'exhalaient les corps, proposa à la fabrique de supprimer ce cimetière et d'en réunir le terrain au jardin du presbytère, à la charge par lui de faire construire à ses frais sous ce cimetière un caveau assez vaste dont l'entrée donnerait dans l'église, en la chapelle de St.-Nicolas. La fabrique avait accepté cette proposition, mais l'année suivante M. Roussel étant revenu sur ce qu'il avait avancé, proposa un autre expédient, celui de ne conserver de l'ancien cimetière que ce qui était nécessaire pour l'enterrement des petits enfants. Par suite de ce projet le cimetière devait être restreint de beaucoup et le jardin du presbytère augmenté d'autant ; mais, comme depuis longtemps on enterrait la majeure partie des habitants à St.-Denis, dans les églises et dans les monastères où un grand nombre de familles avaient leurs tombes particulières, enfin qu'il n'était permis d'enterrer dans ce cimetière que des enfants qui n'avaient pas encore atteint l'âge de 14 ans, les marguilliers ne balancèrent point à consentir à la demande du curé. On se transporta donc sur les lieux, et là, après les avoir visités et avoir pesé dans leur sagesse les avantages et les inconvénients de la proposition de M. Roussel, les marguilliers annulèrent la délibération du 13 février 1695 ; et, par une nouvelle du 6 mai 1696, ils déchargèrent le curé des conditions onéreuses auxquelles il avait souscrit, acceptèrent son dernier projet et dirent qu'une fermeture serait faite aux frais de M. Roussel, à partir de deux pieds et demi du pilier boutant du transept de l'église, qu'elle serait tirée en droite ligne jusqu'au mur joignant la sacristie, et qu'à l'avenir le curé serait chargé de son entretien (1).

Par cette délibération le cimetière reprenait pour ainsi-dire ses anciennes limites et éprouvait une réduction considérable de ce qu'il avait été depuis près d'un siècle et demi. Avant de donner à la portion de terrain qu'on allait enclaver dans le jardin du presbytère sa nouvelle destination, on se mit en devoir de recueillir les ossements des morts et de leur rendre les honneurs qui leur étaient dus. Le nombre en était considérable ; on en remplit, dit-on, plusieurs voitures ; on les conduisit avec toute la décence convenable au cimetière St.-Denis, et là ils reçurent une sépulture nouvelle. Ceci n'était que le prélude de la suppression qui devait avoir lieu plus tard. En 1698, en effet, on abandonna encore au curé la partie qui était entre le transept et la porte d'entrée de l'église, du côté de la rue St.-Germain, pour prolonger le presbytère jusqu'à l'église (2), et en 1776 on employa le reste à la confection de la sacristie qui existe encore aujourd'hui (3).

C'est ainsi que le cimetière de cette paroisse, après avoir été restreint à diverses époques, finit, comme ceux de toutes les autres paroisses, par être entièrement

(1) Délibération du 26 mai 1696.
(2) Délibération du 26 mai 1698.
(3) Délibérations des 9 mai et 19 juin 1776.

supprimé à la fin du dernier siècle. Cela n'a rien qui doive nous surprendre ; tous ces cimetières particuliers étaient alors pour ainsi-dire devenus inutiles. Depuis plusieurs siècles la plupart des habitants de la cité se faisaient enterrer au cimetière St.-Denis ; un grand nombre de familles avaient leurs tombes particulières dans l'intérieur des églises et des monastères pour qui c'était une source de richesses. Cet usage n'était pas conforme à l'esprit de l'église, mais la coutume l'avait emporté sur la loi.

L'église St.-Germain, comme paroisse et comme propriété de l'abbaye de St.-Jean, avait dû recevoir depuis le XIIe siècle la dépouille mortelle d'un grand nombre des habitants de la ville. Aussi quand, en parcourant ce qui nous reste des archives de cette paroisse, on voit toutes les familles honorables qui y avaient choisi leur sépulture, on ne peut s'empêcher de déplorer la perte des registres si importants pour l'histoire de notre cité.

Le document le plus ancien qui nous fasse connaître les noms des personnes enterrées et les droits perçus à cet effet, est le compte de 1565-1566. Dans ce compte comme dans tous ceux qui l'ont suivi, nous trouvons un chapitre particulier contenant les noms des personnes mortes dans l'année, les legs qu'elles ont faits à l'église, et les droits qu'elles ont payés pour s'y faire enterrer. De ce document il résulte que dans la deuxième moitié du XVIe siècle il n'existait pas encore de tarif pour les sépultures ; chacun donnait selon sa position et sa fortune, mais il n'était personne qui mourût sans faire son offrande. Les sommes données sont généralement minimes, ainsi, on lit dans ces comptes donné 6 sols pour faire enterrer un enfant, une autre fois on voit donné 20 sols, une autre 30 sols ; ici on donne 100 sols, là des objets en nature vendus aux enchères et qui ont produit 11 livres 2 sols. Pour la première fois dans le compte de 1588-1589, on lit que personne ne pourra être enterré dans l'église si l'on ne donne 15 sols ; c'est là le plus ancien règlement des sépultures de cette paroisse. Le tarif général dressé en 1608 par l'évêque Geoffroy de la Marthonie, ne règle rien au sujet du droit de sépulture, on le comprend facilement puisqu'il n'a été fait que *pour oster les différends qui sourdent souventes fois entre les curés, autres prêtres congrégés et paroissiens des églises.* Cependant on y voit un article qui nous prouve qu'il était d'usage de donner une somme déterminée lorsqu'on voulait être enterré dans une église, mais qui nous apprend aussi que le règlement devait en être fait par la fabrique conformément aux dispositions du concile de Tolède, en 1566. Cet article est ainsi conçu : « il ne sera loisible de faire l'ouverture de la terre dans les églises pour inhumer aucun corps sans la permission des curés et des marguilliers auxquels elle sera demandée, sans préjudice des offrandes faites aux fabriques d'icelles églises, au profit desquelles tournera ce qu'on donnera pour ladite ouverture. » Si précédemment on avait limité la somme nécessaire pour pouvoir être enterré dans l'église il faut remarquer qu'on n'avait point encore établi de classes différentes. En 1648 apparaît donc pour la première fois un tarif régulier dressé par les fabriciens et portant la fixation de droits divers. On lit en effet à la date du 13 avril que les marguilliers en charge seront obligés de tenir compte, sçavoir : pour l'ouverture de la terre dans la nef, 12 livres, lorsqu'il s'agira d'un corps âgé et jouissant de ses droits, et 30 sols lorsque le défunt sera un enfant, le tout non compris la couverture des fosses qui seront recouvertes à neuf aux dépens des héritiers du défunt, le vieux pavé restant pour le bénéfice de l'église. En 1734 ce règlement fut changé, le droit exigé pour être enterré dans la nef fut porté à 20 livres pour les personnes ordinaires et à 6 livres pour les enfants au-dessous de dix ans. On n'en resta pas là, on établit aussi des droits plus élevés pour ceux qui voudraient être enterrés dans le chœur, et on les fixa à 30 livres puis à 50 livres, ce qui fut le chiffre réclamé jusqu'à la fin du dernier siècle.

Ces sommes n'étaient pas aussi élevées que celles que demandaient les monastères, dès-lors un grand nombre de personnes voulurent être enterrées dans l'église de leur paroisse. Toutes n'avaient pas pour cela de tombes particulières et réservées, sur lesquelles leurs parents plaçaient des inscriptions ; s'il en existait quelques-unes de ce genre, il est bon de remarquer que la majeure partie étaient tout simplement recouvertes avec le pavé de l'église. Ainsi que nous l'apprennent les registres aux comptes, pendant le xvie siècle, c'était l'église qui faisait les frais de ce pavage et elle se servait de carreaux plombées comme plus efficace pour empêcher les émanations des corps. Quelquefois on permettait aux parents de ne point se servir de ces matières, de recouvrir les fosses comme ils voulaient ; mais cette condescendance avait amené bien des abus, tant à cause de la lenteur qu'on apportait dans le travail qu'à cause de l'irrégularité qui existait ensuite dans le pavage. C'est pourquoi en 1670 les marguilliers firent un règlement par lequel il fut établi qu'à l'avenir il ne serait donné aucune permission à l'effet d'être enterré dans l'église, si les parents ou héritiers ne voulaient consentir et s'engager à faire recouvrir les fosses dans les trois jours qui suivraient l'enterrement, ou tout au plus tard dans la huitaine, avec des carreaux de pierre de camp. Par le même règlement, on fixa la grandeur et le nombre des carreaux nécessaires de la manière suivante: pour les enfants jusqu'à l'âge de cinq ans, 6 carreaux; pour les enfants depuis l'âge de cinq ans jusqu'à quinze, 8 carreaux; enfin pour toute personne ayant plus de quinze ans, comme pour les vieillards, 12 carreaux; la fabrique se réserva en outre les pavés qui avaient déjà servi afin de pouvoir réparer les endroits où le pavé de l'église serait en mauvais état. Par ce règlement, les personnes qui avaient des tombes particulières ne furent point obligées de se servir de ces carreaux et d'en mettre chaque fois qu'on enterrait quelqu'un de leur famille, on les astreignit seulement à paver le tour de ces fosses en pierre de camp, pour la régularité. Ce fut conformément à cette délibération que le 21 septembre 1671 un marché fut passé entre la fabrique représentée alors par Jean de Daours, marguillier en charge, et Nicolas Gambier, maître maçon à Amiens, dans lequel les prix furent fixés ainsi qu'il suit : Gambier s'engagea à paver à ses frais toutes les fosses faites dans l'église et à fournir en outre les matières nécessaires telles que terre, chaux et pierres de camp, à raison : 1° de 4 pavés pour les enfants au-dessous de cinq ans, moyennant 42 sols ; 2° de 8 pavés pour les jeunes gens au-dessous de quinze ans, moyennant 55 sols; 3° de 12 pavés pour les personnes au-dessus de quinze ans et pour les vieillards, moyennant 65 sols; sauf à augmenter ou à diminuer le prix, selon qu'il écherra, lorsque les parents auront visité les fosses.

Par ce même traité il fut dit aussi que ces sommes seraient payées à l'entrepreneur directement par les héritiers du défunt, et à sa diligence, sans qu'il pût en aucun cas, et pour quelque motif que ce soit, avoir son recours contre la fabrique. Gambier de son côté s'engagea à faire paver les fosses dans les trois jours qui suivraient l'enterrement, et il fut stipulé que ce délai passé les fosses seraient pavées par la fabrique aux dépens de l'entrepreneur, quelque fût le prix réclamé par l'ouvrier à qui elle s'adresserait. Il fut aussi établi des réserves pour les personnes qui voudraient faire faire le travail par un autre maçon que l'entrepreneur : d'abord elles devaient en demander la permission à la fabrique, et se conformer en tout à ce qui était prescrit à l'entrepreneur. Ce dernier était obligé de les avertir de ce qu'il y avait à faire aussitôt après l'enterrement, du délai dans lequel les fosses devaient être recouvertes ; si les parents du défunt ne l'en chargeaient pas, il n'avait droit à aucune réclamation.

En passant ce marché, les marguilliers avaient cru pouvoir se dispenser à l'avenir de refaire le pavé de l'église ; mais il n'en fut point ainsi, et nous en trouvons la preuve aux comptes des années 1688, 1694 et 1695.

En 1764 et 1776 on dut s'occuper du pavage général. Le 27 septembre 1764, un marché fut passé avec un marbrier de Senlis nommé Magnier, à l'effet de remettre à neuf le sanctuaire, de renouveler les marches sur lesquelles était placée la table de communion, et de faire le tout en pierre de Senlis. En 1776 on passa avec le même marbrier un marché pour le chœur; le prix en fut fixé à 33 livres la toise. Enfin on avait le projet d'en agir de même pour la nef et le reste de l'église, mais la révolution de 1789 vint y mettre obstacle, et ce projet ne fut point réalisé (1).

Si, des tombes ordinaires et pour ainsi dire communes, je passe à l'examen des sépultures privilégiées et héréditaires, je ne puis m'empêcher de remarquer combien elles offrent d'intérêt pour l'histoire de la cité; j'y retrouve en effet les tombes d'une grande partie des familles qui au XVIe siècle faisaient partie de l'échevinage (2), et les registres de cette paroisse nous apprennent qu'elle comptait au nombre de ses habitants beaucoup d'autres familles placées alors dans le commerce, qui existent encore dans notre cité, mais qui, parvenues à une position sociale plus élevée, ignorent sans doute aujourd'hui que là fut le berceau et le tombeau de leurs ancêtres.

La plupart des tombes appartenant aux personnes qui avaient fait des fondations portaient soit sur la pierre qui les recouvrait, soit sur la muraille au pied de laquelle elles étaient creusées, l'extrait de l'acte passé entre la fabrique et le fondateur ou ses héritiers. On voyait aussi

(1) Voir les registres des délibérations.
(2) Dans les registres du XVIe siècle on voit en effet figurer au nombre des habitants de cette paroisse, les Louvel, les Saisseval, les Fauvel, les Clabaud, les St-Fuscien, les Famechon, les Louvencourt et beaucoup d'autres noms portés sur la liste de nos maïeurs.

des inscriptions gravées sur des plaques de cuivre que l'on scellait dans les murs. C'est ainsi que, dans la chapelle de Notre-Dame, près de l'abside, se voyait autrefois le tombeau de Henri Lemaistre et de Jacqueline de Fontaine, sa femme, fondateurs de la messe de six heures, qui a donné lieu à tant de commentaires; que dans la chapelle de Ste-Anne, près des orgues, se trouvait la tombe de Claire Dupont, femme Delattre, qui a tant contribué à l'agrandissement de l'église; enfin que dans d'autres endroits les sépultures d'un grand nombre de bienfaiteurs, les Reveloy, les Conty, les Beaupigné, les Lecouvreur, les Ducaurel, etc., car il est à remarquer que souvent l'on choisissait pour le lieu de sa sépulture la place même que l'on avait occupé pendant sa vie.

Les laïcs étaient ordinairement enterrés dans la nef et dans les bas-côtés, mais le chœur et le sanctuaire étaient plus spécialement réservés aux curés et aux prêtres de la paroisse. Cela n'empêchait pas cependant d'y admettre quelquefois des laïcs, mais plus particulièrement des personnes distinguées par leur rang et leur naissance.

Derrière le maître-autel se trouvait la tombe de sire Jean Leclerc, décédé vers 1563, prêtre de cette église. Originaire d'Amiens, il appartenait à une famille recommandable de la puissante corporation des tanneurs; bienfaiteur de sa paroisse, il y avait laissé des fonds affectés au service de l'église, outre les fondations qu'il avait faites pour le repos de son âme. On avait placé sur sa tombe un autel et construit une petite chapelle à laquelle on avait donné son nom, ainsi qu'on peut le voir dans les comptes de 1572 à 1573.

Contre le premier pilier du chœur, près du sanctuaire, du côté de l'épître, on voyait au xviii⁰ siècle les tombeaux de Pierre Boucher et de M. Roussel, anciens curés. A ce pilier était attachée une table de marbre blanc sur laquelle était gravée, au trait et en noir, la figure du bon pasteur portant sur ses épaules la brebis égarée. On y lisait aussi l'inscription suivante qui contient la liste des fondations que P. Boucher avait faites dans l'église dont il avait été le père pendant près de vingt-trois ans.

Pastor utrobique vigilantissimus, vir sacerdotali zelo magnus, regendis parochianis prudentiâ et dexteritate major; utriusque disciplinæ, religiosæ et ecclesiasticæ observantiâ maximus. Erga pauperes charitate, erga omnes liberalitate supereminens; qui sancti Germani reliquias in capsâ argenteâ condi, et retrò, suprâque majus altare collocari curavit. Baldachino, sex candelabris argenteis, aliisque donis hanc ecclesiam ditavit. Charitatis scholas instituit; quinquaginta libras hujus parœciæ pauperibus distribuendas reliquit. Annis plenus, suis carus, omnium luctu, sanctè obiit.

M. Roussel, son successeur, avait fait graver à la suite de cette inscription, qu'il avait faite, ses propres nom, prénoms et qualités. Lié d'amitié avec Pierre Boucher, M. Roussel avait voulu être enterré à ses côtés; c'est pour cela qu'il avait préparé la table de marbre, de manière qu'il n'y eût plus à remplir que la date de sa mort qui arriva le 31 janvier 1713; il était âgé de 54 ans et avait occupé cette cure pendant 22 ans.

Contre le pilier opposé un tableau en bois rappelait

que là était la dépouille mortelle de la famille de Louvencourt. Les registres de la fabrique nous apprennent les noms de plusieurs de ses membres qui y avaient été aussi déposés dans le xvi° siècle. Nous y voyons François de Louvencourt, mort en 1568 ; Jean, conseiller au bailliage, décédé en 1569, qui avait donné 10 livres pour être enterré à cette place ; enfin Augustin de Louvencourt, maïeur de la ville, à laquelle il rendit de si importants services dans les années malheureuses de 1595, 1598 et 1602, y avait fait déposer les corps de plusieurs de ses enfants. Il voulut être enterré près de ceux qu'il avait pleurés, avec la demoiselle Gamin, son épouse. Ils étaient représentés tous les deux sur le tableau placé au-dessus de leur tombe ; une inscription en lettres d'or gravée dans un cartouche de marbre noir posé en-dessous, rappelait que la paroisse lui était redevable de la chaire.

La famille de Louvencourt habita la paroisse St-Germain pendant le xvi° siècle et une partie du xvii°. Son hôtel était rue du Chapeau-de-Violettes. Là sans doute était né Augustin de Louvencourt, chanoine et archidiacre de notre cathédrale, que les mémoires du temps nous représentent comme un homme intègre et vertueux, ne cherchant que la gloire de Dieu, très-humain, et qui sut tenir son rang avec honneur. Comme les autres membres de sa famille, il avait été le bienfaiteur de sa paroisse. Pendant longtemps on en a gardé le souvenir, et chacun ne manquait jamais de se rappeler ses vertus et ses bienfaits, lorsque dans les grandes cérémonies de l'église on voyait les riches ornements qu'il avait donnés et sur lesquels il avait fait apposer ses armes (1).

Dans le chœur, près du maître-autel, une pierre gravée portait l'écusson de Pierre Lecoustelier, sieur de Coupel, ancien marchand, dont le nom figure en 1490 sur la liste des maîtres de la confrérie du Puy, avec la devise : *Ciel contenant lumière glorieuse*. On lui doit la construction des deux chapelles placées dans le bas-côté en face de la chaire, lesquels autrefois faisaient partie du cimetière (2). Dans l'une se voit encore le sépulcre de Notre-Seigneur avec Nicodème, Joseph d'Arimathie et les saintes femmes occupés à ensevelir le Sauveur.

(1) L'usage de mettre les armoiries d'une famille sur les ornements servant au culte a été généralement répandu dans le XIVe, le XVe et le XVIe siècle. Il ne faut cependant pas croire que cette coutume ait été admise par les lois de l'église ; pour s'en convaincre, il suffit de lire les critiques qu'en ont faite plusieurs écrivains sacrés tels que Jean Tauler, savant dominicain, mort en 1361 ; Gabriel Paléota, archevêque de Bologne au XVIe siècle, l'ami de saint Charles Borromée, qui a publié un ouvrage contre l'usage des armoiries en l'église, enfin M. Bourdaise, dans son livre de *Sentiments et Maximes*, où on lit ce qui suit : « Ceux qui font porter leurs armes sur des chasubles à des prêtres célébrant la sainte messe, comparent ces prêtres à des mulets, puisque les uns comme les autres sont couverts des armes de monsieur et de madame : Chose infâme, toute remplie de superbe pour les messieurs et les dames, et de bassesse de courage pour les prêtres. »

Tauler, savant dominicain, dit que ceux qui mettent des armoiries ou des noms sur des présents faits à l'église, cherchent leur récompense sur la terre. Un vassal aurait mauvaise grâce à mettre ses armes sur un présent qu'il veut faire à son seigneur. L'autel et le prêtre qui représentent Jésus-Christ sont-ils moins estimables qu'un écuyer, un valet de chambre ? Faut-il les mettre au rang des chars et des laquais, en faisant porter leurs livrées aux uns et aux autres ?

(2) Ce fait me paraît prouvé par l'agrandissement de l'église qui n'a eu lieu en cet endroit qu'après la donation de Delattre et l'acquisition de 1559. Voir ce qui a été dit à la page 35.

Dans l'autre se trouvait le tombeau de la mère de Jésus, entouré des apôtres qui lui rendaient les derniers devoirs. Les figures de ces deux sépulcres étaient en pierres peintes et dorées de grandeur naturelle. A l'aspect de ces deux chapelles il est facile de voir qu'elles ne sont autre chose que d'anciens tombeaux. Pierre Lecoustelier, mort en 1518 (1), avait fait construire la première pour que son corps y fut déposé ; la seconde avait aussi été construite par ses ordres pour être la sépulture de Marie Lecat (2), sa femme, décédée en 1522 ; c'est là en effet qu'elle fut enterrée, tandis que Pierre Lecoustelier le fut près du maître-autel, ainsi que je l'ai dit plus haut. A la fin du xviii° siècle, on voyait encore dans la chapelle de Marie Lecat, l'épitaphe de ces deux époux gravée sur la pierre.

Au-dessus de l'arcade qui ferme l'entrée de la chapelle où se trouvait le tombeau de la Ste-Vierge, on avait pratiqué dans l'épaisseur du mur une petite arcade dans laquelle était représenté le martyr de saint Hippolyte. Les figures étaient en pierre peinte. Suivant les documents laissés par Pagès, à la fin du xvii° ou au commencement du xviii° siècle, on avait embelli cette arcade d'une belle corniche en bois et de deux pilastres d'ordre composite, le tout

(1) La famille Lecoustelier a continué d'habiter la paroisse St-Germain, car en 1591 les registres aux comptes parlent encore de la mort d'un autre *Pierre Lecoustelier*.

(2) Famille honorable de cette ville. En 1483, Vincent Lecat, marchand à Amiens, était maître de la confrérie du Puy ; il avait pour devise : *Plaisante Esther du roi des cieux eslute*. En 1550 et 1561 nous voyons sur la liste des maïeurs, Firmin Lecat. Il était de la religion des réformés, et comme il fut soupçonné de favoriser le parti des huguenots, le roi, par des lettres patentes, lui fit retirer les clefs de la ville.

peint en vert campan et doré. Ce travail avait été exécuté par un nommé Mecsen, peintre et doreur de la ville, regardé comme très-habile dans l'imitation du marbre.

De ces deux tombeaux, celui où l'on voyait le sépulcre de la sainte Vierge, a été entièrement détruit. Les écussons de la famille Lecat placés sur la clef de voûte, ont été grattés ou enlevés, et la pierre sépulcrale n'a pas même été respectée. Une vieille armoire destinée à la congrégation de la sainte Vierge a remplacé, depuis plusieurs années, les sépultures qui faisaient l'ornement de cette chapelle, et un confessionnal, placé en face, permet à peine d'y entrer. Il n'en est pas de même de la chapelle destinée à la sépulture de Pierre Lecoustelier. Le tombeau du Sauveur, quoique détérioré, existe encore, mais à peine peut-on y entrer, à cause du confessionnal qu'on y a malheureusement établi, et qui n'y laisse qu'un étroit passage pour aller au presbytère. Sur ce sépulcre se voit la date de sa construction, 1506; sur l'une des voûtes se trouve aussi un écusson portant les deux lettres P L; sur une autre, on voit un emblême de la mort divisé en deux parties : à droite un chat assis sur le derrière et croquant une souris, à gauche les deux lettres grecques α et ω placées l'une sur l'autre et séparées par une barre.

En vain on chercherait aujourd'hui dans cette église quelques-unes des inscriptions naïves du xv° et du xvi° siècle ; s'il en existe encore, elles sont ensevelies sous cet épais babigeon dont on s'est plu depuis un demi-siècle à recouvrir les murailles du monument, et elles ne pourront voir le jour que lorsque l'on comprendra combien ce mode de barbouillage est ignoble, et que l'on consentira à l'enlever avec soin. Tout le monde sait d'ailleurs que presque toutes les anciennes pierres tumulaires ont été détruites dans les jours néfastes où l'église fut destinée à servir d'abattoir ; et celles qui sont restées, sont tellement usées qu'il est difficile d'y reconnaître quelque chose. En outre, l'église, lors du rétablissement du culte, fut repavée avec une foule de pierres tumulaires provenant d'autres monuments religieux, il est donc impossible d'y rien rencontrer de particulier à la paroisse. Il en est une qui n'existe plus, il est vrai, mais que nous a conservée le père Daire dans son *Histoire littéraire de la ville d'Amiens*, (page 475), et qui doit ici trouver sa place, car elle était gravée sur la tombe de Marie Deberny, première femme d'Antoine Pingré (1), morte le 28 octobre 1570 et enterrée dans cette église ; elle est ainsi conçue :

> Il faut qu'en ce sacré temple
> On contemple
> Ici un temple d'honneur :
> De vertus un riche vase,
> Une base
> Et consommé de bonheur.
>
> Un flambeau, une lumière
> Singulière,

(1) Antoine Pingré avait épousé en premières noces Marie Deberny, décédée en 1570, et il épousa en secondes noces Ysabeau Lamy, qui mourut en 1583. Il figure plusieurs fois sur la liste des maîtres de la confrérie du Puy ; d'après les registres mortuaires, cette famille habitait encore la paroisse St-Germain dans le xviii° siècle.

Il en est de même de la famille Deberny dont le nom figure sur la liste de nos maïeurs, où nous voyons Antoine Deberny aux années 1593, 1613 et 1619.

Un autel de sainteté,
Où étoient pour beaux ouvrages,
  Les images
De justice et de piété.

Çà fault que son nom je die
  Et publie,
C'est Marie de Berny,
Qui a comme une fidelle
  Damoiselle
Son biau fond ici fourny.

C'est la compagne amitable
  Et louable
De sire Antoine Pingré,
Qui par son bien triste style,
  En la ville,
Obtient le premier degré.

C'est celle que tient en serre
  Ce parterre,
La mort blême entre ces bras,
Et seroit passagère ombre
  De ce nombre
Servant au tombeau d'appas.

Que dis-je donc? je m'abuse,
  Qu'on m'excuse;
Pour reposer ci-dessous
La mort point ne la dévore,
  Car encore
Vit au cœur de son époux.

Vit en la médaille vive
  Et naïve
De ses bien-aimés enfans,
Qu'en vertueuse noblesse
  Et sagesse
Ung chacun voit triomphans.

Et par charitable flamme,
　Vit dans l'âme
Des pauvres en toute saison
Qui la font au Ciel revivre,
　Et lui livre
Une éternelle maison.

Déplie, ô tout immense !
　Ta clémence
Aujourd'hui vers l'esprit sien ;
En attendant la jornée
　Ordonnée
A tous momens de son lien.

Ce serait sans doute ici le lieu d'entrer dans quelques détails sur les cérémonies qui se pratiquaient autrefois à la mort de chacun des paroissiens, ce cerait aussi le moment de parler des prières que l'on faisait pour les morts aux jours de leurs enterremens, aux anniversaires et à certains jours de l'année, enfin de faire connaître les droits perçus en cette occasion par le clergé et par les fabriques ; mais comme ce qui se passait en l'église St-Germain n'avait rien de particulier, toutes les autres paroisses de la ville observant les mêmes rites, je me contenterai de faire remarquer, quelles qu'aient été les variations introduites par le temps dans ce genre de cérémonies, qu'il sera toujours impossible de méconnaître la ressemblance frappante qui existe entre les usages des anciens et les nôtres (1).

§ 6. Fondations.

Après avoir examiné avec attention tous les registres

(1) Voir note H.

aux comptes et tous les titres qui composent les archives de la paroisse St-Germain, il m'a été impossible de trouver aucune fondation qui remontât au-delà du xiv° siècle, il n'en existe même qu'une de ce dernier, toutes les autres sont des xv°, xvi°, xvii° et xviii° siècles, et je dois dire d'avance que c'est dans le xvii° que ces actes ont été les plus nombreux. Il est encore un autre genre de pièces que je ne puis passer sous silence, parce qu'elles se rattachent d'une manière toute particulière au sujet dont il est ici question, ce sont des testaments reçus par les curés et dans lesquels chaque mourant règle ses funérailles, fixe la somme à payer à chacun et laisse toujours quelque chose soit à l'église, soit à la fabrique et déclare préalablement ne pas vouloir mourir *intestat*. Tous ces testaments appartiennent au xvii° et au xviii° siècle, un seul est du xvi°. Pour mettre plus d'ordre dans la nomenclature de tous ces actes, qui peuvent jeter tant de lumières sur les familles qui ont habité cette paroisse et en ont été les bienfaiteurs, je suivrai l'ordre des siècles, en commençant par le xiv° et en remontant ainsi jusqu'à nous.

XIV° siècle. — Ainsi que je viens de le dire, il n'existe plus dans les archives qu'une seule fondation faite au xiv° siècle, c'est celle d'un obit fondé à perpétuité par un chanoine d'Amiens, nommé *Jacques Petit*, originaire de la paroisse St-Germain. Les lettres en parchemin délivrées à la fabrique par MM. les doyen et membres du Chapitre d'Amiens, à la date du 31 juillet 1368, portent : que pour l'acquit de cette fondation, Jacques Petit a donné *une rente de* 10 *sols* à prendre sur celle de 7 livres 16 sous laissée à MM. du Chapitre, sur les domaines de Remaisnil et de Cruche. Suivant les dispositions du fondateur, cet obit devait être chanté le 27 septembre de chaque année, et les 10 sols devaient être distribués ainsi qu'il suit :

5 sols au curé ; 2 à son chapelain ou vicaire ; 2 à la fabrique, pour luminaire fourni ; 1 au clerc.

On ne trouve aucune trace de cette fondation dans les registres aux comptes qui subsistent encore, ce qui prouve qu'avant le xvi° siècle les fonds laissés par le chanoine Petit avaient déjà été absorbés par la fabrique et que l'obit ne se disait plus, quoique fondé à perpétuité.

XV° siècle. — 1ʳᵉ *fondation.* MIQUIEL ACCATEL.

La première fondation que l'on rencontre dans le xvi° siècle, est celle d'un bourgeois d'Amiens nommé *Miquiel Accatelle;* elle résulte de deux lettres sur parchemin délivrées par l'official d'Amiens. La première est une expédition du testament de *Miquiel Accatelle,* la deuxième contient acceptation de la succession de ce dernier par son neveu, avec obligation d'en acquitter les legs et charges aux termes du testament.

Par ces actes, on voit que Miquiel Accatelle a fondé deux services solennels qui devaient être dits à perpétuité en la chapelle St-Nicaise, et qu'il a laissé une rente annuelle de 6 livres 5 sols parisis par chaque service. Son neveu ou ses héritiers ont été chargés du paiement de cette rente, à laquelle il a affecté plusieurs cens établis sur divers immeubles situés à Amiens.

Là ne se sont point bornés les générosités du fondateur, on voit en effet dans son testament diverses donations faites tant à l'église St-Germain qu'à plusieurs autres de la ville, la désignation du lieu de sa sépulture, et le règlement de ses funérailles. Il déclare :

1° vouloir être enterré en l'église St-Germain, *au devant de l'autel St-Nicaise, au plus près du lieu ou plache où est enterrée Colaye Laquaille, sa femme.* A cet effet il laisse :

A la fabrique	8 l. »	s. parisis.
Au curé	16	id.
Au chapelain.	12	id.
Au clerc	8	id.
Total . . .	9 l. 16	s. parisis.

2° Qu'il soit dit, le jour de son décès, treize messes ;

3° Que ce même jour il soit donné :

A la fabrique de Notre-Dame d'Amiens . .	4 l. »	s. parisis.
A la maison de St-Nicolas, aux pauvres clercs	2 »	id.
Aux pauvres clercs portant le signe ou capette de la maison	16 »	id.
Aux Augustins.	4 »	id.
Aux Cordeliers.	4 »	id.
Aux Jacobins	8 »	id.

à la charge par ces trois ordres mendiants d'assister à son enterrement, de dire vigiles des morts à son service, le tout en la manière accoutumée.

Pour réparer le Béguignage	2 »	id.
Aux pauvres de l'église St-Germain . . .	20 »	id.
Aux ladres des maladreries de Rivery, à partager entre eux par égale portion.	» 10	id.
Total . . .	60 l. 10	s. parisis.

Enfin il veut qu'il soit dit pendant six années six

annuels de messe, un par chaque année, pour le repos de son âme, de celle de sa femme, et de ses père et mère.

Pour solder toutes ces dépenses, il laisse à son neveu, une maison sise dans l'un des faubourgs d'Amiens, rue St-Jacques, et divers cens établis sur plusieurs immeubles.

Après avoir ainsi disposé de ses biens, il prévoit le cas où son neveu Odench viendrait à décéder sans postérité, et déclare que, s'il en était ainsi, l'hôpital St-Jean (l'Hôtel-Dieu) doit être son héritier.

2° PIERRE LORLU (1441).

Par testament du 4 juillet 1441 et dont expédition sur parchemin a été délivrée à la fabrique de St-Germain par l'official d'Amiens, Pierre Lorlu, bourgeois d'Amiens et marchand en cette ville, a déclaré vouloir être enterré en l'église St-Germain, et donner à cet effet un marc d'argent et deux saluts d'or (1). S'occupant ensuite de régler ses obsèques dont il laissa à son fils le soin de payer le montant, il déclare vouloir que pour son enterrement il soit payé :

Au curé.	8 s. parisis.
Au chapelain	4 s. id.
Au clerc	2 s. id.
TOTAL	14 s. parisis.

(1) Le salut d'or était une monnaie que Charles VI fit frapper en 1421. Le salut était d'or fin, du poids de 63 au marc, et valait 25 sols. Cette monnaie tirait son nom de la salutation angélique qui y était représentée. Charles VI fut le seul roi de France qui en fit frapper. Henri VI, roi d'Angleterre, en fit frapper de même poids, de même valeur et de même titre, pendant qu'il possédait une partie de la France.

Il ordonne que les trois ordres mendiants, Augustins, Cordeliers, Jacobins, assistent à ses convoi et vigiles ; que le jour de son décès il soit dit treize messes de suite, qu'un muids de blé converti en pains soit distribué aux pauvres de la paroisse, enfin qu'il soit dit un annuel de messes pour le repos de son âme.

3° Henri Lemaistre (1450).

Cette fondation étant celle que les historiens de la ville ont regardée comme la plus remarquable, à cause des conséquences que la tradition lui a attribuées, il ne sera pas inutile d'entrer dans quelques détails à son égard.

D'après les anciens inventaires des titres de la paroisse St-Germain, il existait au XVII° siècle, et il existe encore aujourd'hui, quatre lettres en parchemin attachées ensemble, qui forment la liasse principale des titres de cette fondation. La première et la seconde méritent seules notre attention, la troisième et la quatrième n'étant que la ratification ou l'approbation de ce qui est contenu dans la deuxième tant par le bailli d'Amiens que par le supérieur général des Prémontrés. La première est un vidimus des lettres d'amortissement données par le roi Charles VII, en son château de Montilz-les-Tours, au mois de janvier 1450 (1). La deuxième est un accord ou traité fait entre l'abbé et les religieux de St-Jean, la veuve et les exécuteurs testamentaires de Henri Lemaistre et les marguilliers de St-Germain, le 22 janvier 1150, et réalisé par acte authentique le 23 janvier 1452. C'est à

---

(1) On appelait *vidimus* une copie d'un titre collationnée sur l'original par une autorité quelconque qui en attestait la vérité.

l'aide de ces pièces que nous allons en retracer l'histoire.

Henri Lemaistre, bourgeois d'Amiens, avait épousé Jacqueline de Fontaine, veuve en premières noces de Jacques Auxcousteaux, de cette ville. Aucun enfant n'était survenu de ce mariage, et pendant toute leur vie ces deux époux avaient habité la paroisse St-Germain. Non contents d'avoir été les bienfaiteurs de cette église, d'avoir contribué pour des sommes considérables tant à sa construction qu'à sa décoration, Henri Lemaistre et sa femme, voyant la mort approcher, voulurent encore donner à l'église St-Germain une dernière marque de leur piété, de leur affection, en la choisissant pour leur dernière demeure et en y fondant une messe à perpétuité. Cet acte de dernière volonté ne fut pas, comme on pourrait le croire, le produit d'une idée subite ou étrangère qui leur aurait été suggérée à l'approche de la mort; il était basé sur un principe plus pur et plus élevé, c'était le résultat de cet esprit de paroisse que nous ne connaissons plus aujourd'hui, et qui, pendant des siècles, fut toujours inséparable de l'esprit de famille qui lui avait donné naissance. Aussi cette pensée avait-elle été, pendant de longues années, l'objet des réflexions de Henri Lemaistre. En effet, en 1428, c'est-à-dire vingt-quatre ans avant sa mort, je vois Henri Lemaistre faire l'acquisition d'un fief, et dans le contrat déclarer formellement que cette propriété est destinée à la fondation d'une messe à perpétuité. Henri Lemaistre ne fit cependant pas la fondation dont s'agit pendant sa vie, il se contenta d'en exprimer l'intention, il laissa ce soin à ses exécuteurs testamentaires et à sa femme qui lui survécut. Ces deux époux ignorant celui des deux qui décéderait le premier, s'étaient contentés d'exprimer leurs dernières volontés dans un testament mutuel du 22 janvier 1450 et d'y insérer les clauses et conditions de la fondation qu'ils voulaient faire, laissant d'ailleurs au survivant et aux exécuteurs testamentaires du premier décédé le soin de la réaliser. Henri Lemaistre mourut le premier et aussitôt sa femme et ses exécuteurs testamentaires s'empressèrent de réaliser les volontés exprimées dans son testament. L'intention du testateur avait été de fonder en l'église St-Germain une messe basse à perpétuité pour tous les jours de l'année, en la chapelle Notre-Dame, laquelle messe devait être dite à six heures du matin. Pour remplir sa volonté, les exécuteurs testamentaires s'adressèrent à l'abbé de St-Jean et au curé primitif de l'église St-Germain. A cette époque, le chef de l'abbaye des Prémontrés n'était point encore *commendataire* (1), il était régulier, et, à ce titre, il faisait desservir la cure de St-Germain soit par un de ses religieux, soit par une autre personne à son choix, et n'en conservait pas moins les titres et les droits attribués au chef de la paroisse. Cela se passait sous le gouvernement de Mathieu Coterel, mort en 1455. Cet homme célèbre, qui avait assisté au concile de Bâle où il avait fait confirmer les privilèges de son abbaye, avait desservi lui-même la cure de St-Germain avant d'être élevé à la dignité d'abbé de St-Jean, et de la confusion des deux titres d'abbé et de curé primitif réunis sur la tête d'une seule et même personne, est sans doute

(1) Le premier abbé commendataire de cette abbaye fut Antoine Séguier, nommé en 1600.

venue l'erreur qui a donné lieu à la tradition fabuleuse dont ont parlé les historiens de cette ville.

Dans l'inventaire de 1642, les conditions prescrites par les actes de 1450 et 1452, sont analysées ainsi (1) :

1° La messe sera célébrée tous les jours à six heures du matin, par un religieux de l'abbaye de St.-Jean, ou par un autre à ce député, à l'exclusion du curé de la paroisse et de son vicaire.

2° Le prêtre officiant, après le *Confiteor* et avant l'*Introït*, devra se tourner vers le peuple et dire, à haute et intelligible voix, ces paroles : *C'est la messe ordonnée par Henri Lemaistre et Jacqueline de Fontaine, sa femme, pour lesquels et leurs bienfaiteurs, nous dirons* Pater noster *et* Ave Maria *tout du long.*

3° Si le religieux ou le préposé oubliait de dire cette messe, les abbé et religieux de St.-Jean paieraient à la fabrique *cinq sols par chaque manquement.*

Si on oubliait de la dire à six heures ou environ, ou de dire les paroles ci-dessus, les abbé et religieux paieraient par chaque fois 12 deniers au profit de la fabrique.

4° Les abbé et religieux de St.-Jean donneront tous les ans à la fabrique quarante sols parisis, et au clerc de la paroisse vingt sols parisis.

5° Attendu les dons ci-dessus, les curé et marguilliers seront tenus de maintenir en bon état et d'entretenir la cloche destinée à sonner la messe.

Si la cloche donnée vient à être fêlée ou cassée, elle sera refondue du poids de 600 liv., comme elle était, aux frais et dépens des abbé et religieux.

(1) Voir Note I.

Le clerc sera tenu de sonner cette messe à deux différentes fois, de vingt volées au moins chacune, et ce afin que, dans l'intervalle, on puisse dire les psaumes *Miserere* et *De profundis*.

6° La fabrique sera tenue de fournir deux cierges pour la messe, et une torche à l'élévation; plus tous les objets nécessaires au prêtre.

Les articles 7, 8, 9, regardent l'amortissement du fief.

10° Il sera posé dans la chapelle Notre-Dame une pierre dure, ou plaque en cuivre, aux dépens des défunts, sur laquelle seront inscrites la fondation et les principales clauses du contrat.

Pour faciliter l'exécution de cette fondation aux conditions ci-dessus exprimées, Henri Lemaistre donne à l'abbaye de St.-Jean un fief situé à Mézières-en-Santerre, estimé, dans les lettres d'amortissement, à la valeur de 60 liv. de revenu annuel. Le fief relevait de la maison de Poix; Henri Lemaistre en avait fait l'acquisition, en 1428, de Raoul de Soissons, et la vente en avait été approuvée et ratifiée par Thibaut de Soissons, seigneur de Moreuil, et par Marguerite de Poix, père et mère du vendeur.

Les exécuteurs testamentaires, aussitôt le décès de Henri Lemaistre, se pourvurent devant le roi Charles VII pour obtenir des lettres d'amortissement; ce monarque les accorda par lettres du mois de janvier 1450, données au château de Montilz-lès-Tours (1), et les droits à payer furent fixés à la somme de 400 livres tournois, qui furent affectées tout de suite au rachat de la revenue, domaine,

(1) Voir note K.

terre et seigneurie de Dun-le-Roy, qui naguères avait été donnée en gage par Charles VII à un chevalier gascon nommé Robert Soingnac, pour 380 royaux d'or, ainsi que cela est formellement exprimé dans les lettres mêmes d'amortissement (1).

L'abbé de St.-Jean accepta la fondation de Henri Lemaistre, et ce dernier fut enterré avec sa femme dans la chapelle qu'il avait choisie. On y plaça une lame de cuivre contre la muraille, et sur cette plaque on inscrivit le titre de la fondation et les conditions rapportées plus haut, telles qu'elles avaient été approuvées et ratifiées par Mathieu Coquerel et les marguilliers, dans un acte du 23 janvier 1452, au bas duquel chacune des parties avait apposé son sceau. Enfin, pour se conformer en tout point aux prescriptions du fondateur, les exécuteurs testamen-

(2) La ville de Dun-le-Roy faisait depuis longtemps partie du domaine royal. Arpin, vicomte de Bourges, dernier seigneur de Dun, vendit cette seigneurie au roi Philippe Ier, qui la réunit à son domaine. Philippe-le-Bel échangea la ville et la chatellenie avec Henri de Sully, grand bouteillier de France, pour celles du château Regnard, qu'il voulait donner à l'archevêque de Lyon. Les bourgeois furent si touchés de cette aliénation qu'ils prièrent le roi Charles IV, dit le Bel, de la révoquer et de réunir cette ville à son domaine. Le roi leur accorda leur demande, moyennant 4,000 liv. parisis que les bourgeois lui payèrent, et voulut que cette ville demeurât perpétuellement annexée à son domaine. On croit que c'est à cause de ce privilége qu'elle fut nommée Dun-le-Roy. Charles VII ne laissa pas, malgré ce privilége de Charles IV, de mettre deux fois cette ville hors de sa main; *mais, à la prière des habitants, il la réunit à la couronne pour y demeurer inséparablement unie.* Ces priviléges furent confirmés par Louis XI en 1465, en sorte que les princes de Condé, qui ont joui du domaine de Dun-le-Roy après le règne de Louis XIII, n'ont eu d'autres titres que ceux d'*engagistes*.

LONGUERUE. *Description de la France.*

taires donnèrent à la fabrique, pour premier établissement de la cloche destinée à sonner la messe, 40 écus d'or en espèces et 282 livres pesant de métal.

Cette fondation fut, jusqu'à la fin du dernier siècle, exécutée sans interruption, mais non sans contestations entre la fabrique et l'abbaye de St.-Jean.

Avant de les examiner, qu'il me soit permis de m'occuper de la situation de la chapelle choisie par Henri Lemaistre pour lieu de sa sépulture. A cet égard je ferai remarquer que la chapelle Notre-Dame, dont il est parlé dans son testament, n'était pas de son temps placée au même endroit où elle l'a été depuis. En 1450, époque de sa mort, le chœur n'était point encore construit, ainsi que je l'ai déjà dit ; ce n'est qu'en 1452 que les terrains ont été achetés pour le prolongement de l'église. A cette époque, la chapelle Notre-Dame était bien placée dans le bas-côté droit, mais à la hauteur seulement des marches du chœur actuel ; c'est là qu'avait été déposé le corps de Henri Lemaistre et celui de sa femme. A la fin du xve siècle, lorsque les constructions nouvelles furent élevées, la chapelle Notre-Dame ne put rester où elle était ; on la transféra dans le fond de l'église, toujours à côté du maître-autel, et dans le même bas-côté. Or, c'est dans cette nouvelle chapelle que, depuis, fut constamment exécutée la fondation. La lame de cuivre y fut transportée, placée contre la muraille, et il y a lieu de présumer qu'il en fut de même de la dépouille mortelle des deux époux ; cela est d'autant plus probable que Jacqueline de Fontaine vivait encore en 1452, époque de l'acquisition du terrain destiné à prolonger l'église. Cette circonstance doit faire penser que les changements opérés l'auront été de concert avec elle, avant sa mort arrivée en 1456 ; et que de plus, elle a contribué à la décoration de la nouvelle chapelle, soit par suite du transport des décors de l'ancienne dans la nouvelle, soit par des dons particuliers destinés à l'embellissement de cette dernière. Au surplus, qu'il en ait été ainsi ou non, toujours est-il que, dans la chapelle placée à côté du maître-autel actuel, se trouvait autrefois une verrière qui rappelait la fondation de Henri Lemaistre, et qui a été supprimée avant la révolution de 1789. Pour ne point laisser périr le souvenir de cette fondation, on a cependant conservé la figure de Henri Lemaistre à genoux et dans l'attitude d'un homme en prière, ainsi que cela se voit encore sur le vitrail de cette chapelle, et c'est la seule chose qui puisse nous rappeler la messe de six heures. La plaque de cuivre a disparu dans nos temps de trouble, et maintenant, que depuis vingt ans environ cette chapelle a été restaurée, que son pavé a été remis à neuf, que les murs ont été recouverts de lourdes boiseries peintes, il ne reste plus que la figure dont je viens de parler qui puisse rappeler à la postérité les bienfaits, la générosité de Henri Lemaistre et de Jacqueline de Fontaine, sa femme.

J'ai dit plus haut que cette fondation avait donné lieu à un grand nombre de contestations entre la fabrique de St.-Germain et l'abbaye de St.-Jean.

Ces contestations ont été de deux espèces, et toutes ont pris leur source dans le testament même de Henri Lemaistre. Deux choses y donnèrent lieu d'une manière plus particulière : 1° les amendes prononcées au profit de la fabrique par le testateur, pour le retard ou la négligence apportée par le religieux chargé de la fondation, dans son accomplissement ; 2° la rétribution accordée par Henri Lemaistre à la fabrique pour les fournitures nécessaires à la célébration de la messe, et l'émolument accordé au clerc.

Tant que la valeur de l'argent resta la même qu'en 1450, la paix régna entre les parties ; mais il n'en fut plus de même quand elle diminua, et la résistance opposée sans cesse par l'abbaye aux justes réclamations de la fabrique, obligea souvent cette dernière à se pourvoir devant l'autorité compétente, pour faire augmenter les émoluments qui lui étaient accordés par le testament. De 1450 à 1587, l'abbaye de St.-Jean avait consenti à porter à 50 sols la somme de 40, inscrite dans le testament ; à cette dernière époque la fabrique réclama une augmentation plus forte et plus en harmonie avec la valeur de l'argent. L'abbaye n'y consentit pas tout de suite ; mais les registres aux comptes nous apprennent qu'en 1593 cette somme fut portée au double, et que désormais la somme de 5 liv. parisis fut payée chaque année à la fabrique. En 1682 de nouvelles réclamations eurent lieu de la part de cette dernière, et, de la résistance opposée par les religieux naquit un procès dont la durée fut de deux années.

Le 9 juin 1682, les marguilliers de St.-Germain ne pouvant rien obtenir des religieux de St.-Jean par voie amiable, citèrent ces derniers devant l'officialité d'Amiens, à l'effet de faire taxer la rétribution que l'abbaye devait donner à la fabrique pour le pain, le vin, les livres, le luminaire, la sonnerie et les ornements fournis par elle

pour la messe de six heures, et, en outre, condammer les religieux à dire cette messe tous les jours à six heures précises, aux termes du contrat de fondation. Les religieux, au lieu d'aborder franchement la question, se retranchèrent, suivant leur coutume, dans des exceptions, pour trainer l'affaire en longueur ; ainsi, le 30 juin suivant, ils prétendirent que cette demande ne les regardait pas, que c'était à l'abbé qu'il fallait s'adresser ; « nous ne sommes,
» disaient-ils, que des commissionnaires, nous n'ac-
» quittons cette messe que par ordre de l'abbé ; à lui
» seul appartient la jouissance des biens de la fondation.
» Jusqu'ici l'abbé a fait payer à la fabrique 7 liv. 10 sols,
» suivant conventions faites entre elle et lui ; c'est donc
» à lui et non à nous que la fabrique doit s'adresser ; au
» surplus, nous demandons un délai pour pouvoir l'ap-
» peler et le faire intervenir au procès. »

Les procédures de cette exception durèrent une année, et ce ne fut que le 4 juillet 1683 qu'intervint une sentence de l'official qui ordonna la mise en cause de l'abbé de St.-Jean. Ce dernier ne comparut point et se laissa condamner par défaut. Tous ces retards, toutes ces lenteurs ne découragèrent point la fabrique, et, après dix-huit mois de chicanes et de délais de la part de l'abbaye, les marguilliers se mirent en devoir de presser cette affaire et de réclamer la justice qui leur était due. Dans des écritures du 2 mars 1684, c'est-à-dire près de deux années après leur demande primitive, ils demandèrent une somme de 300 liv. pour la rétribution de la fondation, après avoir rappelé les clauses du testament de Henri Lemaistre, et en avoir signalé, en particulier, une qui n'a point été reprise en l'inventaire de 1642, mais qui porte : *que les religieux ne pourront transférer la dite messe en autre lieu, ni changer la manière de la dire et faire, à peine de cent marcs d'argent, applicables au Roi, par chaque fois.* Les marguilliers prétendirent que les biens légués étaient affermés, depuis plusieurs années, près de 1,200 liv.; qu'eu égard à ce revenu, la somme qui leur était allouée pour les charges qu'ils avaient à remplir, était infiniment trop modique ; et, invoquant l'usage général suivi dans tous les diocèses de France, sans en excepter celui d'Amiens et celui d'Orléans, dont l'abbé de St.-Jean était évêque, lequel usage consiste à fixer au tiers du revenu l'indemnité prélevée en faveur des fabriques, ils soutinrent qu'on ne pouvait leur allouer une somme moindre de 300 livres. Les marguilliers ne se bornèrent point à ces moyens ; ils se fondèrent aussi sur la volonté du testateur, sur les termes dont il s'était servi dans l'acte même ; et, rappelant le passage où il est parlé de cette rétribution, ils dirent que, par ces mots : *afin qu'il en soit fait plus grande mémoire, et que la fondation fut plus perpétuelle, vu la grande rente qui, pour ce, est ordonnée, les religieux et couvent seront tenus à payer aux marguilliers, etc.*, Henri Lemaistre n'avait pas voulu donner une rétribution ordinaire, mais en donner une *large et grande;* qu'enfin il y avait lieu de remédier à la diminution survenue dans la valeur des monnaies depuis deux siècles.

M. de Coislin, évêque d'Orléans et abbé de St.-Jean, finit par intervenir dans ce procès, et, après plusieurs sentences prononcées sur des exceptions nouvelles présentées par les religieux, telles que des demandes en communication et production de titres, etc., ce prélat soutint que les charges de la fabrique n'étaient point aussi fortes qu'elle le prétendait; que, d'abord, le calice, la cloche, le chandelier, enfin toute la garniture de la chapelle avaient été donnés par le fondateur, pour ne servir qu'à l'exécution de la fondation, et non pour être journellement employés à d'autres services; que la fabrique devait aussi avoir des ornements, linges et autres objets destinés à cette messe, lesquels avaient été donnés par Henri Lemaistre, et que, cependant, le religieux qui dit la messe de six heures était obligé de porter et fournir journellement tout ce qui était nécessaire pour l'exécution de la fondation; que la fabrique ne fournissait même qu'un cierge, et que, quand il y en avait deux sur l'autel, le second était toujours payé par le religieux qui disait la messe; enfin que, dans l'état actuel des choses, il n'y avait pas lieu d'augmenter la rétribution accordée, mais de la laisser fixée au même taux où elle l'était depuis longues années.

Les marguilliers se sentirent blessés des récriminations de l'abbé de St.-Jean, et ne voulurent point les laisser sans réponse. S'expliquant d'abord sur le chef de la rétribution, ils dirent que si, jusqu'alors, on s'était contenté de cent sols d'une part et cent sols de l'autre, y compris ce qui était payé au clerc pour l'ouverture de l'église et autres choses à lui prescrites, c'était parce que l'administration de la fabrique, qui ignorait ses droits, avait été laissée entre les mains du curé; que ce dernier les avait négligés parce que, religieux lui-même, il portait naturellement plus d'affection à sa communauté qu'à la cure dans laquelle il n'était que passagèrement ; mais qu'aujourd'hui il n'en était plus ainsi, lorsque cette administration était confiée à des laïcs. Pour preuve de cette assertion, ils ajoutaient que le curé actuel n'avait pas voulu donner son assentiment au procès qui était pendant, dans la crainte de déplaire à son abbé. De ces faits ils tiraient la conséquence que l'augmentation faite par le passé ayant été trop minime, on devait en donner cette fois une plus considérable, pour récompenser la fabrique des pertes qu'elle avait éprouvées. En réponse aux incriminations de l'abbé de St-Jean, les marguilliers disaient : les religieux ont en leur possession le titre de la fondation, tandis que nous nous n'avons que le contrat de 1452, fait entre les exécuteurs testamentaires de Henri Lemaistre et l'abbaye ; ils ont toujours refusé de nous les communiquer, parce qu'il y a des conditions qui pourraient faire revenir cette fondation à St.-Germain, comme on croit que c'était l'intention du fondateur ; enfin il y a des obligations qui ne sont point acquittées par le célébrant, et pour lesquelles on pourrait réclamer l'amende.

Le 31 mai 1684, l'official mit un terme à ces contestations, qui n'avaient déjà duré que trop longtemps ; et, par sentence de ce jour, condamna l'abbaye à payer chaque année à la fabrique de St.-Germain, 1° une somme de 30 liv. pour la fourniture du pain, du vin, du luminaire, et pour les ornements qu'elle prête chaque jour à la messe fondée par Henri Lemaistre ; 2° celle de 10 liv. au clerc, pour les obligations qui lui étaient imposées ; le tout à dater du jour de la demande, c'est-à-dire depuis

1682. Le 13 septembre suivant, les religieux interjetèrent appel de cette sentence ; mais les marguilliers en ayant obtenu l'exécution provisoire, il y a lieu de penser que les religieux renoncèrent à leur appel ; car on ne trouve dans les pièces aucun document qui y soit relatif; et depuis cette époque, les registres aux comptes portent constamment qu'il a été payé la somme de 40 liv., tant par l'abbé que par les religieux. Ce paiement était fait dans la proportion suivante : 29 liv. 13 sols 4 den. par l'abbé, et 10 liv. 6 sols 8 den. par les religieux

Ces contestations ne furent pas les seules, auxquelles le testament de Henri Lemaistre donna lieu entre les parties. Nous avons vu la fabrique obligée de se pourvoir devant l'official pour obtenir l'argent nécessaire à l'exécution de la fondation; nous la verrons encore, en maintes et maintes circonstances, notamment en 1749, forcée de se pourvoir devant la même autorité pour faire prononcer des amendes contre les religieux qui n'exécutent pas la volonté du fondateur et ne viennent pas dire la messe de six heures.

De semblables faits sont sans doute à déplorer, mais ils servent à nous démontrer la sagesse des dispositions de Henri Lemaistre ; car, si l'on pouvait en regarder les clauses comme trop minutieuses, à la vue des procès qui en ont été la suite, on reste bientôt convaincu que cet homme de bien a agi sagement en écrivant les dispositions contenues en son testament, et qu'il a eu raison d'établir une espèce de contrôle entre la fabrique et l'abbaye de St.-Jean. Sans cette sage précaution, sa fondation aurait bien certainement eu la suite de toutes les autres ; elle aurait été soumise à de graves modifications, à des réductions considérables, et n'aurait pas reçu son exécution pendant un assez long espace de temps.

4° Pierre Estocart (1451.)

Le 25 juillet 1451, Pierre Estocart, marchand à Amiens, demeurant paroisse St.-Germain, près le pont qui porte ce nom, présenta une requête aux curé et membres de la fabrique de cette église, portant permission de fonder à perpétuité *un salut* à certains jours de l'année et sous certaines conditions, moyennant une rente annuelle et perpétuelle, qui serait fixée par les membres de la fabrique. Dans cette requête on lit ce qui suit :

« Adfin que annuellement et perpétuellement et à tousjours, et moyennant la rente dont on serait d'accord en somme de deniers pour une fois, les dis manegliers et paroissiens voulsissent se charger de faire dire et canter à note solempnellement au chœur d'icelle église, devant le grand autel et par les dits curé et cappellain et clerc, chascun revêtu d'ung soupplis, si ad ce vouloient consentir, un antienne de Nostre-Dame, le verset et oraison, telle antienne, verset et oraison que le temps désigneroit, aveuc une oraison des trespassés, soubs une clause, tout ce pour le repos de l'âme du dict Pierre Estocart et de ses bienfaicteurs. C'est assavoir par chascune nuyt des jours de la Nativité nostre seigneur Jésus-Christ, Résurrection, Ascension, Penthecouste, Trinité, jour de Dieu, Circumcision, des troys Roys, Conception, Nativité, Annonciation, Puriffication, Assomption Nostre-Dame, sainct Jehan-Baptiste, sainct Pierre, sainct

André, sainct Fremin le martyr, sainct Germain, dédicasse d'icelle église, de la Magdeleine, de Toussaint, et par chascun samedy, tantost après la cloque que on dist à la mère de Dieu, sonnée à Nostre-Dame d'Amiens, à laquelle heure et prestement la dicte cloque cessée, l'une et la plus grosse cloque d'icelle église saint Germain fust tintée par trois fois, et chascune fois trois coups de manistre, et que les dicts trois coups cessés en commenchant la dicte antienne et continuant jusques à la fin. En oultre que, pendant le temps que icelluy salut se feroit, fussent deux chierges pesants une livre du moins, mis et allumés sur icelluy grand autel, jusqu'à la fin d'icelluy. »

Le même jour, après en avoir délibéré et consulté les notables habitants de la paroisse, ainsi que frère Jehan Lebrasseur, alors curé, Gilles Hubert, chapelain, et sire Jehan Lecorbellier, clerc de cette église, les marguilliers acceptèrent la proposition qui leur était faite par Pierre Estocart, et, prévoyant le cas où les curés, chapelains et clercs qui viendraient par la suite à desservir les cure, chapellenie et clergée de la dite église, ne voudraient pas remplir cette fondation pour le prix indiqué, à l'heure et comme il est dit ci-dessus, ces mêmes marguilliers s'engagèrent *à faire faire le dit service par autres deux gens d'église, prêtres et un clerc souffisant et y donné à ce, et du tout aux dépens d'icelle église saint Germain.*

Le 25 décembre 1451, le jour de Noël, ces conventions furent réalisées par devant deux auditeurs royaux, Jacques Lefoullan et Jean Revillon, et de plus signées par les parties en l'église St.-Germain, devant le grand autel du chœur, après vêpres, en présence des notables habitants de la paroisse qui, eux aussi, furent appelés à apposer leur signature au bas de l'acte.

Cette fondation avait été faite et acceptée moyennant le paiement d'une rente annuelle et perpétuelle de 6 liv. parisis, sur laquelle le curé, le chapelain et le clerc devaient toucher chacun 25 sols, et les 45 sols restants appartenir à la fabrique, pour la charge et salaire de faire dire, chanter et entretenir le dit salut.

Le capital de cette rente fut immédiatement remis par le fondateur entre les mains de la fabrique qui, un certain nombre d'années après, en aliéna une partie pour les besoins de l'église et plaça le reste en constitution de rente. En 1666 on voit que ce qui restait du capital de cette rente était entre les mains d'un ancien marguillier, nommé Lenormand; en 1700 on le voit aussi passer entre les mains des Jésuites, et en 1713 entre les mains d'une troisième personne, qui en a payé la rente jusqu'en 1720, époque à laquelle le remboursement en fut fait à la fabrique en billets de la banque de Law, ce qui fit qu'il n'en resta pour ainsi-dire plus rien.

La fondation de Pierre Estocart a été exécutée en son entier pendant les 50 premières années et pendant une partie du XVIe siècle, sans cependant pouvoir déterminer d'une manière précise l'époque à laquelle on lui a fait subir des modifications; car il est à remarquer que, longtemps avant 1658, elle avait déjà subi des réductions, et qu'on ne disait plus les prières prescrites par l'acte de 1451, à tous les jours indiqués par le fondateur. Cette fondation avait été réduite à un salut que l'on chantait les veilles des cinq bonnes fêtes de l'année; les marguilliers

7*

donnaient au curé 50 sols, au clerc 25 sols ; ils gardaient pour la fabrique 45 sols, et le diacre et le sous-diacre qui y assistaient n'avaient rien.

En cette même année 1658, le curé Cauchie voyant que la somme de 6 liv. parisis devenait insuffisante, se pourvut devant l'officialité d'Amiens pour lui faire réduire de nouveau la fondation, et le 7 novembre il fut décidé qu'elle serait réunie à plusieurs autres de même nature, comme à celles de Jean Revelois, Marie Lecouvreur, et qu'il ne serait plus dit qu'un salut pour le tout. Désormais ce salut ne fut plus chanté que les veilles et jours de dimanches et fêtes, à l'issu de vêpres, et tous les autres jours où on chantait des vêpres en l'église St.-Germain. Cet état de choses dura jusqu'en 1725, époque à laquelle il cessa par suite de la non-valeur des billets de banque, et l'annulation de la fondation fut prononcée par l'évêque, sur la demande du curé et des membres de la fabrique.

5° Jean de Bertangles.

En parcourant le registre aux comptes de l'année 1565, on voit que Jean de Bertangles et Marguerite de Collegay, sa femme, tous deux habitant la paroisse St.-Germain, avaient jadis fondé deux obits, qui devaient être chantés le 4 août et le 4 septembre de chaque année, moyennant une rente annuelle et perpétuelle de 10 sols parisis pour chaque obit.

Il n'existe aucun titre de cette fondation. On la trouve seulement mentionnée dans le registre dont je viens de parler, et notamment dans celui de 1565, qui est le plus ancien. On y voit que la fabrique payait chaque année pour ces deux obits une somme de 16 sols parisis au curé, au chapelain et au clerc.

La date de cette fondation ne se trouvant nulle part indiquée, j'ai cru devoir lui conserver la place qu'elle occupe dans les registres, où on la retrouve jusqu'en 1597. A compter de cette époque, il n'en est plus fait mention, ce qui me porte à croire qu'elle a été supprimée en cette année.

6° COLAYE VALENTE, femme de MATHIEU BESCOT (1455).

D'un acte passé le 1er novembre 1455 devant Simon Leclerc et Jean Lebourgeois, tous deux auditeurs royaux à Amiens, entre les marguilliers, les notables paroissiens de St-Germain, et Mathieu Bescot, bourgeois d'Amiens; le dit acte portant acceptation par Bescot du testament de Colaye Valente, sa femme, il résulte ce qui suit:

Par testament du 19 mai 1454, la dame Colaye Valente a déclaré vouloir fonder en l'église St-Germain un obit à perpétuité, lequel serait composé d'une messe de requiem avec commémoration de la glorieuse Mère de Dieu et du St-Esprit; cette messe devait être chantée en icelle église à diacre, sous-diacre et choriste par le curé, le chapelain et le clerc, le 24 mai de chaque année. Pour quoi Colaye Valente a déclaré dans le même acte vouloir *que ses deux cheintures soient vendues avec ses claquettes, deux bourses et une tasse d'argent;* et que sur l'argent provenant de cette vente, il soit donné à l'église de Monsieur St-Germain vingt-quatre écus d'or. Prévoyant ensuite le cas où les objets vendus ne produiraient pas le montant de cette somme, elle a ajouté que son mari serait tenu de fournir le surplus. Enfin, par une dernière disposition, la testatrice a fixé la rétribution que la fabrique serait tenue de payer au curé, au chapelain et au clerc, à la somme de dix sols.

Les fonds destinés à servir cette fondation ont été remis par Mathieu Bescot à la fabrique, et cette dernière les a employés à l'agrandissement de l'église. Cette fondation a été exécutée à peu près comme les précédentes. En 1658, elle a été comprise dans l'ordonnance de réduction provoquée par le curé Cauchie, réduite à trois messes basses par an, et, plus tard, entièrement supprimée.

7° JEANNE DE BEAUPIGNÉ (1456).

Dans les registres aux comptes de l'année 1565 et des suivantes on voit que Jeanne de Beaupigné, veuve en premières noces de Jean de Conty, et à son décès femme de Mathieu Du Caurel, tous deux bourgeois d'Amiens, après avoir habité toute sa vie la paroisse St-Germain, a voulu fonder en mourant douze obits solennels à dire par chaque mois de l'année.

Le testament dans lequel il est question de cette fondation n'est plus aux archives de la fabrique, mais des pièces qui y ont été conservées il résulte que cette fondation a été faite et acceptée moyennant une certaine quantité de rentes assignés sur divers immeubles.

Dans les registres aux comptes on voit que la part accordée au clergé et que lui payait la fabrique, était de 144 sols divisés ainsi :

Au curé pour chaque obit, 6 sols . . . . 72 sols.
Au chapelain, 2 sols. 24

Aux clercs, pour les chanter, 2 sols. . . . . . . 24 sols.
Aux prêtres de la congrégation, pour frères, diacre
et sous-diacre, 2 sols 24

Total. . . . . 144 sols.

Cette fondation n'était pas la seule qu'ait faite Jeanne de Beaupigné, son testament en contenait encore une autre en l'église St-Martin-au-Bourg, et les rentes dont il va être question devaient être partagées entre ces deux églises. Nous trouvons le titre des cens destinés à ces fondations dans une sentence rendue par le bailli d'Amiens le 23 juin 1457, par laquelle les marguilliers de St-Germain obtiennent la permission de pratiquer une saisie sur les acquets fonciers laissés par Jean de Conty et Jeanne de Beaupigné, sa femme, et dont cette dernière a disposé en faveur des églises St-Germain et St-Martin-au-Bourg. En voici l'état :

1° Cens sur une maison, rue des Vergeaux, ayant pour enseigne l'*Ane rouge*. . . . . 7 l. 3 s. 6 d. parisis.
2° Cens sur une maison neuve, même rue, bâtie par Jean de Conty . . . . 14 » »
3° Cens sur deux autres maisons, même rue. . . . . 6 » »
4° Cens sur une maison, rue des Jacobins . . . . 3 14 »
5° Cens sur une maison, rue de Coquerel, contre l'hôtel du Gard . . . 1 » »
6° Cens sur la maison de l'hôpital de St-Nicolas en Coquerel. . . . . » 7 8
7° Cens sur une maison, chaussée au bled . . . . ». 10 »

8° Cens sur une maison, rue Blanque-
taque. . . . . » l. 5 s. » d. parisis.
9° Cens sur une maison, rue des Bou-
chers. . . . . » 9 »

                Total . . . 33 l. 09 s. 2 d. parisis.

Moitié attribuée à l'église St-Germain. 16 l. 14 s. 7 d.

Dans une autre sentence, obtenue à la même requête, et portant la date de 1459, on voit encore que Mathieu Du Caurel, qui, après le décès de sa femme, occupait une des maisons rue des Vergeaux reprises en l'état ci-dessus, a été obligé d'en déguerpir et de l'abandonner aux réclamants. Toutes les rentes dont il vient d'être parlé ne restèrent pas longtemps en effet entre les mains de la fabrique de St-Germain, elles furent aliénées un peu plus tôt ou un peu tard après l'acceptation de la fondation. Cela se conçoit, la fabrique venait d'acheter les terrains nécessaires à la prolongation de l'église, elle avait besoin d'argent pour les constructions, et elle y a employé les capitaux des fondations. J'en trouve un exemple dans un acte du 1er avril 1478, par lequel la fabrique cède au corps de ville 40 sols de cens sur une maison rue des Vergeaux et reprise ci-dessus, à l'effet d'obtenir la permission d'acquérir et d'amortir les maisons achetées pour agrandir l'église, et un autre document nous apprend que déjà, en 1459, la fabrique avait cédé pour le même motif, le 24 octobre, à Guillaume de Conty, l'un des fils du premier mariage de Jeanne de Beaupigné, une masure sise rue des Vergeaux, moyennnant cent écus d'or.

D'après les registres aux comptes, cette fondation

n'aurait été remplie que jusqu'en 1598, car passé cette époque ou n'en trouve plus de trace.

8° MARIE LECOUVREUR, veuve de GILLES DE LAON (1479).

Par son testament à la date du 25 septembre 1479, Marie Lecouvreur, veuve de Gilles de Laon, bourgeois d'Amiens, a déclaré vouloir fonder en l'église St-Germain, sa paroisse, un salut composé de l'antienne *Gaude Maria Gabrielem* et de l'*Inviolata*. Suivant l'intention de la fondatrice, ce salut devait être chanté tous les samedis de chaque semaine, et les cinq nuits de Notre-Dame, entre vêpres et complies, et pour cela elle avait laissé en mourant à la fabrique une somme de 200 livres.

Par cet acte, Marie Lecouvreur avait encore fait une autre fondation, elle avait voulu que tous les jeudis de chaque semaine, il fut célébré une messe basse pour le repos de son âme et de celles de ses parents et amis décédés. Pour cette seconde fondation, elle a laissé à l'église cent écus d'or au prix de trente-cinq sous par écu ; et le prêtre chargé de cette messe, devait faire avertir le plus proche parent de la défunte qui demeurait à Amiens.

Après la mort de la fondatrice, un contrat fut passé le 4 mars 1480 entre les marguilliers, les notables paroissiens, et les héritiers des défunts, pour l'accomplissement des fondations ci-dessus ; les sommes prescrites furent versées dans la caisse de la fabrique, et une partie servit à la construction de l'église ; le surplus fut mis en constitution de rente, et y resta jusqu'à l'époque où le remboursement fut fait en billets de la banque de Law.

En 1658, cette fondation avait déjà été comprise dans

le nombre de celles dont la réduction avait été ordonnée par l'official ; les prières du salut avaient été réduites à un salut commun à d'autres fondations de cette espèce et qui devait être chanté la veille et les jours de dimanche et de fêtes, comme aussi les jours où on disait vêpres ; d'un autre côté les messes avaient été réduites à dix par an.

Cet état de choses dura jusqu'en 1720, mais à cette époque on supprima le tout, de même que pour beaucoup d'autres fondations, sur le motif que les fonds n'existaient plus, sans avoir aucun égard aux aliénations anciennes faites par la fabrique, tant pour la réédification de l'église que pour ses besoins.

XVIe siècle. — La première pièce que je rencontre n'est point, à proprement parler, une fondation, mais plutôt une donation à charge de services religieux ; elle appartient d'une manière trop spéciale à l'église St-Germain pour ne pas trouver ici sa place.

1° Nicolas Delattre et sa femme (1533).

Le 26 mars 1533, avant pâques, Nicolas Delattre, sergent royal au bailliage d'Amiens, et Claire Dupont, sa femme, firent un testament mutuel par acte passé devant Guy Baudouin et Jacques Baudouin, notaires royaux à Amiens, dans lequel, après avoir réglé leurs obsèques, ils firent les dispositions dont il va être parlé.

Par cet acte, ces deux epoux déclarèrent vouloir être enterrés au cimetière St-Denis, au lieu où avait été enterré Hue Pauquet, prêtre, oncle de Nicolas Delattre, et donner à la chapelle St-Jacques, établie dans ce cimetière, chacun 15 sols tournois. En outre ils voulurent que leurs corps fussent portés par les prêtres de la congrégation, à qui ils donnèrent, à cet effet, chacun 20 sols tournois.

Nicolas Delattre et sa femme prescrivirent aussi que le plus tôt possible après l'inhumation, il fût dit vigiles et commendaces par les prêtres de la paroisse, et que les quatre ordres mendiants, Cordeliers, Jacobins, Augustins et prêtres de l'Hôtel-Dieu y assistassent, moyennant quoi il serait payé à chacun de ces ordres 8 sols tournois, au curé 4 sols et au clerc 2 sols. Le lendemain des vigiles devait être célébré en la dite église un service solennel composé de trois hautes messes, la première du St-Esprit, la seconde de Notre-Dame, et la troisième des trépassés. Les jours suivants il devait être dit aussi dix messes basses en l'office des trépassés et trente autres appelées communément la *trentaine de saint Grégoire*. Enfin, après le décès de chacun des époux, il devait être dit un demi annuel de messes pour le repos de leurs âmes et de celles de leurs bons amis, le tout à la discrétion de leurs exécuteurs testamentaires.

L'un et l'autre de ces époux voulut en outre qu'il fût donné huit sols tournois à la confrérie de St-Germain ; et, pour ne pas être déclaré *mourir intestat*, Nicolas Delattre donna à l'église *la meilleure robe qu'il laisserait à son décès*, et Claire Dupont, *sa cheinture en tissus large de cramoisi à bloucques et morgeant d'argent doré, qui lui avait été donnée pour présent de noces.*

Enfin, par une autre disposition, Nicolas Delattre donne à sa femme, en cas de survie, la jouissance de la maison que tous les deux occupaient et qui était située près de l'église, déclarant vouloir qu'après le décès de sa survivante, cette maison soit vendue aux enchères en l'église St-Germain, et que sur les principaux deniers provenant de cette vente, il soit prélevé une somme de six livres tournois, pour être donnée à l'église St-Germain, à la charge par elle de faire dire un service solennel, huit jours après le décès du dernier décédé, le surplus du produit de la vente de la maison devant être employé à faire dire des messes pour le repos de l'âme de chacun des deux époux et de celles de leurs bons amis trépassés, le tout à la discrétion de leurs exécuteurs testamentaires.

Nicolas Delattre mourut le premier, ses dernières volontés furent exécutées ponctuellement et Claire Dupont, sa femme, lui ayant survécu, exécuta quelques-unes des dispositions auxquelles elle avait adhéré dans le testament mutuel de 1533.

La maison occupée par les époux Delattre, au décès du mari et dont il vient d'être parlé, ne comprenait pas la totalité de cet immeuble, les deux époux n'en occupaient qu'une partie, l'autre moitié était occupée par la sœur de Nicolas Delattre, qui se nommait Marie, et qui était veuve de Huchon Lecouvreur; or, par acte du 24 mai 1537, passé devant Jean Pinte et Guy Lemaistre, notaires à Amiens, Claire Dupont fit donation à l'église St-Germain de la moitié par indivis de cette maison, *courts, pourprins et tenements*, le tout désigné ainsi qu'il suit : séant en cette ville, sur l'eau des Merderons, tenant d'un côté à Jehan de Saisseval, d'autre à Jehan Labbé, par derrière au presbytère et au cimetière de l'église St-Germain, par devant sur l'eau des Merderons.

Les lettres de saisine délivrées aux marguilliers sont du 4 décembre 1541, et l'acte de donation porte que *tout en se reportant au testament de 1533, et désirant les biens et pourfict de l'église St-Germain sa paroisse, et en considération que elle et son dict feu mari ont été longtemps et demeurés en icelle,* Claire Dupont donne cette moitié de maison pour en user, posesser, etc., incontinent et après son trépas, à la charge de payer aux personnes dénommées au présent acte divers cens montant à la somme de 26 sols 8 deniers dont ladite partie de maison est grevée, et en outre à la charge d'inhumer son corps dans l'église St-Germain, au lieu où elle a accoutumé soy asseoir, et de mettre en cet endroit contre le pilier un tableau de cuivre ou de plomb, auquel sera écrit :
« Cy gist le corps de défuncte Claire Dupont, au jour de son trépas, veuve de Nicolas Delattre, sergent royal, laquelle a donné et légatté la moitié de sa maison pour agrandir cette église pour Dieu, pour son âme, et ses amis trépassés. »

Cette première partie de la maison de Nicolas Delattre n'aurait pas suffi à la fabrique pour agrandir l'église, la seconde était nécessaire et elle ne tarda pas à en devenir propriétaire. Par suite du partage de la succession de Nicolas Delattre, fait en 1536, Marie Delattre, veuve Huchon Lecouvreur, et Marie Delattre l'aînée, veuve de Robert Lebrun, devinrent propriétaires des biens délaissés par leur frère. La veuve Robert Lebrun eut dans son lot une maison sise rue des Rinchevaux, près le carrefour du Bloc, appelée les *Étuves à poullets*, tenant par derrière à l'hôtel St-Georges, et par devant, sur la dite rue. La

veuve Huchon Lecouvreur eut entr'autres choses la moitié de la maison sise sur l'eau des Merderons; or, après la mort de Claire Dupont, les exécuteurs testamentaires de Nicolas Delattre et de sa femme se mirent en devoir de provoquer la vente de la totalité de la maison pour remplir les dernières volontés des époux, donner la moitié du prix à la fabrique, et répondre ainsi à la demande faite par les marguilliers devant le bailli d'Amiens. Marie Delattre vit cette vente avec peine; et, pour pouvoir terminer sa carrière dans cette maison qu'elle affectionnait, elle consentit à un arrangement avec la fabrique. Par acte du 6 octobre 1545 elle consentit en effet à donner à cette dernière la moitié de sa maison à l'encontre de l'autre moitié donnée à l'église par Claire Dupont, sa belle-sœur, à la condition de jouir de la totalité pendant sa vie, de l'entretenir, de payer les cens et rentes dont elle était chargée. Par ce même acte, les marguilliers obtinrent le droit de prendre et d'employer, même pendant la vie de la donatrice, telle portion du derrière de la maison qu'ils jugeraient nécessaire à l'agrandissement de l'église St-Germain, et en outre la faculté de passer et de faire passer leurs ouvriers par l'allée de cette maison. « Que les manegliers veulent
» appliquer à l'usage d'icelle église telle portion de der-
» rière d'icelle maison, quoique ce puissent et qu'ils fas-
» sent tels édifices qu'ils verront être à l'utilité de la dicte
» église, mesmes que les manegliers et paroissiens puis-
» sent aller, passer, et venir et leurs ouvriers pour
» porter matières et ce qu'il sera requis et toutes fois que
» bon leur semblera, par l'allée d'icelle maison ayant
» entrée par la rue des Merderons. »

La fabrique devenue par suite de cette donation propriétaire de la totalité de la maison de Nicolas Delattre et de toutes ses dépendances, laissa Marie Delattre y terminer tranquillement sa carrière. Elle ne toucha point aux bâtiments construits sur la rue des Merderons, mais elle employa à l'agrandissement de l'église la totalité du *Court* ou jardin. Nous trouvons la preuve de ce fait dans une quittance délivrée par Marie Delattre aux marguilliers, le 26 juillet 1549. Cette pièce porte : « Paiement
» de 64 sols tournois pour avoir prins le court pour le
» pourfict de l'église de Mons. St-Germain, le tout fait
» par accord et appointement ensemble, conformément
» aux lettres du 6 octobre 1545 (1). »

Après la mort de Marie Delattre, et lorsque la fabrique eut pris dans le terrain de la maison tout ce qui lui était nécessaire pour l'agrandissement de l'église, le surplus fut vendu le 29 janvier 1564 à un nommé Guerard de Fransures, *entailleur d'images,* qui figure dans les comptes de la fabrique comme ayant travaillé habituellement pendant longues années pour l'église, dans tout ce qui dépendait de son état. Cette vente fut faite moyennant 240 livres tournois, 5 livres de vin, 12 deniers à Dieu, francs deniers. Pour cette somme l'acquéreur créa au profit de la fabrique une rente annuelle de 12 livres tournois payable aux trois termes ordinaires de cette ville, et remboursable en une, deux, ou trois fois à volonté, le paiement ne pouvant jamais être moins de 80 livres chaque fois, et en

---

(1) Voir plus haut, p. 35, ce qui a été dit à l'agrandissement de l'église au XVIe siècle.

outre les droits seigneuriaux, frais de lettres et loyaux coûts. Après la mort de Guerard de Fransures cette maison passa en diverses mains, la rente fut constamment payée et le remboursement eut lieu le 19 janvier 1658, par acte passé chez Trancart, notaire.

2° Jean Revelois (1543).

La famille Revelois, qui, dans la seconde moitié du xviie siècle, habitait la paroisse St-Firmin-à-la-Porte, avait habité longtemps auparavant la paroisse St-Germain, et l'on peut même ajouter que pendant les xve et xvie siècles, elle en a été la bienfaitrice. Nous trouvons la preuve de ce fait dans la donation de la verrière placée au-dessus du grand portail, faite par un de ses membres, entretenue par ses successeurs, et notamment par Guillaume qui la fit rétablir en 1607, ainsi que nous l'apprennent les registres aux comptes.

Le 19 avril 1543, Jean Revelois, marchand à Amiens, demeurant paroisse St-Germain, après avoir perdu Jeanne de Ste-Beuve, sa femme, voulut se conformer à la volonté de cette dernière et pour la remplir fit les fondations suivantes en l'église St-Germain.

1° Une messe solennelle des cinq plaies de Notre-Seigneur Jésus-Christ, devait être chantée avec orgue, diacre, sous-diacre et choristes, tous les vendredis de chaque semaine. Suivant l'intention du fondateur, cette messe, dite à l'autel des cinq plaies, et tous les vendredis de carême, devait être de l'office de la passion. Pendant la durée, cinq petits cierges devaient brûler sur l'autel, et la fabrique était tenue de fournir le pain, le vin, le luminaire et les ornements (1).

2° Un salut par chaque jour de l'année, en l'honneur de la Vierge Marie, avec une antienne à la Ste-Vierge, suivie des psaumes *Miserere* et *De profundis*, avec les trois oraisons *Inclina*, *Miserere*, et *Fidelium* devait être chanté. Pendant ce salut, un cierge devait être placé devant l'image de Notre-Dame au grand autel ; à la fin on devait donner l'eau bénite aux assistants et faire jouer les orgues, le tout aux frais de la fabrique.

3° Une messe solennelle des trépassés à dire et célébrer chaque année au jour de son décès, et pour laquelle la fabrique était tenue de fournir le luminaire et les ornements nécessaires.

Pour perpétuer à jamais le souvenir de ces fondations, dont les deux premières devaient être exécutées tout de suite, et pendant la vie même du fondateur, il fut ordonné par ce dernier que les marguilliers feraient placer dans l'église, au lieu le plus convenable, une lame de cuivre sur laquelle en seraient écrites les clauses.

Jean de Revelois donna à cet effet à l'église la maison qu'il occupait rue St-Germain, portant pour enseigne le *Cocq*, tenant d'un côté à la maison de l'*Épousée*, d'autre à la maison de l'*Agache*, d'un bout par derrière à celle

---

(1) La dévotion aux cinq plaies de Notre-Seigneur a été une des pratiques les plus répandues dans le xv° et le xvi° siècle. Cette fête supprimée par Pie V, et dont l'église fait encore mémoire le vendredi de la quinquagésime, c'est-à-dire le premier vendredi après les Cendres, était anciennement célébrée par les uns le 3 mars, par les autres le 14 septembre, jour de l'Exaltation.

de l'*Escriptoire*, et par devant à la rue ; plus une grange, pourpris et tenements, séant à Amiens, rue de *Gournat*, qui mène de la rue des *Sœurs-Grises* à la place *Maubert*, et qui porte aujourd'hui le nom de rue de la *Hallebarde*.

Ces immeubles étant grévés de plusieurs cens ; Jean de Revelois inséra dans l'acte de donation, que la fabrique devenant propriétaire, serait tenue de payer 4 livres 16 sous 4 deniers et 4 chapons de rente aux personnes dénommées cy-après : 1° 20 sols parisis au Roi ; 2° 69 sols 4 deniers de cens aux héritiers de Bastien Lesellyer et à sa femme ; 3° 4 sols et 4 chapons au Chapitre d'Amiens. Ce qui fait 93 sols 4 deniers et 4 chapons sur la maison du *Cocq*, et 3 sols de cens sur la grange, le tout dû à Nicolas Leclerc.

Jean de Revelois, dans la prévision de la vente des immeubles par lui donnés, obligea la fabrique à faire le remploi des fonds et le rachat d'autres immeubles suffisants pour assurer ses fondations ; il voulut aussi que la fabrique ne restât pas seule maîtresse de disposer des biens donnés, d'accomplir ou non la volonté qu'il avait dictée, et pour cela il lui imposa un surveillant. Dans l'acte de 1543, on voit en effet que Jean Revelois met à la charge de la fabrique une redevance annuelle et perpétuelle de deux chapons, à prendre sur le revenu des immeubles par lui donnés, laquelle redevance doit être payée à la recette de la ville d'Amiens, afin que les maire et échevins tiennent la main à l'exécution de la fondation ; en cas de refus de la part des maïeur et échevins, il charge le doyen et le Chapitre d'Amiens de cette surveillance, et veut que les deux chapons leurs soient payés annuellement. Enfin, il oblige les marguilliers à fournir soit aux maire et échevins, soit aux doyen et Chapitre, et à ses héritiers, expédition authentique de l'acte de fondation, et l'acceptation de la fabrique.

Le 19 avril 1543 les marguilliers acceptèrent la fondation avec les charges imposées, l'acte en fut passé devant Ducay et Jean Demons, notaires à Amiens. Peu de temps après Jean Revelois vint à mourir, et, en 1546, par le refus des maire et échevins, du doyen et du Chapitre de Notre-Dame d'accepter la mission de veiller à l'exécution de l'acte de 1543, Madeleine Revelois, sœur et seule héritière, se pourvut devant le bailli d'Amiens, à l'effet de procéder à la nomination d'un surveillant, au lieu et place des personnes désignées. Par sentence du 8 février, Pierre De Berny, son fils, fut nommé. Cela n'empêcha pas la fabrique de vendre quelques années après ces immeubles, et d'en placer le prix en constitution de rente. Le 22 décembre 1549, les marguilliers vendirent en effet sur adjudication la maison et la grange à Jeanne Herlier, veuve Marchand, moyennant 1,600 livres de prix principal, à la charge par l'acquéreur de payer les cens dont ces immeubles étaient grevés. A la suite de cette vente Magdeleine Revelois intenta un procès à la fabrique devant le bailli d'Amiens à l'effet de faire faire le remploi des deniers en provenant; la requête de production présentée par la fabrique est du 25 février 1549, mais la sentence qui a dû être rendue ne se trouvant pas au dossier, on ne sait ce qui a été décidé. Peut-être l'affaire ne fut point suivie et il y eut arrangement ou désistement de la part de l'héritière ; ce qui pourrait le faire penser, c'est qu'en 1566 le prix des immeubles était placé en rente et divisé en deux parties. La première, de 700 livres au denier 12 et moyennant 60 livres de revenu, entre les mains de Jean de Boves, bourgeois d'Amiens, fut remboursée en 1619 par Gounin. On la voit placée au denier 22, passer successivement entre les mains de François Hémart, Adrien Ringard, Martin Baron, Jacques Postel, Nicolas Tellier, Bernard Denis, Adrien Decourt, et Nicolas Lenormand, tous marguilliers de la paroisse, et continuer ainsi à profiter à la fabrique jusqu'en 1720. Il n'en fut pas de même de la deuxième partie des 900 livres restant, d'abord placés au denier 12 et moyennant 75 livres de rente, entre les mains de Raoul Guébuin et d'Alexandre Joron, jusqu'au 29 mars 1587, époque à laquelle le remboursement en fut fait entre les mains de Louis de Brivaux, marguillier en charge. Ce dernier n'en fit pas de suite le remploi, et prit sur cette somme 149 écus 36 sols ou 448 livres 16 sols, pour payer à Jacques Dhangest, plombier, un mémoire de fournitures pour les réparations de l'église. Le surplus fut mis en rente jusqu'en 1596. A cette époque, le marguillier en charge ne replaça pas tout de suite cette somme et la remit à son successeur, le 22 avril 1596. Vincent Voiture la conserva en payant l'intérêt jusqu'en 1598, qu'il prit sur cette somme 172 écus pour racheter les cloches de la paroisse aux canoniers du roi ; en 1606 le reste fut employé aux réparations de l'église, de manière que ces 900 livres furent entièrement employées à payer les dettes de la fabrique.

C'est ainsi que les précautions prises par Jean Revelois

devinrent inutiles, et que les fondations eurent à souffrir. En effet, par suite de l'aliénation des 900 livres dont je viens de parler, le prix des immeubles était réduit à 700 livres au lieu de 1,600. On ne tarda donc pas à supprimer l'obit, et il y avait déjà longtemps qu'il n'en était plus question, lorsqu'en 1658 le curé Cauchie demanda en outre la réduction de toutes les fondations de Jean Revelois, à cause de l'insuffisance du revenu ; il représenta à l'évêque que les immeubles vendus étaient bien de 1,600 livres qui, au denier 20, rapportaient 80 livres, mais que 900 livres ayant été retirées, il n'en restait plus que 700, dont le revenu annuel n'était que de 35 livres ; or, disait-il, en laissant l'obit de côté, la fabrique était obligée de payer chaque année pour les fondations de Jean Revelois :

1° Au prêtre qui dit la messe, par chaque messe haute	15 l.	12 s.
2° Au curé, pour assistance à la messe et au salut.	20	»
3° Id. Id. aux messes . . .	10	»
4° Aux clercs	8	»
5° Aux diacre et sous-diacre	7	6
Total	60 l.	18 s.

ce qui excède de beaucoup la somme de 35 liv. En admettant même que le revenu fut encore intact, il ne resterait à la fabrique qu'un honoraire de 19 liv. 2 sols pour ses fournitures, ce qui ne peut lui suffire.

Ces réclamations furent admises par l'official d'Amiens, et alors l'obit fut supprimé en totalité ; les saluts furent confondus avec ceux qu'avaient fondés Pierre Estocart et Marie Lecouvreur, et réduits à un seul pour les trois. On ne les chanta plus que les veilles et les jours de dimanche et de fête, et tous les jours auxquels il y avait vêpres en l'église St.-Germain. La messe des Cinq plaies fut maintenue ; mais en 1725 on la réduisit aussi à une messe par mois, et ce fut alors la seule qui restât des fondations de Jean Revelois. Cela dura jusqu'en 1790, et désormais il n'en a plus été question.

3° Jean Lestrun.

XVI° Siècle. — Le seul renseignement que l'on puisse trouver est la mention qui en est faite dans les registres aux comptes de 1565 et années suivantes. On y lit que Jean Lestrun avait fondé en l'église St.-Germain un obit pour lequel il avait laissé un cens annuel de 20 sols, à prendre sur sa maison sise au grand Marché, où pendait pour enseigne un *bassin d'argent*, laquelle était occupée par la veuve Buquet et le fut ensuite par Hubert Maillard.

Les fonds laissés pour cette fondation ont eu le sort de tous les autres : on les a employés aux besoins de l'église. En 1658 cette fondation a été réduite à une seule messe basse par an. En 1725 il n'en est pas question, et cependant à cette époque il a été dressé un tableau des fondations à supprimer et à conserver. En la plaçant entre celle de Jean Revelois et la suivante, je n'ai fait que suivre le rang qui lui est assigné dans les registres.

4° Augustin de Maucourt (1556.)

Le seul document que nous ayons sur cette fondation

se trouve dans les registres aux comptes de 1565 et suivants. On y lit qu'en 1556 Augustin de Maucourt a fondé un obit de vigiles, commendaces, haute messe des trépassés, suivi de la prose *Languentibus*, le tout à dire chaque année au jour de son décès, et que Antoine de Coing et sa femme étaient chargés de payer à cet effet un cens annuel de 40 sols. Cet obit était supprimé de fait depuis longtemps, lorsqu'en 1658 on revisa l'ancien obituaire de la paroisse et qu'on y opéra des réductions. A cette époque il fut fait mention de la fondation de Augustin de Maucourt, et on la réduisit à trois messes basses par année ; les honoraires en furent fixés à 10 sols l'une. Bientôt après, les fonds ayant été employés aux besoins de la fabrique, on la supprima de nouveau et il n'en fut plus question ; aussi n'en est-il pas parlé dans l'ordonnance de 1725.

5° (DE 1556 A 1563.)

Dans les registres aux comptes de 1565 et suivants, on voit encore placée à ce rang une fondation dont on ne retrouve ni la date, ni le nom du fondateur, mais qui, pendant longues années, a été payée par M. Trudaine, trésorier de France, et ensuite par ses héritiers. Elle consistait dans une somme de 6 liv. 10 sols, laissée à la fabrique pour l'entretien de la lampe qui brule constamment devant le Saint-Sacrement et affectée sur une maison rue des Tanneurs et payée par les propriétaires, qui étaient alors un nommé Lebel et la veuve de Firmin Deslaviers. Cette fondation a subsisté jusqu'à la fin du XVIIIe siècle.

6° Jean Leclerc (1563.)

Le 18 janvier 1563, sire Jean Leclerc, prêtre attaché à l'église St.-Germain, et qui appartenait à une des riches familles de tanneurs de cette ville, fit, par acte passé devant Miraulmont, notaire à Amiens, la fondation de trois obits par mois, total trente-six par an. Dans cet acte on lit les dispositions suivantes :

« Ces obits doivent être dits les lundis et la veille ; en
» conséquence, les dimanches après vêpres on doit dire
» vigiles solennelles avec deux choristes revêtus de chappes
» et tenant les deux bâtons d'argent. Elles seront chantées
» par le curé, le chapelain, les clercs, et deux hommes
» d'église tels que marguilliers voudront commettre. Le
» lendemain lundi, sera chanté solennellement le dit obit,
» auquel le curé et le chapelain feront les deux reves-
» tiaires, et si l'un d'eux veut chanter la messe, il sera
» tenu à ses dépens commettre un autre homme d'église
» pour faire le revestiaire en son lieu ; et assisteront à la
» dite messe deux hommes d'église et les choristes. Si
» les curé et chapelain ne veulent faire les deux reves-
» tiaires, les marguilliers pourront, de leur autorité,
» y commettre tels autres que bon leur semblera, et ce
» faisant, il sera diminué aux curé et chapelain sa por-
» tion de salaire ci-après, à eux donnée. Si les curé et
» chapelain ne font leur devoir de faire les dits reves-
» tiaires, s'ils sont *défaullans* pour trois jours, les mar-
» guilliers pourront commettre d'autres personnes pour
» les dits objets. Les marguilliers donneront pour droit
» de revestiaire et assistance aux vigiles :

1° Au curé	10 liv.	»»
2° Au chapelain	4	»»
3° Aux deux clercs (chacun 6 liv.) . .	12	»»
4° Aux deux prêtres assistants . . .	4	»»
5° A celui qui chantera la messe à la place du curé, et qui sera commis à cet effet par les marguilliers . . .	5	»»
TOTAL	35 liv.	»»

Le tout payable de trois mois en trois mois.

» Les curé, chapelain et gens d'église devront assister
» aux vigiles et messes, sans en pouvoir départir, à
» moins que le tout ne soit chanté. Les curé et chapelain
» ne pourront commettre aucun homme d'église pour
» chanter ces vigiles et messes, et y assister ; ce droit
» est expressément réservé aux marguilliers. Si les curé
» et gens d'église ne se contentent pas de ce qui leur est
» alloué ci-dessus, les marguilliers pourront les faire
» chanter et célébrer dans telle église qu'il leur plaira.

» On doit commencer à dire ces obits le dimanche qui
» suivra le décès de Jean Leclerc, pour continuer, ainsi
» qu'il est dit ci-dessus, à perpétuité, pour le repos de
» son âme, de ses parents et amis trépassés. »

Pour mettre la fabrique à même d'exécuter cette fondation, Jean Leclerc laissa : 1° une somme de 300 liv. pour acheter un calice en argent doré de même valeur, qui devait servir à la célébration des obits et aux beaux jours de l'église St.-Germain. D'un autre côté, la fabrique prit l'engagement de faire cette acquisition dans les trois ou quatre mois qui suivraient le décès du donateur ; 2° Une rente de 21 liv. 10 sols, à prendre sur une maison rue des Merderons, appartenant à la veuve Firmin Deslaviers, la dite rente remboursable moyennant 300 livres ; 3° Une maison sise à Amiens, rue de la Double-Chaise, où pend l'enseigne *des trois bons garçons* ; 4° Trois quartiers de prés, sis au village et terroir de *Hourges ;* 5° Cinq journaux quartier et demi de prés, et deux prairies, village et terroir de Thennes ; 6° 600 livres en argent, que les marguilliers seront tenus d'employer en rentes, au profit de la fabrique. Le tout pour en jouir seulement après la mort de Jean Leclerc.

La fabrique ne fit aucune difficulté pour accepter une semblable fondation ; et, après la mort de Jean Leclerc, tous ces biens furent vendus. Sur les sommes qui provinrent de la vente, on préleva en 1566 une somme de 65 liv. pour acheter une chappe en velours cramoisi avec orfrois en or de Chypre, semé de chérubins, à un nommé Guillaume Quatresols d'Aumale. En 1569 on préleva encore 100 liv. pour l'acquisition de deux calices et un reliquaire en argent, à un marchand forain ; à la même époque on paya aussi sur le legs de Jean Leclerc 70 liv. pour les orgues, et une autre somme pour la table du maître-autel ; enfin on prit la somme nécessaire pour payer les impôts de guerre en cette même année.

Ces derniers prélèvements faits, le reste du produit de la vente des biens délaissés par Jean Leclerc, fut mis entre les mains des marguilliers comptables, qui firent éprouver des pertes à la fabrique. En 1666 le surplus fut placé. Cette somme passa successivement en diverses mains, et, après avoir été réunie en 1713 à d'autres fonds provenant aussi de fondations, elle fut remboursée en billets de banque en 1720.

En 1658 la fondation de Jean Leclerc éprouva une première réduction : les vigiles furent supprimées ; et, en 1725, le tout fut réduit à une grand'messe par mois, c'est-à-dire au tiers.

Sire Jean Leclerc fut enterré derrière le maître-autel, dans une chapelle qui, depuis son décès, a porté son nom.

7° Jean Lebel (1572.)

L'acte primitif de cette fondation n'existe plus aux archives de la fabrique. Il n'y reste que quelques pièces de procédure relatives au remboursement de la rente donnée pour son exécution, et les quittances définitives ; mais, dans les registres aux comptes de 1572, on lit que Jean Lebel, bourgeois d'Amiens, a fondé en l'église St.-Germain, à perpétuité, l'office de sainte Agnès et un obit solennel le jour de l'octave de la fête de cette sainte.

Pour cette fondation, Jean Lebel a donné un cens de 6 liv. 14 sols, à prendre sur une maison rue des Corroyers, et sur lequel il doit être payé :

Au curé, pour les premières vêpres	6 sols.
d° pour la messe	3
Aux deux clercs	6
Total	15 sols.

Pour les vigiles, commendaces, haute messe de l'office des trépassés, le jour de l'octave de sainte Agnès :

Au curé	16 sols.
Aux deux clercs	8
Total	24 sols.

D'après l'acte de fondation, le surplus de la somme léguée devait appartenir à la fabrique, qui s'était engagée à en recevoir le remboursement au denier 15. Le 9 février 1647, ce remboursement fut effectué, et **100 liv. 10 sols** furent versés à la fabrique. Cette somme resta quelque temps entre les mains des marguilliers en charge ; mais, en **1666**, on la mit en constitution de rente. Elle passa ainsi en plusieurs mains jusqu'en **1725**, époque à laquelle elle fut définitivement remboursée en billets de banque. Par suite de la non-valeur de ces billets, la fondation fut réduite à une grand'messe pour le tout.

8° La veuve Deslaviers (1585.)

Dans l'inventaire de 1642, on voit qu'en 1585, le 16 avril, les héritiers de Marie Blanchart, veuve de Firmin Deslaviers, ont, par acte passé devant Louis de Louvencourt et Castelet, notaires à Amiens, fondé un obit solennel en l'église St.-Germain, chaque année pour le repos de l'âme de la veuve Firmin Deslaviers.

D'après cet acte, l'obit devait être dit de la manière suivante : 1° les vigiles, le jour de la Toussaint, après vêpres, et le jour des morts une haute messe avec commendaces à huit heures du matin. La grosse cloche devait être sonnée, et on devait aller dire sur la tombe de la défunte, dans l'église, le *Libera* et le *De profundis*.

Pour l'exécution de cette fondation, les héritiers de Marie Blanchart donnèrent à la fabrique un cens de 50 sols, à prendre sur deux maisons sises à Amiens, chaussée au Bled, ayant pour enseigne le *Soleil d'argent*, et en outre une somme de trois écus vingt sols tournois. Cette fondation fut exécutée jusqu'en 1735, que la suppression en fut prononcée par le motif qu'il n'était plus rien payé depuis plus de 20 ans, et parce qu'il fut reconnu alors que ces maisons n'existaient plus, et que le terrain même sur lequel elles étaient bâties, avait été compris dans les fortifications de la ville. La suppression n'en fut cependant prononcée que sous condition; et, avant de statuer définitivement, on demanda à la famille si elle voulait remplacer la rente primitive par une autre. La réponse ayant été négative, la fondation fut rayée.

Ici se termine la nomenclature des fondations faites pendant le XIVe, le XVe et le XVIe siècle, en l'église St-Germain, et dont il m'a été possible de retrouver les traces soit dans les titres, soit dans les registres aux comptes, soit enfin dans les inventaires de la fabrique. Ainsi qu'on peut le voir, elles sont peu nombreuses ; et s'élèvent seulement au nombre de 17, chiffre bien minime auprès de celles qui ont eu lieu dans les deux siècles suivants.

Les sommes provenant de ces fondations ont presque toutes servi à la construction et à l'entretien de l'église, mais il est à remarquer qu'elles ne sont pas les seules qui aient eu cette destination, car à ces donations faites à charge de services religieux, il faut joindre celles qui étaient faites à l'église à l'époque des décès.

Je dois en effet faire observer que chaque personne, en mourant, laissait toujours soit une somme d'argent, soit un objet mobilier quelconque à la fabrique ou aux confréries dont elle avait fait partie pendant sa vie. Tous les objets mobiliers ainsi laissés étaient vendus à la porte de l'église, le dimanche à l'issue de la grand'messe, et l'argent qui en provenait, versé dans la caisse de la fabrique. Je ne rappellerai pas ici les noms, je me bornerai à constater l'usage. Il n'était point particulier aux habitants de la paroisse qui mouraient dans sa circonscription, mais il était encore commun à tous ceux qui y étaient nés et qui ensuite en étaient sortis. J'en citerai pour exemple le testament de Gobert Zando, prêtre chapelain de Notre-Dame, curé de St.-Maxime de Fréchencourt, demeurant à Amiens, paroisse St.-Michel. A la date du 4 avril 1544, Zando n'habitait plus la paroisse St.-Germain, où il était né, et cependant, après avoir déclaré vouloir être enterré à St.-Denis, près ses père et mère, et y être porté par les prêtres de la congrégation de St.-Michel et de St.-Germain, il laissa à la confrérie de St.-Blaise 6 sols, et aux prêtres de la congrégation de St.-Germain 40 sols, à la charge d'assister à son service.

J'ai déjà dit que les fondations faites pendant le xvii⁰ et le xviii⁰ siècle avaient été beaucoup plus nombreuses que celles des siècles précédents. En effet celles du xvii⁰ siècle seul s'élèvent au chiffre de 46. Je vais les indiquer ici et n'entrerai dans quelques détails qu'à l'égard de celles qui présentent des particularités intéressantes pour l'histoire de notre église.

1° JEAN GÉCT (1616.)

Au compte de 1616 on voit que Jean Géct a, cette même année, fondé une messe basse par semaine, à perpétuité, pour laquelle il a laissé une rente de 20 liv. En

1625 cette rente a été remboursée moyennant 320 liv. qui, en 1666, ont été mises en constitution de rente, entre les mains de plusieurs successivement, et ont finalement servi à payer les dettes de la fabrique. Ce qui fait que cette fondation ne figure point dans l'obituaire de 1722.

2° Isabeau Crassette, veuve Jean Cousin (1613-1619.)

Par testament en date du 2 mai 1615 et par codicille du 27 septembre 1619, Isabeau Crassette, veuve en dernières noces de Jean Cousin, a fondé une messe à basse voix par chaque semaine de l'année, et un obit au jour de son décès, le tout à perpétuité.

Cette fondation devait commencer à être exécutée le 1er mai 1627, et, pour cela, la fondatrice avait donné à la fabrique une maison, sise à Amiens, rue Tourne-Coëffe, qui est restée entre ses mains et a été louée par elle jusqu'à la fin du xviii° siècle. Elle appartenait encore à la fabrique en l'an II, et figure au compte du 15 germinal; elle était alors occupée par Joseph Sergent.

En 1725, cette fondation a cependant été réduite; elle a été réunie à celle de Marie Gallet, dont je parlerai plus tard, et une messe par semaine a été fixée pour leur acquittement commun.

3° Antoinette Morel (1621.)

Par un testament passé devant le curé, en présence de témoins, le 7 octobre 1621, Antoinette Morel, domestique de Marguerite Delahaye, veuve Adrien Finet, a réglé ses funérailles et fait les dispositions suivantes.

Antoinette Morel déclare vouloir être enterrée en l'église St.-Germain, dans la chapelle de la Vierge, près le banc de Marguerite Delahaye, sa maîtresse, et être portée en sa sépulture par les prêtres de la Congrégation. Elle fixe le nombre des cierges employés à son convoi à 6, pesant chacun un quart. Ses services doivent être solennels, et il doit y être dit trois hautes messes suivant l'usage, 1° celle du St.-Esprit; 2° celle de la Vierge; 3° celle des trépassés, désignée sous le nom de messe de *Remerciage*. Aussitôt après son décès les pères capucins devront dire 30 messes pour le repos de son âme, et au bout de l'année il sera chanté un service solennel à la même intention.

Pour l'exécution de toutes ces prescriptions, Antoinette Morel donna à la fabrique une somme de 12 liv. en argent, outre ce qui sera exigé pour la couverture de la fosse, mais à la charge de faire recommander son âme au prône, le dimanche suivant son décès. Elle donne aussi à chacun des bassinets de l'église, de la Vierge, des trépassés, 5 sols, et un seul à chacun des autres. Enfin, dans le même testament, elle déclare vouloir que, ses dettes et frais funéraires payés, le surplus de ses biens soit donné aux pauvres de la paroisse.

4° Claude Lecaron (1622.)

Par son testament fait à Amiens, le 24 septembre 1622, Claude Lecaron, bourgeois et marchand à Amiens, a fondé en l'église St.-Germain, sa paroisse, un obit composé de vigiles, commendaces et messes. Suivant la volonté du fondateur, cet obit devait être dit le jour de son décès, c'est-à-dire le 3 mars de chaque année. Pour cela il a donné à l'église une rente de 5 liv., à la sûreté de laquelle il a affecté sa maison rue du Chapeau-de-Violettes.

Par cet acte de dernière volonté, Claude Lecaron s'en rapporte pour les services religieux à dire et faire après son décès, à Jeanne Correur, sa femme, et lègue à la fabrique une somme de 10 liv. une fois payée. Voulant ensuite augmenter le don d'une tapisserie qu'il avait fait à l'église pendant sa vie, il donna le patron de toile, sur lequel cette tapisserie avait été faite, et déclara vouloir que ce modèle fût mis et tendu en l'église pour y demeurer *à toujours*.

Après la mort du testateur, cette fondation a été reconnue et confirmée par Firmin Lecaron, son fils, qui l'a acquittée jusqu'à sa mort, puis par la demoiselle Quignon, sa veuve. Cette dernière mit souvent du retard ou de la négligence dans le paiement de la rente de 5 liv., et une sentence du bailli d'Amiens de 1703 la contraignit à en effectuer exactement le paiement; depuis cette époque, on la trouve exactement payée. En 1790, cette rente figure encore sur les registres aux comptes, ce qui démontre que la fondation de Claude Lecaron a été exécutée jusqu'à la fin du xviiie siècle.

5° JACQUELINE MONIER (1628.)

Par testament du 21 septembre 1628, Jacqueline Monier, veuve de Pierre Dufour, saieteur à Amiens, a fondé en l'église St.-Germain un obit à dire à perpétuité le jour de son décès, et pour lequel elle a donné à la fabrique

10 liv. de cens à prendre sur une masure amasée de quatre petites maisons, située dans le Vidame, rue Mondain. La délivrance de ce legs eut lieu le 6 mai 1630, par suite d'une sentence du bailli d'Amiens; mais la fabrique n'en profita pas longtemps. Peu d'années s'écoulèrent en effet avant que ces maisons tombassent en ruines, et dans les comptes de 1660 on lit que cet obit ne se disait plus. Cette même année, les membres de la fabrique ayant reconnu que cette donation était infructueuse, puisque les héritiers avaient préféré abandonner le terrain, qui était de peu de valeur, plutôt que de servir la rente, voulurent supprimer cette fondation; mais, sur la réclamation du curé, ils consentirent à ne point en agir ainsi, pourvu qu'il s'en chargeât. Le curé accepta et loua le terrain au profit de l'église. Le prix de la location fut d'abord de 3 liv., puis enfin de 5 liv. En 1710 la fabrique abandonna ses droits sur la propriété de ce terrain à un nommé Jean-Baptiste Labbé, couvreur, moyennant une rente annuelle de 5 liv., qui fut remboursée 5 ans après, en 1715, au denier 20, par 100 liv. Cette somme eut le sort de beaucoup d'autres; une partie fut employée aux besoins de l'église, l'autre fut, en 1720, remboursée en billets de banque, et l'obit supprimé en totalité à la même époque.

6° GILLES LETELLIER (1630.)
(Voir ci-après le n° 8.)

7° ANTOINE HAVET (1633.)

Dans une délibération du 28 mars 1633, on voit que ce même jour la fabrique a accepté la fondation de deux obits faite par Antoine Havet et Philippe Gayant, sa femme. D'après le testament de ces deux époux, daté du 12 février 1627, ces obits devaient être dits à perpétuité le jour de leur décès ; et annoncés au prône ; une lame d'airain, portant l'acte de fondation, devait être placée contre le premier pilier de l'église.

Pour l'exécution, Antoine Havet et sa femme ont donné à la fabrique un cens ou rente de 8 liv., à prendre sur une maison située Marché-au-Feurre, près *la nef d'argent*, et où ils demeuraient à l'époque de leur décès.

Cette fondation a été exécutée jusqu'à la fin du xviiie siècle ; la rente a été constamment payée, et on la retrouve dans le compte de l'an II acquittée par un nommé Delassus.

8° Gilles Letellier et Magdeleine Boyaval (1633.)

Dans une délibération du Conseil de fabrique, à la date du 28 mars 1633, on voit que ce même jour les fondations suivantes ont été acceptées. Par son testament, en date du 25 juin 1630, Magdeleine Boyaval, femme de Nicolas Letellier, a fondé un obit solennel à perpétuité, qui devait être chanté chaque année le jour de son décès et annoncé au prône le dimanche précédent. Pour cela elle a laissé à la fabrique une rente de 5 liv., remboursable au denier 50, payable chaque année et affectée sur une maison rue St.-Germain, où pend pour enseigne *la rose rouge*.

A cette époque cette maison se trouvait déjà grevée envers la fabrique d'une autre rente donnée par Gilles Letellier, père de Nicolas et beau-père de Magdeleine Boyaval. En effet, le 1er avril 1630, Nicolas avait annoncé à la fabrique que Gilles Letellier, son père, et Antoinette Mouret, sa mère, avaient ordonné par leur testament, dont la date n'est point désignée, qu'il fût chanté tous les dimanches de l'année, en l'église St.-Germain, devant le crucifix, le cantique *Languentibus*, et tous les mardis l'hymne de saint Sébastien, *ô sancte Sebastiane*, avec les versets et collectes, à l'heure du salut.

Pour assurer l'exécution de cette fondation, ces deux époux ont donné à la fabrique une rente de 7 liv., payable chaque année le jour de St.-Barnabé (11 juin), affectée sur la même maison, et qui devait être partagée ainsi :

A la fabrique	1 liv.
Au curé	3
Aux deux clercs	3
TOTAL	7 liv.

Par suite, la maison de *la rose rouge* se trouva chargée d'une rente de 12 liv. Cette rente fut constamment payée jusqu'à la fin du XVIIIe siècle, et les fondations exécutées.

A la réouverture de l'église St.-Germain, le propriétaire de la maison se reconnut encore débiteur de cette rente et la paya jusqu'en 1844, époque à laquelle le remboursement en fut fait par M. Liébaut. Les fondations furent de nouveau exécutées, mais d'après la réduction faite en 1802 par l'autorité compétente ; aujourd'hui elles le sont encore de la même manière.

9° ADRIEN RINGARD (1636.)

Du registre aux comptes de l'année 1636, il résulte que, cette même année, Adrien Ringard, marchand tanneur, a fondé un obit solennel, à célébrer le 20 octobre de chaque année, pour le repos de l'âme de Marie Leclercq, sa femme.

Cette fondation fut faite moyennant une rente annuelle de 5 liv., affectée sur la maison occupée alors par le fondateur, rue des Tanneurs, où pendait pour enseigne *la petite Vierge*, à la charge de passer contrat à la volonté de la fabrique ; ce qui eut lieu. Cette somme était stipulée remboursable au denier 40 (200 liv.) et partagée ainsi :

A la fabrique.	30 sols.
Au curé, (à la charge par lui d'assister aux vigiles et aux commendaces, de dire la messe et d'annoncer l'obit au prône le dimanche suivant.).	38
Aux deux clercs, (à condition qu'ils seront revêtus et porteront les bâtons d'argent pendant le service.) .	20
Aux diacre et sous-diacre	10
Au serviteur de l'église.	2
TOTAL . . .	100 sols.

Cette somme fut constamment payée, et l'obit chanté chaque année. Dans le compte de 1790, il en est encore fait mention, et les 5 liv. sont portées payées par Bouteiller d'Inville, comme héritier d'Espérance Certain.

10° BARBE DUPUIS (1640.)

Des registres aux comptes de l'année 1640, il résulte qu'en cette année Barbe Dupuis, veuve de Nicolas Lejeune, a fondé un obit solennel pour le repos de son âme. Pour cela elle a donné une rente de 6 liv. 5 sols, au capital de 100 liv., à prendre sur une maison sise à Longueau. En

1643 il a été passé acte de la reconnaissance de cette rente au profit de la fabrique. En 1644, on ignorait entre les mains de qui l'immeuble était passé ; mais, après plusieurs démarches, on retrouva le nom du propriétaire, et le remboursement eut lieu. Cette somme, après avoir été mise en constitution de rentes, finit par être remboursée définitivement en billets de banque, ce qui fit qu'en 1725 la fondation fut réduite à une haute-messe par année, et exécutée ainsi jusqu'à la du xviiie siècle.

11° Noel Mirvaux (1642.)

Dans un testament en date du 2 septembre 1642, Noël Mirvaux, marchand brasseur, fit les dispositions suivantes :

Après avoir déclaré vouloir être enterré en l'église St.-Germain, au devant de l'autel de Notre-Dame des sept douleurs, et être porté par les prêtres de la congrégation de St.-Jacques, sa paroisse, il laisse à la discrétion de ses exécuteurs testamentaires le soin de régler ses service, obsèques et funérailles, tout en exigeant cependant qu'ils aient lieu solennellement, *comme de coûtume*, en l'église St.-Germain, et que les religieux des quatre ordres mendiants y soient présents ; pour les rémunérer, il leur donne 4 liv., à la charge par eux de dire un service, *comme il est accoutumé*. Noël Mirvaux donne ensuite cinq sols à chaque bassinet de l'église, et dix sols à celui des trépassés. Enfin il laisse à la fabrique St.-Germain une maison sise rue du Guindal, achetée par lui à Jacques Sulfour, prêtre congrégé de cette paroisse, et **200** liv. en deniers oboles, payables par ses exécuteurs testamentaires, après son décès.

Cette donation est faite à la charge par la fabrique de faire dire et chanter à perpétuité, tous les vendredis de chaque semaine, à l'autel de la chapelle de Notre-Dame des sept douleurs, une messe avec un *De profundis*, à dix heures, sur le tombeau du testateur. Suivant le testament, cette messe devait être sonnée avec la grosse cloche par les clercs de la paroisse, et pour cela il leur était alloué 60 sols, qui devaient être payés par les marguilliers, sur les sommes indiquées ci-dessus.

Pour plus grande sûreté de la fondation, Noël Mirvaux déclara que, dans le cas où ce qu'il venait de donner ne serait pas suffisant, ses exécuteurs testamentaires devraient s'entendre avec les membres de la fabrique, et que du tout serait passé contrat; enfin que les **200** liv. par lui léguées seraient mises en constitution de rente, avis préalablement pris du curé et des anciens marguilliers.

Disposant en dernier lieu du surplus de ses biens, Noël Mirvaux donna à chacun de ses parents désignés dans son testament 24 liv. et un chapeau de deuil, et voulut que tout ce qui resterait de ses biens fût donné par ses exécuteurs testamentaires aux pauvres, et plus spécialement aux pauvres mendiants de St.-Germain.

Cette fondation fut acceptée par acte du 11 novembre 1642, et la fabrique devint propriétaire de la maison rue *du Guindal,* dont elle a joui jusqu'au 15 août 1765, époque à laquelle cette maison devint la proie des flammes. Le terrain sur lequel elle était bâtie fut alors donné à cens, et ce cens fut déclaré non rachetable. Louis Henocq, qui en était devenu acquéreur, a constamment payé cette rente jusqu'à la fin du xviii° siècle, et nous en retrouvons la preuve dans le compte de l'année 1791. Les 200 liv. n'éprouvèrent pas non plus de diminution, et la fondation fut exécutée jusqu'en 1791.

12° Le Curé Cauchie (1644.)

Par acte notarié du 7 mai 1644, Jean Cauchie, religieux de l'abbaye de St.-Jean, curé de St.-Germain, a fondé dans cette église deux messes à haute voix, avec diacre, sous-diacre et chappiers. Ces messes de l'office des trépassés, selon la volonté du fondateur, devaient être dites chaque année, le mardi qui précède la Pentecôte, *sans que, pour quelque cause que ce soit, même du décès du fondateur, elles puissent être remises et changées à un autre jour, et à commencer mardi prochain.*

La première devait être dite à l'intention du fondateur, même pendant sa vie ; on devait y faire mémoire : 1° de frère René de Sains, ancien prieur de St.-Jean ; 2° de frère Adrien Domal, en son vivant prieur du collége des Prémontrés, à Paris, tous deux anciens bienfaiteurs de M. Cauchie.

La seconde devait être célébrée à l'intention de feu Jacques Cauchie et de Marie Maisne, père et mère du fondateur. On devait aussi y faire mémoire de tous ses parents, amis et bienfaiteurs, et à la fin chanter un *De profundis* et un *Libera*, suivis de l'orémus pour les défunts.

Ces deux messes solennelles devaient être chantées en l'église St.-Germain, à 5 heures du matin, non par les prêtres de la paroisse, mais par ceux de la Congrégation des curés d'Amiens.

Pour remplir cette fondation, M. Cauchie avait donné à la Congrégation des curés une somme de six-vingt liv. un tiers, qui ont été reçus par M. Dhangest, prêtre, chanoine de l'église cathédrale d'Amiens, curé de St.-Firmin-en-Castillon, et prévôt de la Congrégation des curés.

D'après la volonté du fondateur, cette somme fut mise en constitution de rente, et il fut inscrit aux registres de l'association que, tous les mardis avant la Pentecôte, il serait donné au clerc semainier de St-Germain 2 sols tournois, pour le dédommager de la peine d'ouvrir les portes de l'église à 5 heures du matin.

13° Marguerite Delahaye, veuve A. Finet (1646.)

Par testament passé devant le curé de St.-Germain, à la date du 10 janvier 1646, Marguerite Delahaye, veuve de feu Adrien Finet, après avoir réglé ses obsèques, a fait les fondations dont il sera parlé ci-après.

Dans ce testament, Marguerite Delahaye commence par déclarer : 1° qu'elle veut être enterrée en l'église St.-Germain, dans la chapelle de la Vierge, au long du banc où elle s'asseoit, et y être portée par les prêtres de la Congrégation de St.-Germain, après les vigiles chantées solennellement par les religieux mendiants et les prêtres de la paroisse, ainsi que cela se fait ordinairement ; pour quoi elle donne à la fabrique la somme de 18 liv. ; 2° que le lendemain il soit dit et chanté, avec même solennité que dessus, les commendaces et une haute messe ; 3° qu'à son convoi et enterrement il ne soit porté aucune torche, mais seulement 12 cierges de trois quarts chacun, et cela par douze vieilles femmes veuves, à qui il sera donné un drap noir de 30 sols, lequel appartiendra à chacune d'elles ; 4° que le jour de son décès il soit dit à St.-Denis, chez les quatre ordres mendiants et les filles de Ste-Claire, même service qu'à la paroisse, moyennant 60 sols à chacun de ces ordres religieux ; 5° qu'aussitôt après son décès il soit dit quarante messes à basse voix, et que, le lendemain de sa mort, il soit distribué aux pauvres un muid de blé, mesure d'Amiens ; 6° enfin que, six mois après son décès, il soit dit un bout de l'an avec 20 messes basses, en l'église St-Germain.

A toutes ces dispositions, elle en ajouta plusieurs autres dans un codicille du 19 novembre 1648 ; ainsi elle voulut qu'il n'y eût à son enterrement aucun clocheteur des trépassés, et qu'il fût donné à la fabrique une somme de 120 liv., pour l'acquisition d'un drap de mort.

Marguerite Delahaye déclare ensuite vouloir donner à la fabrique une somme de 120 liv., payable en une fois, à la charge de la mettre en constitution de rente, afin qu'il soit dit chaque année à perpétuité, le jour de son décès, un obit solennel composé de vigiles à neuf leçons, commendaces, haute messe, avec le *Libera* et collecte à la fin.

Marguerite Delahaye fonda aussi un autre obit en la chapelle St.-Jacques, au cimetière St.-Denis, moyennant 40 sols de rente, remboursables en une fois par 40 liv.

La fabrique n'eut pas tout de suite connaissance de ces fondations, et il n'y eut d'acte passé entre elle et les héritiers que longtemps après le décès de Marguerite Delahaye, c'est-à-dire en 1672. A cette époque, nous voyons dans les registres aux comptes et dans les titres, que les héritiers furent traduits devant le lieutenant-général du bailliage, pour être contraints à passer acte de la reconnaissance de ce testament ; ce qui fut fait devant notaire, le 9 janvier 1672. En 1708 le remboursement eut lieu, et les sommes en provenant furent mises en rente. Plus tard elles furent remboursées en billets de banque ; ce qui fit que la fondation fut réduite en 1725 à une haute messe par an, et continuée ainsi jusqu'à la fin du xviiie siècle.

14° Nicolas Decourt (1652.)

Par testament et par codicille en date des 25 et 26 mai, tous les deux passés devant notaires, Nicolas Decourt, marchand à Amiens, a réglé ses obsèques ainsi qu'il suit. Il déclare vouloir être enterré à St.-Denis, dans la sépulture de sa famille, que ses services soient faits solennellement, et qu'il y soit dit vigiles, commendaces, et trois hautes messes, *comme il est accoutumé*. Nicolas Decourt donne ensuite à la fabrique une somme de 200 liv., pour aider à fonder les vêpres du St.-Sacrement, qui se chantent tous les dimanches de l'année.

La fabrique ayant reçu cette somme, la mit pendant quelque temps en constitution de rente ; mais bientôt elle la retira et l'employa à payer ses dettes.

15° Antoine Lagrenée (1659.)

Par testament en date du 12 juillet 1659, Antoine Lagrenée, marchand mercier à Amiens, déclare vouloir être inhumé en l'église St.-Germain, près de sa femme ; il ajoute qu'en entrant dans l'église son corps sera déposé devant le crucifix, où sera chanté le *Vexilla regis*, les antiennes et oraisons ordinaires ; que ses services, composés de vigiles et commendaces, seront chantés solennellement. Suivant cet acte de dernière volonté, il ne doit y avoir à son convoi que 12 torches allumées ; le jour de ses services il doit être distribué aux pauvres la somme de 12 liv., et donné à l'Hôpital général 10 liv. Antoine Lagrenée prescrit en outre qu'aussitôt après son décès il soit dit de suite 10 messes à l'autel privilégié de Notre-Dame d'Amiens, 40 à celui des Capucins, 15 à celui des Cordeliers et 15 chez les Carmes ; enfin, qu'il soit donné pour son enterrement, à la paroisse 18 liv., aux pauvres 10 liv., à la confrérie du Saint-Sacrement 1 liv., à celle des trépassés 1 liv., et 2 sols à chaque bassinet.

A ces dispositions pieuses Antoine Lagrenée ajouta encore deux services en l'église St.-Jean d'Amiens, l'un à son intention, l'autre à celle de sa femme ; enfin il chargea ses petits enfants d'acquitter le montant de ce qui serait dû pour ses obsèques et funérailles.

Après avoir ainsi réglé tout ce qui avait rapport à ses obsèques, Antoine Lagrenée fit plusieurs fondations ; et d'abord il voulut que, pendant deux années, il fût chanté en sa paroisse une messe par semaine pour le repos de son âme et de celle de sa femme ; que cette messe fût chantée par son chapelain ordinaire, à compter du jour où l'ordre lui en serait donné par le testateur. Puis il fonda en la paroisse de St.-Germain : 1° l'office de Ste-Géneviève, au 3 janvier ; cet office se composait des premières vêpres et vigiles qui devaient être chantées la veille, des heures canoniales, d'une haute messe et des deuxièmes vêpres le jour de la fête ; 2° deux obits à chanter : le premier au jour de son décès, et le deuxième au jour du décès de sa femme.

Pour prix de ces diverses fondations, Antoine Lagreuée laissa à la fabrique une rente annuelle de 30 liv., à prendre chaque année sur la maison qu'il occupait à son décès et qui fait le coin de la rue St.-Germain et du grand marché, à la charge par la fabrique de fournir le luminaire et tout ce dont il serait besoin, enfin de mettre, les jours solennels de l'année, six cierges blancs du poids d'une demi-livre chacun, devant l'image de sainte Géneviève.

Le 2 janvier 1660 la fabrique accepta le testament, et le 17 mars 1700 eut lieu le remboursement de la rente de 30 liv. par Jacques Lesergeant, conseiller du roi, docteur en médecine, comme mari de Marguerite de Fontaine, petite-fille du testateur. Ce remboursement eut lieu moyennant 540 liv., qui furent mises en rente. En 1720, on les remboursa en billets de banque; par suite, les fondations furent réduites à une haute messe.

16° Christophe Cusson et sa femme (1665.)

Par contrat passé devant M⁶ Roger, notaire à Amiens, le 24 août 1665, Christophe Cusson, bourgeois d'Amiens, et demoiselle de Ribeaucourt, sa femme, ont fondé en l'église St.-Germain les vêpres du Saint-Sacrement aux cinq fêtes de la Vierge, savoir: la Conception, la Nativité, l'Annonciation, la Purification, l'Assomption, à commencer le 15 août présent mois, et continuer ainsi à perpétuité; ils ont prescrit en outre que, pendant le chant de cet office, on ferait jouer les orgues pour plus de solennité; et, pour aider à la célébration de ces fêtes, ont donné un petit *palme* ou dais en brocard d'argent, pour servir à la procession des dites vêpres, avec permission de le prendre lorsqu'on porterait le bon Dieu aux malades de la paroisse, et plus spécialement lorsqu'on porterait le corps de Notre-Sauveur en la maison de Cusson et sa femme, soit pour eux, soit pour leurs enfants ; enfin ils ont déclaré vouloir qu'il en fût ainsi lorsqu'on porterait le viatique aux ecclésiastiques, aux marguilliers en charge et aux anciens marguilliers de la paroisse.

Par le même acte, Christophe Cusson et sa femme ont en outre fondé un obit de vigiles à trois leçons et commendaces, le tout à chanter chaque année, à perpétuité, le dimanche après l'Assomption, et le lendemain une haute messe, avec un *Libera* à la fin.

Pour l'exécution de ces fondations, Cusson et sa femme ont donné à l'église St.-Germain une rente de 15 liv., savoir : 10 liv. pour la première et 5 liv. pour la seconde; la dite rente remboursable au denier 30 seulement, et affectée sur une maison à eux appartenant, rue St.-Germain, à usage d'hotellerie, tenant par derrière à la rue de l'Entonnoir, et où pend pour enseigne *le petit Gard*.

Ces fondations furent exécutées jusqu'en 1697, mais cette année la maison et tous les biens de Christophe Cusson ayant été vendus par décret, la fabrique ne put être colloquée en ordre utile ; ce qui fit que, les fonds manquants, on cessa de dire l'obit.

17° JEANNE LOTISSIER, (1666).

Des registres aux comptes de l'année 1671, il résulte

ce qui suit : par son testament en date du 25 novembre 1666, Jeanne Lotissier a fondé en l'église St-Germain un obit solennel pour lequel elle a laissé à la fabrique une rente de 5 livres au capital de 120 livres ; par le même acte elle a aussi donné à la confrérie du Saint-Sacrement une somme de 10 livres une fois payée.

Ces 120 livres furent remboursées en 1697 et placées en constitution de rente ; la fabrique en perdit une partie par l'émission des billets de banque ; aussi cette fondation fut-elle, en 1725, réduite à une grand'messe seulement par année, et encore cette messe fut-elle destinée à l'accomplissement des fondations faites tant par Jeanne Lotissier, que par Marie de Berneuil.

18° MARIE DE BERNEUIL, (1666).

Par testament du 18 juin 1666, Marie de Berneuil, veuve en premières noces de Jean Jullien, et en secondes de Pierre Lefebvre, demeurant à Amiens, a déclaré vouloir être enterrée en l'église St-Germain ; et, pour cela elle a donné à la fabrique une somme de 30 livres.

Par le même acte, elle a réglé ses obsèques ainsi : services solennels, trente messes basses aussitôt son décès, et un annuel de messes avec bout de l'an.

Elle n'oublia pas les confréries dont elle faisait partie, et donna : aux confréries du Saint-Sacrement, 10 liv.; de St.-Roch, 10 liv.; de St.-Germain, 10 liv.; à la chapelle de St.-Germain, 10 liv.

La testatrice fit ensuite diverses fondations ; la première fut un service de l'Assomption de la Vierge, composé des premières vêpres la veille, et le jour de la fête d'une messe haute et des deuxième vêpres, le tout célébré avec jeu des orgues. Le testament porte que cette fondation devra être exécutée après le décès de la testatrice, de la même manière qu'elle l'a été depuis le décès de sa mère, ajoutant que l'autel sera tendu en blanc, que les chandeliers d'argent y seront placés, et qu'il y aura un luminaire convenable.

La deuxième est celle d'un sermon tous les premiers dimanches du mois, à une heure et demie après midi, par tel prédicateur qu'il plaira au curé de choisir.

La testatrice donne en outre deux rideaux blancs pour être mis au maître-autel et servir à l'office de la Vierge qui fait l'objet de la première fondation.

Pour mettre la fabrique à même de les exécuter, Marie de Berneuil donne : 1° une rente de 6 livres stipulée non rachetable, affectée au service de la première, et 2° une rente de 15 liv. au capital de 300 liv. pour la seconde.

Marie de Berneuil mourut en 1670. Aussitôt après son décès, son testament fut attaqué par ses héritiers et maintenu par sentence du 29 janvier 1675. Il y eut appel au Parlement, mais une transaction intervint entre les parties, et, le 10 mai 1683, Antoine Ledoux, maître gribannier, demeurant à l'Etoile, débiteur de la succession, remboursa à la fabrique une somme de 450 livres en acquit des fondations faites par Marie de Berneuil. Le même jour, cette somme fut donnée par la fabrique en constitution de rente à Guilberte Cardon, de Doullens, héritière de la testatrice; elle resta entre ses mains jusqu'à l'émission des billets de banque, et fut à cette époque remboursée en cette nouvelle monnaie. Par suite de cet acte, l'obit fut réduit à une haute messe seulement, laquelle, ainsi qu'on l'a vu à l'article précédent, fut déclarée commune à l'accomplissement des fondations de Marie de Berneuil, et de Jeanne Lotissier.

19° Noel Delabie (1668).

Dans les registres aux comptes de 1673 on voit que, par testament en date du 13 juillet 1668, Noël Delabie, femme de Pasquier Filleul, a fondé un obit solennel au jour de son décès.

Noël Delabie mourut le 15 septembre 1672 ; et, le 7 novembre suivant, les héritiers s'engagèrent par acte notarié à payer à la fabrique une rente annuelle de 6 liv.

Par le même testament, Noël Delabie fonda encore des vêpres du Saint-Sacrement à sept fêtes de l'année qui ne sont pas indiquées dans le registre de 1673, et donna à l'église une rente de 15 livres au capital de 300 livres, pour aider à fonder cet office tous les dimanches de l'année. La maison du *Miroir*, sise sur le grand marché fut affectée au paiement de ces fondations diverses et le remboursement en fut fait quelques années après. La somme en provenant fut mise en constitution de rente, et plus tard employée au paiement des dettes de la fabrique. Par suite de la suppression du revenu, l'obit fut aboli ; aussi cette fondation ne figure-t-elle pas en 1725 sur l'état de celles qui furent maintenues par l'évêque.

20° Barbe Thibaut (1670).

Du registre aux délibérations de la fabrique il résulte que, par testament en date du 5 novembre 1670, Barbe

Thibaut, femme de Jean Flament, a fondé un obit solennel, à dire à perpétuité, le jour de son décès, moyennant une somme de 200 livres, acceptée le 12 mars 1684. Jusqu'en 1690, les héritiers en ont payé la rente, et à cette époque le remboursement en fut opéré. Par suite de l'émission des billets de banque, la somme de 200 liv. éprouva une réduction, et l'obit fut réduit à une grand' messe par an.

21° Madeleine Lejeune (1671).

Par testament passé devant le curé le 31 mars 1671, Madeleine Lejeune, femme de Charles Leblanc l'aîné, bourgeois d'Amiens, a fondé un obit solennel à dire et chanter au jour de son décès, en l'église St.-Germain. Pour quoi elle a voulu qu'il fût donné à la fabrique une rente de 6 livres au capital de 120, affectée sur ses biens meubles et immeubles au choix de ses héritiers.

Madeleine Lejeune mourut le 14 avril 1672, et aussitôt un contrat fut passé entre la fabrique et Charles Leblanc, son héritier et exécuteur testamentaire. Par cet acte il fut constitué au profit de la fabrique une rente de 6 livres payable le 2 juin de chaque année, et divisée ainsi :

Au curé y compris la messe.	46 s. »
Aux deux clercs	20 »
Aux diacre et sous-diacre	15 »
Au valet d'église	4 »
A la fabrique	37 »
Total.	120 s. »

Charles Leblanc affecta au paiement de cette rente *un*

jardin situé près le pont de Barabant, et stipula que la vente ne pourrait en être effectuée qu'après le remboursement de la rente. Pour le maintien de la fondation, l'exécuteur testamentaire fit encore insérer dans l'acte l'obligation par la fabrique de faire avertir les parents du jour auquel l'obit devait être dit, et de remployer en immeubles les fonds provenant du remboursement. Malgré cette stipulation formelle, le 9 avril 1695 le jardin fut vendu, les 120 sols furent remboursés par l'acquéreur Henri Dubois, cordier à Amiens, et le prix en provenant fut mis en constitution de rente. Par suite de l'émission des billets de banque, cette somme éprouva une réduction, et l'obit fut réduit à une haute messe.

22° JEAN RINGUET (1672).

Par son testament du 16 avril 1670, Jean Ringuet a fondé un obit solennel à dire au jour de son décès, moyennant une rente annuelle de 5 livres. Le 16 janvier, Claude Petit, sa veuve, en passa contrat au profit de la fabrique et lui paya en même temps le capital de 100 livres.

En 1725 cette fondation a été réduite à une grand'messe par an.

23° PIERRE HOULIER (1672).

Par testament des 30 avril 1660 et 5 avril 1672, Pierre Houlier, boulanger à Amiens, a fondé un obit solennel moyennant une rente annuelle de 6 livres, stipulée non rachetable et affectée sur sa maison rue du Quay. En 1678, Catherine Houlier, femme Candillon, augmenta cette rente d'une livre et fit le remboursement du tout.

La somme en provenant fut réduite par suite de l'émission des billets de banque, et l'obit fut réduit en 1725 à une haute messe.

24° Catherine Houlier, femme Candillon (1678).

Par testament passé devant notaires, le 17 juin 1678, Catherine Houlier, femme de Charles Candillon, a voulu augmenter de 20 sols la rente laissée par son père en 1672 pour la fondation d'un obit. Ensuite elle a déclaré vouloir laisser aussi à l'église un souvenir de son affection et pour cela elle a donné *sa croix d'or*, pour être *mise et employée* à la chasse de St-Germain, puis 10 livres pour servir à l'acquisition de *deux voiles* destinés, l'un à la confrérie de la Vierge, l'autre à celle de Ste-Catherine.

25° François Avignaux (1673).

Par testament notarié du 15 septembre 1673, François Avignaux, marchand tanneur à Amiens, a fondé un service solennel à neuf leçons à dire chaque année au jour de son décès, avec commendaces, haute messe, le *Dies iræ* et l'*O meritum passionis* au moment de l'élévation. Dans cet acte il fut stipulé que pendant ce service on sonnerait la sixième cloche en ton, qui avait été donnée par le testateur en 1654, que tous les dimanches on serait tenu de chanter l'*Ave maris stella* à la fin de la grand messe, et que le dimanche avant la célébration de l'obit, le testateur serait recommandé au prône.

Pour l'exécution de ces fondations, Jean Avignaux donna une rente de 14 livres affectée sur les trois quarts de son jardin, rue des Corroyers, et sur la moitié de sa maison, rue des tanneurs ; la dite rente remboursable au denier 30. Cette fondation a persisté jusqu'à la fin du xviii⁸ siècle et on la trouve encore payée en l'an ii.

26° Madeleine de Montigny (1674).

Par son testament en date du 11 février 1674, Madeleine de Montigny fonda en l'église St-Germain :

1° Les vêpres du Saint-Sacrement à toutes les fêtes de l'année, pour lesquelles elle a donné une rente de	100 l.	» s.	» d.
2° Une messe à dire le lundi de chaque semaine, à dix heures du matin, pour laquelle elle a donné une rente de . . .	600	»	»
3° Un obit solennel à dire pour le repos de son âme chaque année, au jour de son décès, moyennant une rente de . . .	120	»	»
4° Une rente pour les pauvres de la paroisse, qui doit être distribuée pendant le carême par le curé et les marguilliers .	400	»	»
Total	1.220 l.	» s.	» d.

Outre diverses sommes formant un capital de 2,300 livres, qui devaient être payées par les héritiers, Madeleine de Montigny donna encore à la fabrique une devanture d'autel faite par Catherine, sa sœur, plus 150 livres pour en payer la monture et la faire adapter au maître-autel de l'église.

Aux termes du testament, toutes ces sommes devaient être mises en rente en cas de remboursement.

En 1675, les héritiers payèrent en argent une somme de 320 livres et transportèrent à la fabrique une rente de 100 livres, au capital de 2,000, laquelle provenait de la succession ; mais le débiteur étant devenu insolvable et les poursuites contre lui ayant été sans résultat, les héritiers remboursèrent plus tard les 2,000 livres restants.

La fabrique plaça cette somme entre les mains de divers particuliers ; et, en 1720, le remboursement en fut fait en billets de banque. Par suite, une réduction fut opérée dans les fondations, l'obit et la messe furent réduits à un seul obit, les vêpres du Saint-Sacrement à douze.

27° Marie Gallot, femme Robert Ladent (1675).

Par testament en date du 30 janvier 1675, ainsi que cela appert des registres aux comptes de l'année 1698, Marie Gallot, femme de Robert Ladent, a fondé un service et une messe à dire chaque année au jour de son décès. A cet effet, elle a laissé à la fabrique une rente de 30 livres. Par sentence du bailliage d'Amiens, Olivier Leloir, son héritier, a été condamné à servir cette rente. Le remboursement en fut fait en 1714, et le montant employé aux besoins de l'église. En 1725, la fondation a été supprimée, parce que les fonds n'existaient plus.

28° Antoine Longuet et sa femme (1676).

En juillet 1676, Antoine Longuet et sa femme ont fondé deux obits solennels à dire au jour de leurs décès. Pour cela ils ont constitué au profit de la fabrique une rente de 30 liv. sur une maison sise Marché-au-Feurre.

Le 30 janvier 1677, Adrien Caron a acheté cette maison et reconnu la dette. La fondation a continué d'être exécutée jusqu'à la fin du xviii° siècle, et on la trouve encore payée et acquittée dans les comptes de l'an ii.

29° Hélène Cauchie (1678).

Par testament passé devant le curé et des témoins le 12 mars 1678, Hélène Cauchie, veuve en premières noces de Nicolas Cauët, et en deuxièmes de Cornille Mimerel, menuisier à Amiens, après avoir nommé le curé pour son exécuteur testamentaire, a déclaré vouloir que ses services aient lieu selon sa condition, et que pour les payer on vendît ce qui serait nécessaire dans les meubles dont elle n'aurait pas disposé en faveur des enfants de son second mari.

Par le même acte, Hélène Cauchie a fondé en l'église St-Germain une basse messe par mois avec le *De profundis* à la fin, à dire aux jours et heures fixés par le curé. Pour l'exécution de cette fondation, elle a donné à la fabrique une rente de 11 livres au capital de 200 livres que lui devaient la veuve Rouen et les héritiers de Jean de Vauchelles, pour par la fabrique en jouir à dater du jour de son décès. Cette vente a été affectée sur deux maisons sises à Amiens, rue des Cannettes, et rue de l'abreuvoir du Quay. De ces deux maisons, la première est tombée en ruines, et le terrain a été vendu. La fondation n'en a cependant point souffert ; elle a été exécutée jusqu'à la fin du XVIII° siècle ; on la voit en effet figurer au compte de 1791, comme payée par les propriétaires de la maison sise rue de l'Abreuvoir du Quay, et en dernier lieu par un sieur Delamotte.

30° Le Curé Boucher (1678.)

Par acte du 15 avril 1678, M. Boucher, curé de St.-

Germain, a donné à Claude Lefort, son neveu, 120 liv. en constitution de rente au profit de la fabrique, à la charge de fonder un obit solennel avec le *De profundis* et le *Libera* à la fin, pour le repos de son âme.

Par cet acte, il a été stipulé que cet obit commencerait tout de suite, et qu'il serait dit pendant la vie du fondateur pour ses deux prédécesseurs immédiats, René Pavie et Jean Cauchie; mais, qu'aussitôt après son décès, il serait dit chaque année au jour de sa mort, ce qui n'empêcherait pas de faire mémoire de ses deux bienfaiteurs et de prier pour eux.

En 1725 les 120 liv. ayant été remboursées en billets de banque, l'obit fut réduit à une haute messe.

Outre cette fondation, M. le curé Boucher fit encore des donations à l'église St.-Germain. Quoique faites postérieurement à la date de la fondation de l'obit, c'est ici, je pense, le lieu d'en faire mention.

Ces donations sont au nombre de trois : la première est une rente de 50 liv., à distribuer aux pauvres de la paroisse après son décès ; la deuxième six chandeliers d'argent ; la troisième un dais en velours cramoisi, garni de franges et de molettes en or fin.

Don des Chandeliers. — Le 14 janvier 1681, M. Boucher commanda au sieur Briseur, orfèvre à Amiens, quatre chandeliers d'argent, titre de Paris. Deux de ces chandeliers devaient avoir 2 pouces d'élévation plus que les autres. Le modèle donné était pareil à ceux de l'église des Carmes ; mais ils devaient être mieux conditionnés et l'orfèvre Briseur s'engageait à les fournir dans les trois mois à compter de ce jour. Le prix de la façon fut fixé à 100 liv. et celui de l'argent à 30 fr. le marc.

Le 28 juin 1683, M. Boucher fit, avec le même orfèvre, un autre traité par lequel le sieur Briseur s'engagea à fournir par lui-même, et non par une autre personne, deux chandeliers plus hauts, aux mêmes prix, argent et conditions que ceux qui étaient stipulés dans l'acte du 14 janvier 1681. Ces deux chandeliers devaient peser onze marcs une demi-once les deux, être mieux travaillés s'il était possible que les précédents, mais ne pas être moindres en perfection. Le prix en fut fixé à 370 liv., dont moitié payée comptant, et le reste à l'époque de la livraison. Il fut stipulé qu'ils devraient être fournis pour le 14 août suivant ; enfin il fut convenu qu'ils seraient en argent de Paris et que le moins pesant serait déduit du prix fixé, à raison de 75 sols l'once (1).

En faisant faire ces six chandeliers, le curé Boucher avait l'intention d'en faire présent à l'église, qui n'en avait pas, ou plutôt qui n'en avait que deux petits, donnés par les porteurs du dais. Pour diminuer la dépense que devaient occasionner ces grands chandeliers, il désira que la fabrique lui donnât les deux qu'elle possédait, et stipula dans l'acte fait avec Briseur que ce dernier en ferait la proposition au Conseil, sans nommer la personne qui avait l'intention de faire présent des six chandeliers.

C'est par suite de cet arrangement que, le 12 septembre suivant, Briseur se présenta au Conseil de fabrique et annonça « qu'il avait reçu ordre d'une honnête personne

(1) Voir les délibérations du Conseil de fabrique.

» de la paroisse, de faire deux grands chandeliers d'ar-
» gent, du poids de onze marcs demi-once, pour l'église,
» à condition de retirer à son profit les deux petits chan-
» deliers en triangle qui sont à l'église, pour raison de
» quoi on ne chercherait pas à connaître le nom de la
» personne qui voulait donner les deux grands (1). »

Cette proposition fut, on n'en peut douter, accueillie ainsi qu'elle devait l'être, puisque les chandeliers donnés étaient du poids de onze marcs une demi-once, et que les deux fournis n'étaient que du poids de six marcs.

En 1687, le dimanche 30 mars, le curé Boucher proposa aux marguilliers réunis en la sacristie, la donation des six chandeliers d'argent dont il a été parlé ci-dessus, mais avec des clauses pour en empêcher l'aliénation et la détérioration. Toutes furent acceptées, et le 29 mars 1689 il en fut passé acte devant notaires. Ces conditions n'étant pas ordinaires, il n'est point inutile d'en donner connaissance. Il est dit dans cet acte : (2)

« Comparut frère Pierre Boucher, prêtre religieux de
» l'abbaye de St.-Jean d'Amiens, curé de la paroisse
» St.-Germain, lequel a dit que, avec la permission de
» ses supérieurs, l'évêque d'Amiens et le prieur de St.-
» Jean d'Amiens, ayant droit de disposer, sa vie durant,
» des revenus de son bénéfice à sa volonté, et particu-
» lièrement pour causes pieuses et pour contribuer à la
» décoration de son église paroissiale et des autels d'i-
» celle, et porter par son exemple les paroissiens à en
» faire de même. Outre les dons et présents par lui ci-

(1) Voir les délibérations du Conseil de fabrique.
(2) Voir aux archives la copie de cet acte, de la main du donateur.

» devant faits à l'église, il a depuis quelque temps fait
» faire six grands chandeliers d'argent, pesant ensemble
» 30 marcs 6 onces et demie, des deniers de son épargne,
» dont il fait présent à l'église St.-Germain, aux clauses
» et conditions ci-après, lesquelles le dit donateur veut,
» soit de son vivant, soit après son décès, estre toutes et
» chacune exactement observées et exécutées par les do-
» nataires comparants, lesquelles clauses et aucune d'i-
» celles conditions cessantes du vivant du sieur Boucher,
» donateur, ou après son décès, le présent contrat de
» donation des six chandeliers demeurera entièrement
» nul et de nul effet, et le dit Boucher libre de reprendre
» les dits chandeliers et d'en disposer comme bon lui
» semblera, et de la manière qu'il eût pu faire avant le
» présent contrat, et sans aucune formalité de justice,
» parce que autrement il n'aurait pas fait de donation à
» l'église St.-Germain.

» Les dits chandeliers seront mis incessamment sous la
» garde de honorable homme Nicolas Leroux, marchand
» de cette ville, à présent marguillier en charge de la
» dite paroisse ; et, après son année d'exercice achevée,
» ils seront mis à la charge de Messieurs ses confrères
» successeurs, aussi marguilliers en charge, et ainsi
» continuer d'année en année par ceux qui seront choisis
» ou nommés pour leur succéder en la dite charge de
» marguilliers ; lesquels tous et chacun successivement
» les uns les autres à perpétuité, s'en chargeant chacun
» sous leurs signatures particulières, avant de commen-
» cer l'exercice de la dite charge de marguillier ; de ce
» faire les marguilliers sortant de charge répondant pour

» les entrants et successeurs en la dite charge de mar-
» guillier, en sorte que les marguilliers sortants en seront
» toujours chargés, tant que les autres s'en soient char-
» gés, comme il a été dit ci-dessus. Pourquoi, à perpé-
» tuité, à chacune rénovation et nomination de marguil-
» lier, et d'acceptation de la dite charge par les nommés,
» et avant que d'exercer icelle charge et prendre aucun
» rang ni séance parmi les dits marguilliers dans l'eglise
» ou ailleurs, leur sera fait lecture du présent contrat,
» ou d'un acte qui en contiendra les teneur et clauses,
» que les dits marguilliers nouvellement nommés seront
» tenus de signer, observer et faire observer durant les
» années de leur exercice.

» Que les dits chandeliers seront couchés dans l'inven-
» taire des argenteries de la dite église ; qu'ils seront mis
» dans quelqu'endroit de la trésorerie ou sacristie d'i-
» celle église, dont les dits curé et ses successeurs au-
» ront une clef, pour les faire servir aux jours que les
» curés présent et futurs jugeront à propos, *mais en l'é-*
» *glise de la paroisse seulement.*

» Veut qu'après son décès il ne soit loisible à aucun
» de ses successeurs curés, ni à aucun des marguilliers
» actuellement en charge, ni à ceux qui leur succèderont,
» ni tous autres marguilliers ou autres paroissiens, en
» telle qualité et condition qu'ils soient, de *prêter* les
» dits chandeliers pour servir en aucun lieu ni église que
» celle de St.-Germain ; *et en cas* qu'aucun des dits curés
» successeurs et des dits marguilliers et paroissiens pré-
» sens ou à venir *manquent à accomplir de exécuter*
» *toutes et chacune des dites clauses et conditions, par con-*

» *nivence ou autrement*, les dits chandeliers, dès-lors et
» sans aucune formalité de justice, *appartiendront* à l'é-
» glise de St.-Jean d'Amiens ou à celle de St.-Firmin à
» la porte, et ce pour de particulières considérations que
» peut avoir le curé, en sorte que si l'une où l'autre des
» dites deux églises de St.-Jean ou de St.-Firmin peut
» prouver quelques-unes des dites clauses et conditions
» avoir été violées ou n'être plus observées, à l'avenir
» les dits chandeliers appartiendront à la première des
» dites églises qui pourra faire preuve par telle voie que
» ce soit.

» Pourquoi il sera délivré copie en bonne forme du
» présent contrat au prieur de St.-Jean et aux curé et
» marguilliers de St.-Firmin à la porte, pour servir de
» titre actuel aux dites deux églises, ès dits cas ci-dessus
» mentionnés.

» Au cas ou les curés successeurs ou les marguilliers
» présents ou futurs viendraient à violer aucune des dites
» clauses, et qu'au moyen du dit violement l'église St.-
» Germain viendrait à être privée des dits chandeliers,
» ou que, par quelque négligence coupable elle en souffre
» quelque dommage ; aux dits cas, les curés et mar-
» guilliers de St.-Germain qui auront, ou celui qui aura
» causé le dit dommage, seront ou sera tenu de dédom-
» mager la dite église St.-Germain ; à laquelle clause
» particulière, outre que le dit curé comparant ne doute
» pas que chacun des dits curés et marguilliers futurs ne
» soient obligés de veiller, la personne qui sera commise
» par le sieur Boucher à l'exécution du dit contrat, sont
» aussi priés d'y tenir soigneusement la main et y pour-

» voir comme de raison, et les marguilliers en charge, en
» exercice et anciens marguilliers de la dite paroisse,
» sçavoir : Nicolas Lebel, maître apothicaire; Jean de
» Ribeaucourt, Nicolas Leroux, marchands, tous trois
» marguilliers en charge ; Pierre Quillin, François Bou-
» tillier, Olivier Lenormand, Jean Paillard, Martin
» Lenormand, Pierre de Godequin, Pierre Fontaine,
» Jean Cotte, Robert de Montigny, Firmin Cotte, Ro-
» main Duval, Claude Lefort, François Ducandas, Martin
» Cotte, tous anciens marguilliers, et faisant la plus
» saine et nombreuse partie d'iceux, aussi présents et
» comparants.. »

Vient ensuite l'acceptation de la donation, aux clauses et conditions ci-dessus, conformément à ce qui avait été décidé dans l'assemblée générale du 30 mars 1689, et il est fait mention de la remise des deux petits chandeliers d'argent, dont il a été parlé dans la même délibération.

Rente au profit des pauvres. — Par le même contrat, M. Boucher a fait don aux pauvres de la paroisse St.-Germain d'une rente de 50 liv. pour, par la fabrique, n'en jouir qu'après son décès, et le montant de la dite rente être distribué aux pauvres. Dans cet acte, le sieur Boucher déclara conserver par devers lui les contrats et sentences d'hypothèque pour se faire payer de l'usufruit pendant sa vie, par Nicolas Picard, greffier de l'officialité, entre les mains de qui le capital avait été déposé.

Comme les clauses de cette donation s'enchaînent pour ainsi-dire avec celles de la précédente, il est nécessaire d'entrer ici dans quelques détails.

Par l'acte dont s'agit, M. Boucher déclara vouloir que

« la somme de 50 liv. fût distribuée en deux parties : la
» première au commencement de novembre, la seconde
» dans les premiers jours de la semaine sainte de chaque
» année, par les marguilliers en charge, sur les billets
» délivrés par les curés ses successeurs, et qu'il en fût
» fait un article de recette et de dépense.

» Si la rente venait à manquer, par quelque circons-
» tance que ce soit, le donateur veut que les six chan-
» deliers dont il est parlé plus haut soient vendus, et le
» prix employé à constituer une autre rente au profit des
» pauvres, à moins qu'il ne soit pourvu par les curés et
» marguilliers d'une autre manière, à l'effet de faire à
» perpétuité, aux pauvres de St.-Germain, la distribution
» de la dite somme de 50 livres, à l'intention du fonda-
» teur, et par ce moyen on pourra conserver les dits
» chandeliers. Faute de faire cette aumône aux pauvres
» pendant dix ans entiers, les chandeliers appartiendront
» à l'église de St.-Firmin-à-la-Porte qui, trois mois après,
» pourra s'en mettre en possession.

» Si aucun des marguilliers ne demeurait chargé des
» six chandeliers, soit par négligence ou connivence, ou
» autrement, deux ans entiers, trois mois après la dite
» cessation, la paroisse de St.-Firmin pourra se mettre en
» possession, soit des chandeliers, soit de la rente, aux
» fins qu'ils étaient destinés dans la paroisse St.-Germain.

» Ce cas advenant, les marguilliers indemniseront la
» dite église et les pauvres d'icelle et de St.-Germain,
» des deux petits chandeliers ou de la valeur d'iceux, qui
» sont demeurés ès mains du sieur Boucher. »

Les marguilliers acceptèrent ces clauses, de même que

celles qui ont été ci-dessus rapportées ; et, pour témoigner toute leur reconnaissance au curé Boucher, ils le prièrent de vouloir bien continuer à l'église la même bienveillance qu'il avait montrée jusqu'alors, et lui offrirent une clef du coffre où les titres de la fabrique étaient renfermés.

Donation du Dais. — Dans cet acte il n'est fait aucune mention de la donation d'un dais, et cependant elle devait y figurer dans le principe. Les notes écrites de la main de M. Boucher, et qui accompagnent la donation des chandeliers et de la rente au profit des pauvres, nous démontrent que le dais, quoique fait en 1676, n'a été donné à l'église St.-Germain qu'après la mort du donateur ; or, dans ces notes, nous trouvons les motifs qui l'ont empêché de comprendre ce dais dans la donation de 1689, et un projet d'acte y relatif, où on lit ce qui suit :

« Le dais de velours rouge cramoisi, avec ses enri-
» chissements en or et en argent, fait et payé des deniers
» de frère Pierre Boucher, prêtre religieux, curé de la
» paroisse St.-Germain en l'an 1676, par le présent écrit
» est par lui donné à l'église du dit St.-Germain et laissé
» à la fabrique d'icelle église, aux conditions ci-après
» spécifiées et couchées par écrit dans le contrat fait entre
» le dit sieur curé et les marguilliers de la paroisse. »

Ces conditions sont les mêmes que celles qui sont relatives aux chandeliers, sauf quelques légères modifications.

« Ainsi le dais devait être confié à la garde d'une per-
» sonne choisie par le donateur, soit de son vivant, soit
» après sa mort ; cette personne était autorisée à se
» choisir un successeur, qui devait être agréé par les

» membres de la fabrique. Le dais ne pouvait être prêté
» à aucune autre église, ni à aucune autre personne ; à
» St.-Germain même on ne pouvait l'employer à aucun
» autre usage qu'à la procession de la Fête-Dieu et de
» celle du patron. Faute par la fabrique de remplir ces
» formalités, et toutes autres prescriptions reprises en la
» donation des six chandeliers, le dais devait appartenir
» à celle des deux églises de St.-Firmin à la porte ou de
» St.-Jean d'Amiens qui le revendiquerait, en venant en
» prendre possession avec la copie du présent contrat,
» qui leur avait été délivrée. Enfin les marguilliers qui
» auraient manqué à l'accomplissement des conditions
» par eux souscrites devaient être tenus d'indemniser l'é-
» glise St.-Germain de la perte du dais et de lui en payer
» la valeur. »

Il était encore dit que si ces conditions n'étaient point observées par les marguilliers pendant six mois, l'abbaye de St.-Jean ou l'église de St.-Firmin-à-la-Porte pourraient réclamer le dais et en prendre possession.

Cette donation n'était pas la seule que le curé Boucher avait eu l'intention de faire à l'église St.-Germain. Dans les pièces émanées de la main de ce bienfaiteur on trouve encore un projet d'office du Saint-Sacrement. Ainsi on lit, dans un modèle de délibération émané de lui : « *Item*
» l'intention de fonder en icelle paroisse la messe haute
» du très-saint Sacrement de l'autel, et, à cet effet, de
» faire présent d'un dais en velours cramoisy, avec ses
» enrichissements et accompagnements de franges et
» passements en fin or et argent, et de fournir deux
» autres rentes pour l'acquit de la dite messe. »

Cette pensée du curé Boucher ne fut pas réalisée ; car dans les notes qu'il a laissées, on voit que ces divers projets ont été abandonnés par suite de bruits injurieux répandus dans le public contre le donateur. On lit en effet ce qui suit :

« Sur ce que certains particuliers, marguilliers de
» cette paroisse de St.-Germain en la ville d'Amiens,
» auraient semblé vouloir douter que le dais de velours
» cramoisi que le frère Pierre Boucher, curé de la dite
» paroisse, a fait faire et façonner, proviendrait de ses
» deniers, et ont fait plusieurs choses qui auraient tel-
» lement mécontenté le dit sieur curé, qu'il aurait ré-
» solu même de ne plus le prêter doresnavant à la dite
» paroisse, pourquoi la compagnie des marguilliers se
» serait assemblée, et en conséquence prié M. le curé
» de n'avoir aucun égard à ce qui se serait passé au sujet
» que dessus ; qu'ils désavouaient les dits particuliers,
» recognoissant à icelui seul curé appartenir le dit dais ;
» que c'est par pure bonté qu'il l'a prêté jusqu'ici ; que
» la dite compagnie recognoist qu'il lui en appartient la
» propriété ; qu'elle n'y prétend aucune chose ; que le
» sieur curé peut en disposer pour le particulier ou com-
» munauté qu'il lui plaira, à l'exclusion de l'église St.-
» Germain, même au cas qu'il ait la bonté de vouloir
» le prêter à la dite paroisse de St.-Germain ; la dite
» compagnie, composée des particuliers soussignez,
» chacun en leur nom privé, et tous ensemble solidaire-
» ment, s'oblige de faire réparer le dommage qui se re-
» cognoistra avoir esté fait, et de lui rendre le dais en
» l'estat qu'il l'aura prêté, sans que ce prêt particulier

» pour la présente année puisse tirer à conséquence, et
» l'obliger pour faire le semblable dans aucune consé-
» cutive ; de laquelle résolution a été donné le présent
» escript de la main du greffier de la compagnie et de
» lui signé avec les autres marguilliers le 23 mars 1687. »

Sur cette délibération, le curé Boucher consentit à prêter le dais, et cela résulte de la pièce ci-après :

« Nous soussignés, marguilliers en charge de St.-
» Germain, reconnoissons que le dais de velours cra-
» moisi avec ses accompagnements, provient des propres
» deniers du révérend père Pierre Boucher, à présent
» curé de la dite paroisse, lequel nous promettons lui
» rendre lorsque la Fête-Dieu sera passée, et en pareil
» état qu'il nous l'a baillé, pour de suite en faire ce qu'il
» jugera à propos. — Amiens, ce 28 mai 1687, signé :
» RIBEAUCOURT, LEBEL, LEROUX, tous avec paraphe. »

Il en fut ainsi tant que vécut le curé Boucher, mais à sa mort, oubliant le passé, il fit présent de ce dais à la paroisse, et, depuis cette époque il a figuré dans les inventaires du mobilier comme propriété de l'église (1).

31° ANNE DEVILLERS, veuve ANTOINE GUERARD (1678.)

Par son testament en date du 30 octobre 1678, Anne Devillers, veuve de Antoine Guerard, a fondé en la paroisse St.-Germain, pour le repos de l'âme de feu son mari, un obit à dire chaque année à perpétuité le 15 février, et de plus l'office *de Notre-Dame des Neiges*, au 20 août, savoir : les premières et deuxièmes vêpres, la

(1) Voir toutes ces pièces aux Archives de la Fabrique.

messe à haute voix, et celle des trépassés le lendemain.

Pour l'exécution de ces fondations, Anne Devillers a donné à la fabrique une rente annuelle de 15 liv. au capital de 300 liv., constituée sur un nommé Pierrot. Après la mort de la fondatrice ses héritiers ont reconnu la validité de la fondation et remis les titres de la rente à la fabrique. Après diverses poursuites contre le débiteur de cette rente, les biens de Pierrot furent vendus par décret et la fabrique n'en retira qu'une somme de 100 liv. qui, placée à 5, produisit un revenu de 5 liv.

Par suite, l'office de Notre-Dame des Neiges avait été supprimé, lorsque, en 1691, Marie-Anne Guerard, fille de Anne Devillers, le rétablit et laissa pour le continuer une somme de 60 sols, à la charge par la fabrique de faire jouer les orgues pendant les premières vêpres et de chanter complies après les premières et les secondes.

Dans son testament, la fille de Anne Devillers déclara ne vouloir donner cette somme que dans le cas où la fabrique accomplirait entièrement les fondations faites par sa mère; et, pour mieux en assurer l'exécution, elle eut soin d'ajouter qu'elle ne voulait pas que le capital de cette rente par elle fixée à 60 sols, fût remis à la fabrique, mais que la rente fût continuellement payée par ses héritiers; et, pour le cas ou la fabrique n'acquitterait pas les fondations pour quelque motif que ce soit, elle déclara ne pas vouloir que la rente fût payée, mais que le montant fût employé à faire dire six messes basses pour son père, sa mère, ses frères, et autres parents décédés.

La volonté de la testatrice fut observée jusqu'à l'émission des billets de banque; mais alors le remboursement ayant été fait en cette nouvelle monnaie, l'office de Notre-Dame des Neiges fut supprimé en 1725, et l'obit réduit à une haute messe par an.

32° Thomas Daussy (1679.)

On lit dans les registres aux comptes de l'année 1679 que, par testament en date du 24 avril 1679, Thomas Daussy a fondé, pour le repos de l'âme de Thomas Daussy, son père, un obit à dire chaque année le lendemain des fêtes de Pâques, et un autre pour la dame Picart, sa mère, à dire le 15 avril, jour de son décès.

Pour cette fondation, Thomas Daussy a donné 12 liv. de rente perpétuelle et non remboursable, affectées sur la maison qu'il occupait et où pendait l'enseigne de *la verte chéelle*.

Cette rente fut constamment payée, et les fondations exécutées jusqu'à la fin du XVIII° siècle. Il en est fait mention dans les comptes de 1790 et de l'an II ; et, dans ce dernier, la rente est portée payée par Berthe, teinturier.

33° Marie Guillain (1679.)

Par son testament, en date du 12 juillet 1679, Marie Guillain a fait les fondations ci-après ; mais auparavant elle a commencé par fixer le lieu de sa sépulture et régler ses obsèques. Ainsi on voit qu'elle déclare vouloir être enterrée en l'église St.-Germain, sous le banc qu'elle a occupé pendant sa vie ; qu'il soit donné aux pauvres, le jour de son décès, 30 setiers de bled ; qu'à compter de ce même jour il soit dit un annuel de messes, et un *De profundis* sur sa tombe à la fin de chacune d'elles.

Passant aux fondations qu'elle voulait faire, elle déclare fonder : 1° un obit solennel au jour de son décès, avec obligation de l'annoncer au prône et d'avertir sa famille ; 2° une basse-messe, tous les mercredis de chaque semaine, à neuf heures du matin, et à l'autel des cinq plaies.

Pour l'accomplissement de ces obligations, Marie Guillain a donné à la fabrique une rente de 40 liv., remboursable au denier 30 seulement, payable au jour de son décès et hypothéquée sur tous ses biens.

Après son décès, il y eut de grandes contestations entre la fabrique et les héritiers pour le paiement de cette rente ; le testament fut même attaqué, mais enfin la dette fut reconnue et payée jusqu'au remboursement, en 1687.

Il est à croire qu'une partie de ce capital fut employée aux besoins de la fabrique, car en 1725 la rente n'était plus que de 4 liv. ; elle fut en outre remboursée en billets de banque, ce qui fit que l'obit, qui seul était resté, fut encore réduit à une haute messe.

34° Claude Leclerc (1679.)

Par son testament, en date du 4 octobre 1679, Claude Leclerc, après avoir déclaré vouloir être enterré en l'église St.-Germain, près de Jeanne Desloges, sa femme, donné 18 liv. à cette fin, et prescrit pour le repos de son âme une messe, chaque jour, pendant les six semaines qui suivront son décès, avait fondé une messe à dire tous les samedis de chaque semaine de l'année, tant à son intention qu'à celle de Isabeau Blondin, sa mère, pour satisfaire, ainsi qu'il le dit, aux volontés de cette dernière.

Pour l'accomplissement de cette fondation, Claude

Leclerc avait laissé à la fabrique une rente de 18 liv., affectée sur sa maison rue des Tanneurs.

Cette rente ne fut jamais payée, et la fondation ne reçut par conséquent point son exécution ; aussi le nom de Claude Leclerc ne fut-il point porté sur l'obituaire de la paroisse, et ne figure-t-il ici que pour mémoire.

35° JEANNE DABLIN, veuve JEAN BARRÉ (1681.)

Par son testament du 16 février 1681, Jeanne Dablin, veuve de Jean Barré, marchand à Amiens et consul de cette ville, déclare vouloir être inhumée à St.-Denis, dans le cloître, près de son mari et de ses père et mère ; ensuite elle ordonne que ses services soient dits à St.-Germain, sa paroisse ; qu'en entrant dans l'église son corps soit posé devant le crucifix, et qu'il y soit chanté le *Vexilla regis* et les oraisons ordinaires ; que ses services soient en harmonie avec sa position ; qu'il y ait 18 torches, un luminaire convenable, et qu'il soit donné des bonnets carrés au curé, aux vicaires et aux clercs.

Elle veut en outre que, le jour de son décès, il soit donné aux pauvres désignés par le curé la quantité de 14 setiers de bled ; que le même jour et les suivants, s'il y a lieu, il soit dit aux autels privilégiés 80 messes ; qu'il soit donné à la fabrique 10 liv., pour la recommander au prône le dimanche suivant, et qu'il soit mis à chacun des bassinets du Saint-Sacrement, de la Vierge et des trépassés, 10 sols, et 5 sols à chacun des autres.

Après avoir ainsi réglé ses obsèques, Jeanne Dablin déclare couloir fonder : 1° un annuel de messes à son intention, à commencer le plus tôt possible et à acquitter à l'autel privilégié de la paroisse, les jours de privilége, et donne 200 liv. pour l'honoraire du prêtre et la rétribution due à la fabrique ; 2° deux obits solennels à dire chaque année, le premier au jour de son décès, le second au 15 octobre, jour du décès de son mari, avec obligation pour la fabrique d'annoncer ces obits et de faire prévenir l'héritier le plus proche la veille de leur célébration ; 3° les vêpres du Saint-Sacrement tous les dimanches, depuis le 1er octobre jusqu'au 1er avril, excepté les premiers dimanches de chaque mois, jours auxquels ces vêpres sont à la charge des confrères.

Pour l'accomplissement de ces deux dernières fondations, Jeanne Dablin a laissé à la fabrique une rente de 55 liv., remboursable au capital de 1,100 liv. et payable par les sieurs Pellé et Ringard, ses légataires universels. Le capital de cette rente resta longtemps entre les mains de la famillle de la testatrice, et le remboursement n'eut lieu qu'en 1699. A cette époque, les fonds furent remis entre les mains de Jacques Boistel, qui les conserva jusqu'en 1720, les remboursa en billets de banque et en fit perdre une partie. En 1725 cette fondation fut sujette à une réduction, par suite de la diminution du capital ; les deux obits furent remplacés par une haute messe, et les vêpres du Saint-Sacrement par un obit.

36° Pierre Boutillier (1684).

Par testament du 2 août 1684, Pierre Boutillier a, pour le repos de son âme, fondé un obit à perpétuité. A cette fin il a donné à la fabrique une somme de 150 livres.

Cette fondation fut acceptée le 19 août 1685, et le remboursement eut lieu en 1687.

Cette somme ayant été comprise dans celles qui éprouvèrent des diminutions par suite de l'émission des billets de banque, en 1725, l'obit fut réduit à une grand'messe et continué ainsi jusqu'à la fin du xviiie siècle.

37° ANNE COTTE (1687).

Par testament passé à Amiens, le 20 janvier 1687, la demoiselle Anne Cotte a fondé en l'église St-Germain :

1° Une messe haute de saint Joseph à dire le 19 mars jour de la fête, et le lendemain 20, un service des morts à neuf leçons, avec une haute messe le jour suivant ;

2° Une haute messe en l'honneur de Notre-Dame de Pitié, à dire le vendredi de la Passion avec service comme dessus, le soir et le lendemain ;

3° Une haute messe le jour de sainte Anne, 28 juillet, en l'honneur de cette sainte, avec même service des trépassés que dessus.

Outre ces fondations, la testatrice a voulu qu'il fût donné aux pauvres de la paroisse une somme de 600 liv. et à la fabrique 6 liv. pour acheter un cahier de vélin destiné à noter en plein-chant l'office de Notre-Dame de Pitié.

Pour l'exécution des fondations ci-dessus, Anne Cotte a laissé à la fabrique une rente de 36 livres au capital de 720 livres, qui ont été remboursées par Jean Paillart, son héritier, en 1695. Cette somme fut alors placée sur la communauté des potiers d'étain. Par suite de la non-valeur des billets de banque donnés en remboursement, les fondations ont été réduites à trois hautes messes.

38° MARIE CREN, veuve PHILIPPE THOREL (1688).

Dans les registres aux comptes de l'année 1788, on voit que Marie Cren, veuve de Philippe Thorel, *sueur de viez*, déclara à son fils avant de mourir, vouloir qu'il fût fondé un obit pour le repos de son âme. Nicolas Thorel se conforma aux volontés de sa mère, et fonda en l'église St-Germain un obit à dire au jour de son décès. Pour quoi il donna une rente de 6 livres, affectée sur sa maison rue St-Germain, près le *Pélican*.

Cette rente fut constamment payée et l'obit chanté jusqu'à la fin du xviii° siècle. On la retrouve dans le compte de 1791, acquittée par la famille Heurtaut; depuis la réouverture des églises, la rente a continué d'être servie, et l'obit figure encore sur l'obituaire de la paroisse.

39° MARIE-ANNE GUERARD (1691).

Par son testament, en date du 28 mai 1691, Marie-Anne Guerard, femme de Claude Trouvain, que les registres aux comptes nous dépeignent comme une des plus zélées bienfaitrices de la paroisse et comme la principale fondatrice de l'École de charité, déclare vouloir être inhumée en l'église St-Germain près ses père et mère, et, pour cela, elle donne à la fabrique la somme de 18 liv. Elle prescrit ensuite que, le jour et le lendemain de son décès, il soit dit quinze messes pour le repos de son âme; puis elle fait une grande quantité de legs pieux tant aux pauvres de sa paroisse qu'aux autres paroisses, hôpitaux et monastères de la ville; enfin elle fonde : 1° une messe basse à dire tous les samedis de chaque semaine, à onze heures, pour le repos de son âme, avec un *De profundis* à la fin, à l'intention de son père, de sa mère, et de tous ses parents décédés. Par une clause spéciale, elle engage ses parents à y assister le plus souvent qu'il leur sera possible, et laisse à chacun de ceux qui y auront exactement assisté, une somme de soixante sols payable à la fin de l'année, *pour déjeuner ensemble,* lorsqu'ils paieront la fabrique ; si au contraire les héritiers n'y avaient point assisté, la testatrice déclare alors que cette somme devra appartenir aux pauvres de la paroisse.

2° Elle rétablit la fondation faite par sa mère, ainsi qu'il a été expliqué au n° 31, article de Anne Devillers.

3° La testatrice laisse aux pauvres de la paroisse St-Germain une rente de 30 livres, pour être employée aux plus grandes nécessités de l'école de charité.

Si une maison, dit-elle, n'était point encore achetée à mon décès et que la fabrique n'eût point assez d'argent pour faire cette acquisition, je consens que les 608 livres de fonds de cette rente soient donnés pour contribuer à en acheter une. Si par bonheur il y en avait déjà une établie ou achetée, les 30 liv. seront données pour payer le maître ou la maîtresse ; s'il y avait déjà un fonds à ce destiné, les 30 livres seront distribuées tous les ans aux pauvres ménages de la paroisse, ou bien on pourra les employer à l'habillement des enfants de l'école.

Pour le cas où la rente dont il est question, rente due par Jean Boutard, aurait été remboursée avant le décès de la testatrice, Marie-Anne Guerard veut que ses héritiers soient obligés d'en fournir le capital à la fabrique, qui le mettra en constitution de rente aux profit des pauvres.

Enfin, pour garantie de l'acquittement des deux premières fondations, la testatrice a affecté une maison sise sur le grand marché à l'enseigne de *saint Christophe ;* les rentes ont été exactement payées jusqu'en 1765 que M. de St-Riquier en a effectué le remboursement.

40° Claude Decourt (1693).

Aux registres aux comptes de l'année 1693, on voit qu'en cette année les héritiers de Claude Decourt, ancien échevin, ont, par acte passé devant Roger, notaire, fondé un obit à son intention, et que pour cela ils ont donné à l'église 120 livres. Cette somme fut mise en constitution de rente ; et, par suite du remboursement en billets de banque, l'obit fut, en 1725, réduit à une haute messe.

41° Robert de Montigny (1693).

On voit dans le même registre que suivant les intentions manifestées par Robert de Montigny en son testament, ses héritiers ont fondé un obit pour lequel ils ont donné 120 livres, et de plus 135 livres pour l'église.

Ces sommes, mises en constitution de rente, ont été remboursées en billets de banque ; et, par suite de ce fait, la fondation a été réduite en 1725. Il y a plus, on l'a réunie à celle de la demoiselle de Montigny, dont il a été question n° 25, et il n'a été dit qu'un obit pour le tout.

42° Hélène Quignon (1695).

Les registres aux délibérations de l'année 1695 nous apprennent aussi que le 7 mars de la présente année, Hélène Quignon a fondé un obit pour lequel elle a payé comptant 120 liv.; le remboursement en billets de banque a fait réduire l'obit à une haute messe par an.

43° INCONNU (1697).

Dans les registres aux délibérations du 1ᵉʳ septembre 1697, on lit que Jean Papin, vicaire de la paroisse St-Germain, a été chargé par une personne qui voulait garder l'anonyme, et que l'ordonnance de réduction de 1725 nous désigne comme étant le curé Boucher dont il a déjà été question, de fonder quatre obits solennels à neuf leçons, etc., le tout à dire les quatre mercredis des quatre-temps de l'année, moyennant un capital de 1,500 livres, qu'il a versé entre les mains de la fabrique, de plus 500 livres dont 300 affectées à la confrérie du Saint-Sacrement et 200 à celle de la Vierge. Ces 2,000 livres ont été remises le même jour à la fabrique en une obligation sur les dames de Berteaucout, qui ont remboursé en 1710. Ce capital a souffert de l'émission des billets de banque, et, en 1725, la fondation a été réduite à quatre obits à trois leçons et quatre messes.

44° MARIE GREVIN, ET MARGUERITE ROHAULT (1698).

Par acte de 1698, Marie Grevin et Marguerite Rohault, toutes deux demeurant paroisse St-Germain, l'une, rue du Chapeau-de-Violettes, l'autre, au presbytère, avec M. Roussel, ont donné à fonds perdus 30 setiers de bled à elles dus à cause des biens qu'elles possédaient au village de Fluy, à la charge par la fabrique de faire dire pour le repos de leurs âmes douze messes par an tous les mardis de chaque mois. Ces messes devaient être sonnées avec la cloche moyenne ; et, si le premier mardi du mois était une fête, elles devaient être remises au mardi suivant. Elles avaient aussi exigé qu'on les recommandât au prône les trois dimanches de Pâques et le jour de la Pentecôte.

Outre cette fondation, Marie Grevin et Marguerite Robault en avaient encore fait une autre par le même acte ; moyennant la somme donnée, la fabrique était obligée de faire faire l'éducation d'un pauvre garçon au collége d'Amiens, et de faire apprendre un métier à un autre.

Ces fondations étaient confiées à la vigilance du curé, et les fondatrices avaient fixé les obligations ci-après.

Les 30 setiers de bled devaient être répartis ainsi : 6 setiers pour les 12 messes ; 12, pour l'éducation d'un pauvre, et 12 pour les frais d'apprentissage de l'autre.

L'écolier à qui on devait donner 12 setiers de bled, était, avant de pouvoir y prétendre, obligé de justifier qu'il était reçu en sixième au collége des Jésuites ; à cette condition seule il avait droit à la donation et la touchait pendant la durée de toutes ses classes, y compris la théologie ; il était encore tenu d'apporter au curé chaque année un certificat du régent du collége, portant qu'il avait bien rempli ses devoirs, qu'on était content de lui ; dans le cas contraire, il était libre au curé de lui retirer les 12 setiers de bled et de les donner à un autre. Enfin cet écolier devait autant que possible assister en surplis tous les dimanches et les fêtes solennelles de l'année au service divin, particulièrement à la messe de paroisse, et y dire un chapelet à l'intention de ses bienfaitrices.

L'enfant à mettre en apprentissage devait avoir de quatorze à quinze ans, la durée de cette rente était fixée à dix-huit mois au plus. Avant de la toucher, l'enfant devait justifier de son enregistrement à l'hôtel-de-ville en qualité d'apprenti ; il devait, comme l'écolier, assister tous les dimanches et fêtes à l'office divin, particulièrement à la messe de paroisse, y dire un chapelet pour ses bienfaitrices, et enfin rapporter au curé, tous les six mois, un certificat de son maître constatant qu'il s'acquittait bien de son devoir ; dans le cas contraire, le curé pouvait lui retirer les 12 setiers de bled et les donner à un autre.

Ces jeunes gens devaient être pris dans la paroisse, et il était stipulé que les parents des deux fondatrices devaient avoir la préférence sur les autres enfants.

Pour assurer d'une manière plus efficace à la paroisse St-Germain le bénéfice de ces libéralités, les fondatrices eurent soin de stipuler dans l'acte la défense expresse de jamais transporter ailleurs les fondations qu'elles venaient de faire, lors même qu'on y serait autorisé par le souverain Pontife ou l'évêque, et d'ajouter que si la fabrique St-Germain venait un jour à cesser de remplir leurs volontés, les sommes données appartiendraient de droit à l'hôpital général de la ville d'Amiens.

45° ADRIEN GRAULT (1700).

Par testament du 25 août 1700, Adrien Grault, prêtre attaché à l'église St-Germain, a fondé en cette paroisse douze messes par an, à dire les premiers lundis de chaque mois. Pour cela, il a donné à la fabrique une somme de 1,000 livres, avec charge de la placer en constitution de rente. Sur le revenu, la fabrique avait droit à 10 livres pour les douze messes ; le surplus devait être versé par elle dans la caisse des pauvres.

Ici se termine la nomenclature et l'historique des fondations faites pendant le xvii° siècle. Ainsi qu'on a pu le remarquer, une grande partie des fonds destinés à leur exécution a été perdue par suite de l'émission des billets de banque ; il faut reconnaître aussi qu'une grande partie a été absorbée par les procès nombreux que la fabrique eut à soutenir, et par les réparations de l'église. Ce qui a droit d'étonner, c'est de voir que toutes les fois que des réductions ont été jugées nécessaires, on n'a fait aucune distinction dans les motifs qui ont donné lieu à la diminution des capitaux, et qu'on a constamment rayé comme ne donnant aucun produit, toutes les sommes employées aux besoins de l'église. Il eût été de toute justice de ne point supprimer ou diminuer une fondation, lorsque les capitaux légués avaient été employés par la fabrique ; dans les traités souscrits par les marguilliers, elle s'était engagée à ne les point aliéner, un engagement aussi sacré la rendait responsable des fonds détournés par elle de leur véritable destination.

XVIII° siècle. — Les fondations faites pendant le xviii° siècle sont beaucoup moins nombreuses que celles du xvii°, toutes fois il est nécessaire de faire remarquer qu'on n'en trouve que dans la première partie de ce siècle, elles sont au nombre de vingt-sept, et la dernière est de 1745. Depuis cette époque il n'en a plus été fait, et il est facile d'en comprendre les motifs, à la vue des abus que j'ai eus à signaler dans les siècles précédents. Il est évident que les réductions opérées dans l'obituaire ont dû ralentir le zèle des fidèles, et leur faire préférer des prières faites tout de suite à des fondations perpétuelles dont on ne s'acquitterait que pendant peu d'années.

1° Marie Gallet (1702).

Par testament du 1er février 1702, Marie Gallet a légué à la fabrique une somme de 220 livres faisant les deniers principaux de 10 livres de rente, moyennant quoi la fabrique s'est engagée à faire dire pour le repos de son âme vingt messes à perpétuité; savoir, une tous les premiers dimanches de chaque mois et une tous les lundis des huit premiers mois de l'année, à compter du mois de mars, et de fournir le pain, le vin et le luminaire.

Les héritiers, aussitôt le décès de la testatrice, se sont empressés de verser cette somme dans la caisse de la fabrique, qui les a aussitôt employés à payer la couverture de l'église. En 1725, on a fait subir à cette fondation une réduction qui me paraît loin d'être justifiée, et on l'a réunie à celle d'Ysabeau Crassette faite en 1615 (voir xviie siècle, n° 2); alors on n'a plus dit qu'une messe par semaine pour les deux.

2° Papin (1703).

Par testament du 28 décembre 1703, M. Papin, vicaire à St-Germain, a fondé deux messes par semaine pendant quarante ans, pour être dites à neuf heures en été, et à dix heures en hiver. Le paiement des honoraires laissés à la charge des héritiers a été effectué chaque année, et la fondation exécutée.

M. Papin a ensuite laissé à l'école de charité une rente de 30 livres dont le remboursement a été opéré en 1717.

3° Catherine Aveneaux (1704).

Par son testament en date du 24 juillet 1704, Catherine Aveneaux, veuve de Jean Benoist, marchand épicier à Amiens, après avoir réglé ses obsèques, a prescrit qu'il fût donné aussitôt son décès :

1° A la fabrique, pour être recommandée au prone.	6 l.	»
2° Aux bassinets	3	»
3° A la confrérie du Saint-Sacrement.	6	»
4° — de St-Roch	6	»
5° — de la Vierge	6	»
6° Aux pauvres de la paroisse	30	»
Total.	57 l.	»

Catherine Aveneaux a fait don ensuite à l'école de charité de St-Germain d'une rente de 5 livres, due par Pierre de St-Sauflieu, laboureur à St-Maurice, et a déclaré vouloir que les titres de cette rente fussent remis tout de suite entre les mains du curé, sans que ses héritiers pussent jamais être inquiétés en rien à ce sujet.

Une note du curé Leseigne indique que le remboursement a été effectué en 1721 ; il est probable qu'il aura été fait en billets de banque.

4° Bernard de Béthune (1704).

Par testament du 28 novembre 1704, Bernard de Béthune a fondé une messe par semaine pour le repos de son âme, moyennant une rente annuelle de 39 livres. Cette rente a été constamment payée par les héritiers, le remboursement a eu lieu le 29 mars 1778, et la fondation a été exécutée jusqu'à la fin du dernier siècle.

5° Demoiselle Laloyer, veuve Godequin (1704).

Par testament en date du 14 décembre 1706, la demoiselle Laloyer, veuve de Pierre Godequin, procureur à Amiens, a fondé en l'église St-Germain : 1° un annuel de messes après son décès, pour lequel elle a donné 200 livres qui ont été payées tout de suite ; 2° une messe basse à dire fêtes et dimanches à onze heures du matin, pendant vingt ans, et pour laquelle elle a laissé une rente annuelle de 60 livres, dont le capital, au bout de vingt ans, devait être remis et distribué à l'école de charité de la paroisse.

Comme dans son testament la veuve Godequin n'avait pas distingué les honoraires dus au curé, de ceux qui devaient être attribués à la fabrique, les marguilliers crurent devoir, en 1705, se pourvoir devant l'official pour les faire taxer. L'official ayant refusé de se prononcer comme incompétent, l'affaire fut portée au bailliage ; on ignore la décision intervenue, mais la rente fut, aussitôt après le décès de la veuve Godequin, reconnue par le sieur Ducandas, successeur de Godequin et son gendre ; elle a été payée par lui et remboursée en 1739.

6° Pierre Delahaye et sa femme (1706).

Par testament mutuel du 13 juin 1706, Pierre Delahaye, marchand chapelier à Amiens, et Jeanne Frinée, sa femme, ont fondé à perpétuité en l'église St-Germain trente-deux messes à basse voix, à dire chaque année à leur intention et en celle de leurs père et mère.

Suivant cet acte, seize de ces messes devaient commencer à être dites aussitôt après le décès du premier mourant, les seize autres, après le décès du second. Le survivant des époux était chargé de passer contrat avec la fabrique pour le prix fixé être payé par les héritiers.

La fabrique n'eut pas connaissance de ce testament aussitôt après la mort du premier décédé, elle ne le connut que par suite de la demande des droits d'amortissement qui lui furent réclamés en 1734. A cette époque elle traduisit les héritiers devant l'official pour les faire suppléer à ce que n'avait pas fait le premier décédé des époux, et fixer ce qui serait dû pour l'acquittement des messes. L'official taxa le prix de chacune à 14 sols, dont 10 pour le curé et 4 pour la fabrique, ce qui fit une rente annuelle de 22 liv. 8 sols à partager entre les deux branches, car il n'y avait point d'héritier en ligne directe.

Cette fondation fut exactement payée et exécutée jusqu'à la Révolution ; on la retrouve dans les comptes de 1790, elle y est payée par Delcourt, chapelier et par un nommé Ony. En 1802, des démarches furent faites pour la faire revivre, mais il y eut refus de la part des héritiers.

7° M. Roussel, curé (1707).

Par acte passé à Amiens devant notaires le 23 avril 1707, M. Roussel, curé de St-Germain, a fondé :

1° Deux messes basses par an à perpétuité, l'une pour Marguerite Rohault où il doit être fait mémoire de Jean Rohault, son unique héritier et son cousin germain ; l'autre à l'intention du fondateur, pendant sa vie, et après son décès pour lui, ses amis et ses bienfaiteurs.

Ces deux messes devaient être dites à onze heures, à

l'autel privilégié, et précédées du son de la cloche dont on se sert pour les petites messes, avec six coups de la plus grosse. Enfin, le prêtre, après être monté à l'autel, devait dire *Pater*, *Ave*, et après la messe le psaume *De profundis* pour les défunts.

2° Un obit solennel à dire après son décès, de la même manière que celui du curé Boucher.

3° Les prières *Tantùm ergò*, répété trois fois; *Genitori*, une fois; le verset *Salvum* ou *Salvam fac*, etc., selon la personne, avec l'oraison, lorsqu'on reviendra de porter le viatique aux malades, soit de jour, soit de nuit; le tout suivi de la bénédiction. Selon l'intention du fondateur, on doit aussi tinter les cloches à chaque fois, mais ne pas sonner de neuf heures du soir à cinq heures du matin.

4° Le *Domine non secundum* et autres prières à chanter depuis le dimanche de la Quinquagésime jusqu'au dimanche des Rameaux; 5° deux hautes messes à dire par la congrégation des curés, le samedi avant la Trinité.

Pour l'exécution de toutes ces fondations le curé Roussel a donné à la fabrique :

Pour la 1re	1,440	livres à prendre dans une rente sur le clergé.
Pour la 2.^e	120	id.
Pour la 3.^e	160	id.
Pour la 4.^e	100	id.
Pour la 5.^e	200	id.
TOTAL.	2,020	livres.

à la charge par la fabrique de payer annuellement 10 livres à la congrégation des curés.

Toutes ces sommes, placées sur le clergé, ont été

remboursées en billets de banque, et par suite, les fondations réduites, en 1725, à une messe basse par semaine.

8° Pierre Leclerc, curé de Demuin (1709).

Dans les registres aux délibérations de l'année 1709, on lit que Michel Leclerc, marchand tanneur à Amiens, a fondé, pour le repos de l'âme de Pierre Leclerc, son frère, curé à Demuin, une messe à dire à perpétuité tous les mercredis de chaque semaine, moyennant une rente annuelle de 40 livres au capital de 800 livres. Michel Leclerc a remboursé cette somme en 1711, et en 1725, par suite de l'émission des billets de banque, elle a été réduite à une messe par semaine, conjointement avec la fondation faite par Philippe Jourdain, dont il va être parlé en l'article suivant.

9° Philippe Jourdain (1709).

Par testament du 22 janvier 1709, Philippe Jourdain a fondé, en l'église St-Germain, une messe basse à dire à perpétuité tous les jeudis de chaque semaine, moyennant une somme de 800 livres que le curé a été chargé de remettre à la fabrique, et à la condition pour cette dernière de la convertir en rentes, de payer les droits d'amortissement et de donner au prêtre qui dira cette messe 11 sols par messe.

Le 14 mars suivant, la fabrique a touché la somme léguée et n'a mis en constitution de rente qu'une partie des 800 livres, l'autre partie a été employée à ses besoins personnels. La partie mise en rente a été remboursée en billets de banque, ce qui fit qu'en 1725 on réduisit la fondation, qui fut, ainsi que je l'ai dit, réunie à celle de Pierre Leclerc.

10° Thorel et Elisabeth Delamêche (1712).

Le 10 octobre 1689, Nicolas Thorel, *sueur de viez*, fit un testament par lequel il déclare vouloir être enterré à St-Denis, près de sa mère Marie Créan, dont il a été parlé au n° 38 du xviie siècle, et régler ses obsèques de la même manière que pour sa mère, laissant son legs pieux à la discrétion de Élisabeth Delamêche, sa femme. Nicolas Thorel y déclare encore vouloir que si son fils Nicolas venait à décéder avant l'âge de vingt-cinq ans, ou sans avoir pris un état, il soit à perpétuité fondé un obit par chaque année en l'église St-Germain, pour le repos de son âme. Cet obit devait commencer après le décès de sa femme et être chanté à leur commune intention. Enfin il affecte la maison qu'il occupait au paiement de la rente qui serait réclamée.

Après le décès de Nicolas Thorel, Élisabeth Delamêche convola en secondes noces et épousa Pierre Picquet, aussi *sueur de viez*, qui mourut peu de temps après. Devenue veuve pour la seconde fois, Élisabeth Delamêche fit, le 7 décembre 1710, un testament notarié dans lequel, après avoir réglé ses obsèques, elle demanda d'être enterrée à St-Jacques près de son second mari, prescrivit cinquante messes aux Capucins, douze aux Carmes, et donna à l'église St-Germain 160 livres pour la fondation de l'obit ordonné par son premier mari, à commencer après son décès, ainsi que l'avait voulu Nicolas Thorel, et sans que la fabrique pût réclamer aucune autre chose pour quelque raison que ce fût.

L'exécuteur testamentaire Louis Lecaron, prêtre, pénitencier de la cathédrale, après le décès de la testatrice, en 1712, se mit en devoir de verser dans les coffres de la fabrique la somme léguée, mais le curé trouva les 160 livres insuffisantes ; M. Lecaron augmenta cette somme de 30 livres et la fabrique consentit à l'accepter. Cette fondation n'éprouva par la suite aucune réduction et fut exécutée jusqu'à la fin du xviiie siècle.

11° Louise Delespeaux, veuve Firmin Dessomes (1713).

Dans les registres aux délibérations, on voit que, par testament du 23 janvier 1713, Louise Delespeaux, veuve de Firmin Dessomes, marchand à Amiens, a fondé un obit à son intention et à celle de son mari, à dire au jour de son décès, moyennant 300 livres au principal, et une rente due par Firmin Ladent, boucher à Amiens.

En 1725, cette rente fut remboursée en billets de banque, et la fondation réduite à une haute messe.

Par le même acte, la veuve Dessomes avait aussi laissé à la chasse de St-Germain une croix en or émaillé, accompagnée de deux perles fines pesant trois gros. Ces objets ont été vendus plus tard, avec tout ce qui appartenait au patron, pour les réparations de l'église.

12° Jeanne Lapostolle, v° Bernard de Béthune (1718).

Par testament notarié, fait à Amiens le 12 septembre 1718, Jeanne Lapostolle, veuve de Bernard de Béthune, a fondé en l'église St-Germain, sa paroisse, une messe à dire à perpétuité tous les mercredis de chaque semaine. Elle n'a point fixé de somme, et a chargé ses héritiers de payer ce qui serait nécessaire pour l'établissement de cette fondation. Le 30 octobre 1718, après son décès, les héritiers de Jeanne Lapostolle, Nicolas Delespeaux et Pierre Léger, tous deux teinturiers à Amiens, Charles Grassier, Jacques de Pissy et Louis Guérin, offrirent à la fabrique de lui faire le transport d'une rente de 32 liv. 10 sols, non rachetable, et à prendre sur le loyer d'un *estal* situé dans la grande boucherie, occupé par Jean-Baptiste du Grain, et loué 75 livres par an, enfin de payer les droits d'amortissement. Cette proposition fut acceptée, le contrat en fut passé le 3 janvier 1719, et cette rente a été constamment payée jusqu'en l'an II; elle figure en effet dans le compte de cette année, sous le nom de Matifas, devenu acquéreur de l'estal en question.

13° Pierre Beausault (1719).

Dans les registres aux comptes de l'année 1719, on voit que Marie Beausault, fille unique de Pierre Beausault, a fondé pour le repos de l'âme de son père, un obit à dire la surveille de Noël, chaque année. Pour cela elle a donné à la fabrique une rente annuelle de 7 livres, remboursable au denier 50, et à prendre sur une maison rue St-Germain où pend pour enseigne l'*Agache*.

Cette rente a été constamment payée, et la fondation exécutée jusqu'à la fin du XVIII° siècle. En l'an II, on la voit encore soldée par la veuve Bondois.

14° MADELEINE BOILEAU (1719).

Aux registres de l'année 1720, on voit que Madeleine Boileau, par testament du 31 octobre 1719, avait fait plusieurs fondations qui ne sont point spécifiées.

On y lit en effet ce qui suit : « Par testament passé
» devant notaires le 31 octobre 1719, Marie Boileau a
» légué à la fabrique St-Germain plusieurs rentes et
» sommes à prendre dans sa succession, aux charges
» portées dans le dit testament. M. le curé, son exécuteur
» testamentaire, et M. Michel de Longpré, chanoine de
» Bourges, son seul et unique héritier, ont pris connais-
» sance de l'état de la succession et ils ont reconnu que,
» les dettes payées, il ne resterait rien. Pour tout ter-
» miner, M. Michel de Longpré offrit à la fabrique de
» lui donner à titre de don *pur, gratuit et sans charge,*
» une rente de 360 livres en principal, due par les héri-
» tiers de Toussaint Lefebvre, à la condition que la
» fabrique renoncerait au legs porté dans le testament. »
La fabrique accepta, la rente fut donnée et remboursée en 1720 en billets de banque par le débiteur.

15° JEAN GODART et sa femme (1725).

Par testament mutuel en date du 15 janvier 1725, Jean Godart, entrepreneur de bâtiments, et Marguerite Boutard, sa femme, ont fondé un obit solennel pour le repos de leurs âmes. Pour cela ils ont donné à la fabrique une rente annuelle et perpétuelle de 15 livres à prendre sur leur maison rue des Trois-Sausserons. Cette rente a été déclarée non rachetable et non remboursable.

Après la mort de Marguerite Boutard, la fabrique accepta cette fondation, elle fut servie et payée jusqu'à la fin du xviii° siècle, et on la retrouve, dans les comptes de l'an ii, payée par Dufour, plombier.

16° MARIE DUBOIS, veuve de PIERRE CARON (1725).

Par un codicille en date du 25 mai 1725, annexé au testament du 29 mai 1724, Marie Dubois, veuve en premières noces de Philippe Prevôt, marchand à Amiens, en secondes de Adrien Maguet, et en troisièmes de Pierre Caron, a fondé un obit solennel pour le repos de son âme. Pour cela elle a donné, à compter du jour de son décès, une rente perpétuelle et insaisissable, à prendre sur sa maison sise sur le Quai.

Cette rente a été constamment payée de 1732 à l'an ii, on en trouve la mention de 1791 à l'an ii, et on la voit payée par Thuillier, tapissier, et Dubois.

17° MARIE GUÉBUIN (1726).

Par contrat passé le 29 juillet 1726, Marie Guébuin a donné à Marie-Catherine Postel, femme de François Viseur, une maison sise à Amiens, rue des Jacobins, aux charges suivantes : 1° de fonder à perpétuité une messe basse par mois; 2° de faire chanter tous les premiers samedis de chaque mois en l'honneur de la sainte Vierge, le *Salve regina*, l'*Inviolata*, le *Gaude virgo*, le *De profundis*, et de faire dire l'oraison *Fidelium*, le tout pour le repos de son âme et de celle de son frère, prêtre.

Marie Guébuin avait laissé à la discrétion de son exécutrice testamentaire le soin de faire cette fondation ; il n'avait point stipulé la somme, mais il avait déclaré vouloir qu'on donnât la rétribution nécessaire. Après sa mort, cette rétribution fut fixée par la fabrique et la femme Viseur à une redevance annuelle de 15 livres, et une rente perpétuelle de même valeur fut donnée à la fabrique, à prendre sur la maison donnée par Marie Guébuin. Cette rente fut constamment payée jusqu'en 1773, époque où elle fut remboursée ; la fondation dura jusqu'à la fin du xviiie siècle.

18° Hélène Ledien (1727).

Suivant le registre aux délibérations de 1727, le 9 novembre de cette même année, Pierre Caron et Claire Ledien, sa femme, héritiers de Hélène Ledien, veuve de Jean-Baptiste Gosson, ont fondé un obit solennel pour le repos de l'âme de cette dernière, moyennant une rente annuelle de 6 livres affectée sur une maison rue des Tanneurs. Cet obit n'était, pour ainsi dire, que la continuation de ce qui avait été fait depuis 1719, époque de la mort d'Hélène Ledien ; il fut accepté par la fabrique, de telle manière que le curé devait toucher 4 livres 10 sols et la fabrique 30 sols. Cet obit a été exécuté jusqu'à la fin du dernier siècle, et on le retrouve dans les comptes de l'an II, payé par Adrien Trouvain.

19° Pelletier et sa femme (1729).

Nous voyons encore dans le registre aux délibérations que Jean-Baptiste Pelletier, *sueur de viez*, et Marie-Anne Duhamel, sa femme, ayant remis, avant de mourir, au curé une somme de 200 livres pour faire dire des prières à leur intention, celui-ci crut ne pouvoir mieux faire pour remplir leur volonté que de proposer à la fabrique, le 8 mars 1729, de fonder un obit pour le repos de leurs âmes. Cette proposition fut aussitôt acceptée, et la somme versée dans la caisse de la fabrique. L'obit fut fixé au 11 novembre de chaque année et la fondation fut constamment exécutée.

20° Jeanne Hubert (1731.)

Par testament passé devant M° Machart, notaire à Amiens, le 31 juillet 1731, Jeanne Hubert a fondé en l'église St.-Germain : 1° un obit à dire le jour de sainte Jeanne, sa patronne. Cet obit devait être de la messe du jour, avec la collecte *Pro defunctâ*, et carillonné la veille, à une seule volée. Pour cela Jeanne Hubert prescrivit qu'il fut donné une somme de 8 liv., divisée de la manière suivante :

1° Au curé	3 l.	4 s.
2° Aux chantres	2	6
3° Aux diacre et sous-diacre	2	»
4° Au bedeau		10
Total	8 l.	» »

2° un obit au jour de son décès, pour le repos de son âme; 3° un autre obit pour ses père et mère, Nicolas Hubert et Marie Niquette, à dire le jour de St.-Nicolas.

Ces deux obits devaient commencer la veille des jours indiqués par des services à neuf leçons; le lendemain, on devait chanter les commendaces et une haute-messe;

enfin ils devaient être annoncés au prône et être inscrits sur l'obituaire.

Pour ces deux obits, dont le prix était fixé à 8 liv., et qui, avec le précédent, formaient une rente annuelle de 16 liv., Jeanne Hubert a laissé à la fabrique la maison qu'elle occupait rue basse St.-Germain, près le pont, estimée 1,100 liv., pour par la fabrique, en jouir à compter du jour de son décès. Par cet acte, elle s'était réservé l'usufruit, et la fabrique était chargée de toutes les réparations pendant sa vie.

Ces fondations ont été constamment exécutées, et la fabrique n'a été dépossédée de cette maison que par la vente qui en a été faite pendant la révolution.

21° M. Leseigne, Curé.

Par le même contrat que celui dont il vient d'être parlé en l'article précédent, M. Leseigne a donné à la fabrique une somme de 300 liv., qui ont servi à payer les droits d'amortissement pour la fondation de Jeanne Hubert, à la charge par la fabrique de fonder pour lui et après son décès un obit solennel en la paroisse St.-Germain. La fabrique a accepté cette proposition, et la maison de Jeanne Hubert fut affectée à son exécution.

22° Catherine Dwarsy, femme Bourdon (1741.)

Par son testament en date du 14 octobre 1741, Catherine Dwarsy, femme de Pierre Bourdon, déclare vouloir être enterrée en l'église St.-Germain, vis-à-vis la chaire; elle fonde ensuite à perpétuité les vêpres du St-Sacrement avec exposition, et les psaumes *Miserere* et *De profundis* à la fin, pendant le mois de janvier; enfin une messe-basse par mois pour le repos de son âme.

Pour donner les moyens d'exécuter ces fondations, la femme Bourdon a donné à l'église la moitié de trois maisons acquises en communauté avec son mari ; la première située vis-à-vis l'horloge St.-Germain, la deuxième rue aux Sacs, la troisième rue des Corroyers.

Par son testament, Catherine Dwarsy, après avoir donné une somme de 600 liv. aux personnes qu'elle y désigne, fait encore des dons mobiliers en faveur de l'église. Ainsi elle déclare vouloir qu'il soit donné à la chasse de St.-Germain *sa croix d'or et son porte-clef en argent*, et au Saint-Sacrement *ses bagues en or et son alliance*. Enfin elle donne aux Carmes 25 liv. pour 50 messes, et le surplus de ses biens aux pauvres de la paroisse.

Après la mort de Catherine Dwarsy, la fabrique accepta son testament et prit des arrangements avec Pierre Bourdon au sujet des legs qui lui avaient été faits. Par la transaction passée entre les parties, il fut convenu que la fabrique serait propriétaire de la totalité de la maison sise rue des Tanneurs, vis-à-vis l'horloge St.-Germain, et qu'elle abandonnerait au sieur Bourdon la moitié des deux autres qui lui avait été léguée.

Au compte de l'an II cette maison était occupée par un nommé Dufour, plombier, et la fabrique n'en fut dépossédée que par suite de la vente des biens nationaux.

23° HÉLÈNE ROGER, veuve CLAUDE DUQUOY (1742.)

Par contrat passé devant notaires le 15 février 1742, Hélène Roger, veuve de Claude Duquoy, a fait don à la fabrique de St.-Germain d'une maison sise à Amiens, rue du Moulin-Neuf, auprès de l'abreuvoir du Quay, à la charge : 1° de faire dire et chanter chaque année, au jour de son décès, un service solennel à neuf leçons, et le lendemain une haute-messe des morts ; 2° de faire l'office de St.-Joseph le jour de la fête de ce saint.

Cette fondation a été acceptée par la fabrique et constamment exécutée. La maison léguée faisait encore partie des biens de la fabrique en l'an II. Plus tard elle a été vendue nationalement.

24° Feuilloy (1743.)

Par acte du 5 février 1743, le nommé Feuilloy, brasseur à Amiens, a fait donation entre vifs aux pauvres de l'église St.-Germain, d'une rente annuelle et perpétuelle de 30 liv. au capital de 600 liv. Cette rente, remise entre les mains du curé, était hypothéquée sur deux masures appartenant à la veuve Jumel et situées en l'île St.-Germain. Elle a été payée jusqu'à la fin du dernier siècle.

25° Colette Morel, femme Godequin (1743.)

Dans le compte de 1743, on voit que cette même année le curé Allavoine a constitué, au profit de la fabrique, une rente de 3 liv. 10 sols, à la charge par elle de faire dire chaque année à perpétuité 5 messes basses, au mois de janvier, pour le repos de l'âme de Colette Morel, femme de Florent Godequin, procureur à Amiens.

26° Antoine Havet (1743.)

Par contrat du 6 mars 1748, M. Havet, chanoine de la

cathédrale d'Amiens, a fondé en l'église St.-Germain :
1° une messe basse à perpétuité, tous les dimanches de l'année, à onze heures, à l'intention de tous ses parents;
2° deux obits composés de vigiles à trois leçons et une haute-messe à dire et chanter chaque année, le premier à l'intention de sa tante, le second à son intention personnelle ; le tout à commencer, savoir : les messes des dimanches, le premier dimanche qui suivra l'acte de fondation ; le premier obit, au 25 avril suivant ; le second, au 25 octobre de la même année.

Pour prix de ces fondations, M. Havet a donné à la fabrique 6 journaux et demi de terre labourable en une seule pièce, sis à Boutillerie, d'un revenu annuel de 60 liv.

Ces biens étaient encore en la possession de la fabrique en l'an II ; ils n'ont cessé de lui appartenir que par la vente nationale qui en a été faite.

27° et dernière. BERNARD et sa femme (1745.)

Par testament notarié, en date du 23 février 1745, Françoise Cuignet, veuve de Bernard, perruquier, a déclaré vouloir qu'après son décès il fût dit et célébré un annuel de messes pour elle et son mari ; qu'il fût remis au curé 100 liv. pour les pauvres de la paroisse. Par le même acte, la veuve Bernard a fondé à perpétuité, dans l'église St.-Germain, deux messes par semaine, dont elle a fixé les honoraires à 12 sols par messe pour le curé et 25 liv. par an pour la fabrique, ce qui fait un total de 87 l. 8 s. Enfin elle a déclaré vouloir que, pour assurer la rente de 87 liv. 8 sols à la fabrique, il fût acheté des immeubles sur lesquels cette rente serait affectée.

Après sa mort, les héritiers proposèrent à la fabrique d'affecter à cette rente la maison de la veuve Bernard, sise à Amiens Marché-au-Feurre. Cette proposition fut accueillie et la rente fut constamment payée ; on la retrouve encore dans le compte de l'an II, soldée par Legris.

Après ce qui vient d'être dit sur les fondations faites en l'église St.-Germain depuis le xive siècle jusqu'à la fin du xviiie, je pourrais m'arrêter sans doute ; mais comme une grande partie de ces fondations ont eu des réductions considérables à subir ; que plusieurs ont même été supprimées, il me reste, pour rendre ce travail plus complet, à faire connaître les circonstances dans lesquelles des décisions sont intervenues sur cette matière.

Tout le monde sait que suivant les lois religieuses et civiles, à l'évêque seul appartient le droit de prononcer la réduction ou la suppression d'une fondation, lorsque les fonds légués ou donnés sont devenus insuffisants. Or, c'est sur ce motif qu'ont été basées les demandes présentées à l'évêque par le curé et les marguilliers de St.-Germain. Ces demandes ont été formées à deux époques principales. Je dis principales, parce que je n'entends point parler ici des demandes relatives à des fondations particulières, mais bien à toutes en général.

La première dont il est fait mention dans les archives fut présentée en 1658 par M. Cauchie, alors curé de la paroisse, dans l'intérêt particulier de son clergé ; la seconde, après la désastreuse émission des billets de la banque de Law, par le curé et les marguilliers, dans l'intérêt du clergé, de la fabrique et des fondateurs eux-mêmes.

En 1658 le curé Cauchie appela en effet devant l'official

les marguilliers de St.-Germain et demanda que, contrairement à leur opposition, un certain nombre de fondations fussent réduites ; que de nouvelles taxes fussent faites pour le réglement des honoraires dus aux membres du clergé. L'official rendit sa sentence le 7 septembre de la même année ; et, quoiqu'il n'adoptât pas les chiffres proposés par le curé, il n'en fit pas moins un nouveau règlement pour les honoraires du clergé (1).

De 1658 à 1724, il n'y eut point de nouvelles demandes en réduction ; mais, en cette dernière année, les nombreux remboursements qui avaient eu lieu, la dépréciation et la non-valeur des billets de banque, mirent la fabrique dans l'impossibilité de remplir les fondations dont elle s'était chargée. Dans cette circonstance, elle dressa un état de sa situation active et passive, et le présenta à l'évêque avec des propositions propres à concilier ses intérêts et ceux des fondateurs. C'est sur cet état, sur ces propositions, qu'intervint, en juin 1724, une ordonnance qui, tout en réduisant une grande partie des fondations, en maintint cependant le plus grand nombre, et mit la fabrique à même de pouvoir continuer à remplir les fondations qu'elle s'était imposée (2).

Jusqu'à la fin du xviiie siècle, il ne fut plus prononcé de réduction, mais alors la fermeture des églises, la confiscation et la vente de leurs biens vinrent anéantir les anciennes et les nouvelles fondations. Après le rétablissement du culte, en 1802, les marguilliers firent des

(1) Voir *Note* 1..
(2) Ibid.

démarches pour rentrer dans plusieurs de celles qui avaient été affectées sur des immeubles, mais peu de débiteurs répondirent à cet appel, et aujourd'hui il est bien peu de ces fondations qui puissent nous rappeler les noms des anciens bienfaiteurs de la paroisse.

§ 7. Portes.

On pénètre dans l'église St-Germain par trois entrées différentes, dont les deux premières sont connues sous le nom *de grand et petit portail.*

Le *grand portail*, situé dans la rue basse St-Germain, date de la première partie du monument.

Le *petit portail*, autrement dit *portail latéral ou des morts,* est d'une date plus récente; il est situé dans la rue St-Germain, et ne remonte pas au delà de la construction de la seconde partie de l'édifice.

Enfin, sur le côté latéral nord, près du clocher, se trouve une troisième entrée, de beaucoup postérieure, et qui n'a été établie qu'au xvie siècle, pour mettre l'église en communication avec le presbytère et le cimetière.

Le grand portail est précédé d'un perron garni de marches en grès et d'une rampe en fer; en face existait jadis une place appartenant à l'église, que la fabrique fut, dit-on, obligée d'aliéner, lors de la reprise d'Amiens sur les Espagnols, pour payer les indemnités dues au roi.

La porte que l'on voit encore aujourd'hui date de la Renaissance, et en présente tous les caractères. En l'examinant avec un peu d'attention, on remarque dans le bas, les armes plus modernes de plusieurs de nos évêques et particulièrement celles de Mgr. Mioland. Or nous devons dire dans quelle circonstance elles y ont été apposées. Quelques années après son installation, Mgr. Mioland vint officier dans cette église le jour du patron. La porte principale nécessitait depuis longtemps de grandes réparations, mais la dépense en retardait toujours l'exécution. M. F. Tillette-d'Acheux offrit alors de vieilles boiseries analogues à celles de la porte à restaurer ; M. l'abbé Goard, vicaire de la paroisse, se chargea du travail, et le fit pour le jour de l'entrée du pontife, dont il eut soin de sculpter les armes, afin de marquer l'époque de cette restauration.

Cette porte est surmontée d'une voussure en pierre, dans laquelle on voyait huit statues représentant des saints ; il n'en reste plus que trois, l'une représente St.-Jean, patron de l'abbaye des Prémontrés, une autre St.-Norbert, fondateur de l'ordre. Dans le cintre, on remarque plusieurs petites statuettes surmontées comme les précédentes d'un dais en pierre, presque toutes mutilées, et dont il est impossible de donner la désignation.

Au dessus est une verrière, qui jadis était en verres de couleur, et avait été donnée par la famille Revelois, ainsi que le constate le compte de 1607 où il est dit : *donné par Guillaume Revelois, 6 liv., pour le rétablissement de la grande verrière du grand portail, donnée autrefois par ses ancêtres.*

Le petit portail, ou portail latéral, est aussi décoré de sculptures, qui indiquent suffisamment l'époque de sa construction. Au-dessus de la porte est placée l'image de saint Germain, revêtu de ses habits pontificaux et tenant enchaîné un dragon à plusieurs têtes. C'est aux pieds de cette image que les paroissiens viennent chaque année, la veille de la fête du patron, déposer un bouquet; et ils ne manquent jamais, à la même époque, de la revêtir d'une étole et de la décorer le mieux qu'il leur est possible.

En parcourant les anciens registres de la paroisse, on voit que l'église St.-Germain et le grand portail en particulier ont été, depuis 1565, sujets à bien des réparations. Si on en recherche la cause, on la trouvera dans le tremblement de terre éprouvé par la ville en 1580, dans l'ébranlement causé par la destruction de l'ancien clocher et la reconstruction du nouveau, dans les accidents occasionnés par le tonnerre, enfin dans le peu de soin avec lequel ces constructions ont été faites.

Les registres aux comptes nous apprennent, en effet, qu'en 1581 il a été payé à *Robert Morel, maçon, 5 écus 45 sols tournois, pour avoir rassis et refait la grande clef en pierre du grand portail de l'église, plus deux autres clefs de la voussure sur la nef.* Or, c'est en 1580 qu'a eu lieu à Amiens, nous dit l'historien Daire, un tremblement de terre dont les secousses se sont fait sentir pendant onze jours, et qui causa de grands dommages dans la ville; c'est aussi à cette même époque que l'ancien clocher fut démoli pour faire place à celui que nous voyons de nos jours. Plus tard, en 1646, le 20 juillet, jour de Ste-Marguerite, le feu du ciel tomba sur ce monument et fit voler en éclats une grande quantité de pierres du grand portail. La foudre enleva aussi sur le devant de la tour du clocher de grosses pierres à divers endroits, détruisit une grande partie de la couverture et nécessita d'énormes réparations aux voûtes. Mais tous ces accidents, quelque dommageables qu'ils aient pu être pour l'église St.-Germain, ne furent rien auprès des désastres occasionnés par les malheurs de la guerre et les suites funestes du siége que la ville d'Amiens eut à subir lors de la reprise que Henri IV en fit sur les Espagnols en 1598. Placé pour ainsi-dire sous le feu du canon, ce monument fut peut-être celui de notre cité qui en ressentit le plus les terribles effets. Ses murailles furent ébranlées, ses verrières brisées, ses couvertures détruites, ses voûtes enfoncées, et le dôme de la chaire emporté par un boulet pendant la prédication.

Les registres aux comptes des années 1598 à 1618 nous apportent la preuve des dommages éprouvés à l'époque du siége d'Amiens ; nous y lisons : en 1598, *fait nétoyer les pierres abbatues par le canon ; refait toutes les murailles des verrières rompues par le canon ; les pierres livrées par l'abbaye de St.-Jean; refait toutes les couvertures et le comble;* en 1599 : *réparations faites à toute l'église ;* en 1604, *refait le grand cintre de l'église, rompu pendant le siége de la ville;* en 1616, *réparations faites au comble;* en 1618, *remastiqué plusieurs piliers.*

Pendant les années qui suivirent le siége, on s'empressa de faire des réparations, mais les ressources et les revenus de l'église étaient loin de lui permettre les dépenses nécessaires, aussi l'édifice ébranlé jusques dans ses fondements, ressentit encore longtemps après les suites funestes des secousses qu'il avait éprouvées. Dans les registres aux délibérations nous voyons en effet qu'en 1683 des sommes furent allouées pour payer les maçons, les serruriers, les vitriers qui avaient *remis en bon état la maçonnerie et la vitre au-dessus du grand portail, qui tombaient en ruine, et fait toutes autres réparations, sans lesquelles l'église aurait reçu un notable préjudice.* En 1706 et en 1711, nous voyons encore des travaux de maçonnerie regardés comme de la plus grande urgence, et ordonnés pour soutenir les deux grandes vîtres de la nef, tant du côté de la rue que du côté du presbytère ; enfin, en 1738, nous voyons que, pour conserver le grand portail, on est obligé de resserrer la clef du cintre avec des barres de fer.

§ 8. Clocher et Cloches.

Non loin du grand portail et sur la même ligne, se trouve la tour du clocher, dans laquelle le Corps de ville plaça le guet, pendant le temps que l'on reconstruisait le beffroy. Construit en même temps que la première partie de l'église, il a subi bien des changements avant d'arriver jusqu'à nous, et le même siècle qui en a vu élever les fondations les a vu aussi détruire.

La première construction ne subsista en effet que jusqu'en 1484, époque à laquelle elle fut remplacée par la tour carrée en pierres que nous voyons aujourd'hui, et qui, comme le fait remarquer Pagès, ne paraît même pas bien liée avec le reste du bâtiment. La charpente du beffroy fut aussi renouvelée à la même époque, mais pas avec assez de soin, car, outre qu'elle fut souvent sujette à des réparations considérables, un siècle s'était à peine écoulé, qu'on fut obligé de la jeter bas pour la renouveler en entier en 1581.

A cette époque, on conserva la tour carrée en pierres blanches faite en 1484 et qui présentait toute garantie, et on établit dessus un beau beffroi de même forme que le précédent ; on couronna la tour d'une galerie couverte en plomb, aux quatre coins de laquelle on plaça quatre belles statues de saints de même métal.

Les archives de la paroisse nous fournissent ici des documents précieux sur cette reconstruction, car outre les plans et devis qui y sont conservés, on trouve encore dans les registres aux comptes l'état des dépenses faites en cette circonstance, et de plus les noms des ouvriers qui ont travaillé à élever ce monument, suivant le contrat passé devant deux notaires de la ville, à la date du 12 mai 1581.

Pour régler cette dépense montant à 1,434 $^{l.}$ 2 $^{s.}$ 6 $^{d.}$ (1),

---

(1) Pour cet acte la fabrique a payé :

Denier à Dieu	» l.	12 s.	» d.
Honoraires de notaire.	1	»	»
Pierre de Dompmart, marchand de bois à Terramesnil, s'est engagé à fournir tout le bois de charpente nécessaire moyennant la somme de 68 écus	204	»	»
Benoît Vimard, marchand de bois à Amiens, à fourni en outre tout le bois nécessaire au planchage des galeries, moyennant 90 sols. .	4	10	»
Les ouvriers chargés de la confection de cette partie de monument ont été Antoine Cardon, charpentier à Cottenchy, et Robert Durat, charpentier à Amiens, il leur a été payé pour la main-d'œuvre 33 écus 20 sols.	100	»	»
Et pour avoir *dessis* tout le vieux bois de dessus le clocher	2	»	»
La croix en fer que nous voyons au-dessus du clocher fut fournie par Germain Delattre, moyennant 25 écus, elle pesait 422 livres, à raison de 2 s. 9 d. la livre	75	»	»

la fabrique eut recours à diverses quêtes qui eurent lieu pendant les années 1581, 1582, 1583, 1584, mais qui furent loin de répondre à ce qu'on attendait.

Plusieurs personnes firent en outre des dons particuliers et le Corps de ville y contribua pour une somme de *trois écus onze sols trois deniers.* On vendit aussi les vieux bois, les tuiles, et la dépense fut enfin réglée, mais non sans peine, le 6 avril 1587. Je dis *non sans peine,* car les titres nous apprennent que le paiement définitif n'eut lieu qu'après poursuites de la part de Jacques Dhangest, et même

Il fut payé aux charpentiers pour la poser au haut du pavillon du clocher, et pour les deux verges en fer placées aux deux côtés de la croix, 20 écus 26 sols.	61 l.	6 s.	» d.
Le cocq qui la surmonte fut fourni par Pierre Germain, chaudronnier à Amiens, et payé 1 écu 40 sols	5	»	»
La couverture du clocher fut confiée à Simon Marchant, couvreur à Amiens, il fut payé pour façon 22 écus.	66	»	»
La fourniture du plomb et des ardoises fut faite par Jacques Dhangest, plombier à Amiens, elle monta à 299 écus 54 sols 6 deniers tournois.	899	14	6
Au-dessus de chacune des fenêtres de clocher fut placé un soleil en plomb, pour le soudage duquel il fut payé	3	»	»
Enfin les quatre statues mises aux quatre coins de la galerie du clocher furent faites par Guerard de Fransures, entailleur d'images, moyennant 4 écus tournois.	12	»	»
Total de la dépense	1.434 l.	2 s.	6 d.

après la reddition d'une sentence du bailli, qui avait ordonné la vente des meubles et reliquaires de l'église, tant les ressources de la paroisse étaient minimes.

Le monument resta dans cet état pendant longues années, au moyen des réparations qui furent faites en différents temps, notamment en 1715, où l'on fut obligé de rattacher les balustres de la galerie avec des agraffes en fer. Pagès nous en parle, comme l'ayant vu de son temps, mais on ignore à quelle époque les statues placées aux quatre coins du clocher ont été retirées.

Dans le principe, cet édifice n'avait point été destiné à recevoir un grand nombre de cloches, il n'y en avait alors que trois, non compris celle de la messe de six heures, donnée par Henri Lemaître; mais en 1654, le désir d'avoir une plus belle sonnerie nécessita le changement de l'intérieur du beffroi, et le fit diviser en deux parties. Le nombre des cloches fut alors porté à cinq, on plaça en outre dans la tour un carillon dû à la générosité de plusieurs paroissiens, enfin en 1658 il y avait huit cloches, non comprise celle de Henri Lemaître.

Les registres aux comptes nous donnent sur cette sonnerie des détails qui ne sont pas sans intérêt. Nous y voyons en effet qu'en l'année 1574, plusieurs cloches ayant été cassées, la fabrique vendit à Jean Huttebert, marchand à Amiens, 1,300 livres de métal, moyennant 253 livres 10 sols, qu'en suite elle acheta : 1° A Nicolas Poumart, marchand à Beauvais, 1,300 livres de métal, poids de Paris, à raison de 24 livres le cent, 312 l., non compris les frais de voiture s'élevant à 4 l. 10 s. ; 2° à Jean Huttebert, 381 livres de métal, à raison de 25 livres le cent, 195 liv., laquelle somme de 511 l. 10 s. fut payée avec le produit des remboursements de plusieurs rentes provenant de fondations.

La fonte de ce métal fut confiée à Michel Guérin, fondeur à Amiens, auquel il fut payé pour façon 120 livres et pour gratification 15 ; il employa pour ces deux cloches, outre les 1,681 livres de métal acheté, 1,066 livres de métal restant de la grosse cloche, et 450 livres provenant de la petite.

La première, nommée *Antoinette*, pesa 1,703 quarterons et demi plus 6 livres, et la deuxième, nommé *Jacqueline*, 1,203 quarterons 6 livres.

Ces deux cloches n'étaient point en harmonie parfaite avec la troisième; en 1584 on voulut les y mettre et avoir les trois tons *la, sol, fa*. Le soin de cette opération fut confié au nommé Lamoral de Maniville, fondeur de la paroisse St-Étienne de Beauvais. Suivant le contrat passé entre lui et la fabrique le 8 octobre 1584, devant les notaires Pezé et Maugrenier, on lui livra le 27 du dit mois les trois cloches au poids des halles, savoir la plus grosse pesant 2,250 livres ; la deuxième, 1,787 ; la troisième, 1,262 ; on lui livra en outre 1,333 liv. d'étain que Houchart avait fait venir de Rouen pour fondre avec le métal et l'améliorer, moyennant 12 écus 54 s., total 5,433 liv. *d'étoffe*. Ces trois cloches furent fondues le lendemain 28 octobre, et le 29 ayant été mises hors de terre, elles furent éprouvées et reçues par MM. Couvrechef et Fourrette, maîtres de la maîtrise de la cathédrale d'Amiens.

La première pesait 2,412 ; la deuxième 1,687 ; la troisième 1,293 ; le déchet était de 40. — Total 5,433 liv.

La bénédiction de ces trois cloches eut lieu le 10 décembre 1584 ; la plus grosse fut nommée *Jeanne* par Jean d'Yppre, maïeur d'Amiens ; la deuxième, *Nicolle*, par Nicole de Nibas, ancien maïeur ; la troisième, *Germaine*, par Jacques de Louvencourt, marchand à Amiens (1).

En 1585, la grosse cloche fut cassée de nouveau, et la fabrique fut obligée de la faire refondre. Ce fut Melchior Guérin, fondeur à Amiens, qui cette fois fut chargée de l'opération. Un contrat fut passé à cet effet entre lui et la fabrique devant les notaires Louis de Louvencourt et Jean Catelet, le 25 juin 1585 ; et, conformément à cet acte, on livra à Guérin la cloche cassée, qui, pesée au poids des halles, donna 2,301 quarterons et demi.

---

(1) Les frais faits pour la bénédiction et pour la fonte de ces trois cloches se trouvent spécifiés ainsi :

A Lamoral, pour avoir dépendu et rependu les cloches, suivant le contrat passé entre lui et la fabrique	83 écus 20 s.	250 l.	» s.
Pour trois marbreaux neufs . . .	4	25	13	5
A MM. Couvrechef et Fourrette. Aux prêtres et chantres de Notre-Dame.	»	30	1	10
Tenture de tapisseries.	»	5	»	5
Ceinture de fleurs.	»	20	1	»
Quatre aunes de passement rouge appliqué et fait en plusieurs croix, sur les aubes des cloches	»	4	»	4
Les dragées et parfumeries ont été données par Alexandre de Ponthieu.				
Rachat de l'offrande du curé . . .	»	20	1	»
Total.			267 l.	4 s.

La refonte eut lieu le 23 août et le lendemain la cloche fut essayée et trouvée bonne, du ton de *fa*, en plein ton, par MM. Couvrechef et Fourrette. On ne se contenta pas cette fois de l'avis de ces deux maîtres, on la fit encore visiter par MM. Scellier, musicien, et Lebel, organiste de St-Leu, lesquels trouvèrent *quelque peu à dire qu'elle ne fut pas du dit ton*, ce qui fit qu'on diminua au fondeur quatre écus sur le prix convenu.

Le 30 août, Guérin livra la cloche qui pesait 2,400 et demi dix livres, et il fut reconnu qu'il avait livré *en plus* un cent et demi quarteron dix livres de métal. Les frais s'élevèrent donc à la somme de 126 livres (1).

La bénédiction eut lieu le dimanche 16 septembre 1585, et la cloche fut nommée *Marie* par Michel Lebel, bourgeois de la ville et paroissien de St-Germain.

Les frais et les décorations furent les mêmes que précédemment, et les quêtes et les offrandes des paroissiens montèrent à la somme de 43 écus ou 129 liv.

Le matériel de la sonnerie resta dans cet état jusqu'en 1654 ; à cette époque, et sous l'administration de M. Cauchie, curé, on l'augmenta de beaucoup, ce qui nécessita une dépense de 1,173 liv. 13 sols 9 den., pour la construction d'un nouveau beffroi que l'on plaça au-dessus

---

(1) Pour façon et pose au fondeur, déduction faite de quatre écus pour ne pas l'avoir livré en plein ton, 36 écus. . . 98 l 10 s.
Pour métal fourni, 8 écus 20 s. . . . . 25 »
Aux experts Couvrechef et Fourrette 1 10
Aux organistes. 1 10
TOTAL. . . . 126 »

du premier. Cette nouvelle dépense fut couverte par les offrandes des paroissiens, qui s'élevèrent à 914 liv. 11 sols, et par la générosité du curé, qui ajouta le surplus.

Il y eut en outre divers dons faits en nature. Jean Leroux le jeune, marchand à Amiens, donna une cloche pesant 818 livres et payée 386 liv., laquelle a reçu le nom de *Marie*. Michel Decourt, d'Amiens, en donna une autre du poids de 673 livres, qui fut payée 390 liv. 5 sols et nommée *Marie-Magdeleine*. François Aveneaux, ancien marguillier, en donna une troisième avec tout le nécessaire pour la poser et la sonner. Elle pesait 471 livres, non compris les quatre au cent ; elle fut payée à raison de 58 liv. le cent et reçut le nom de *Catherine*. Antoine Dhangest et plusieurs autres personnes se réunirent et donnèrent une somme de 180 liv., pour être employée à l'acquisition d'une cinquième cloche en ton. Enfin Pierre Choquet donna un marteau de cloche, et la veuve Gayant en donna un autre pesant environ 33 livres. On établit ensuite dans le clocher, pour carillonner les cloches, un clavier dont la dépense s'éleva à 303 liv. ; la veuve d'Antoine Lucas donna 30 liv. ; le surplus de toutes les dépenses fut payé par le curé Cauchie.

En 1656, les personnes invitées à porter le dais à la procession de la Fête-Dieu, Martin Cotte, Jean Paillart, Louis Chevallet, Jean Morel, Martin Normant, Jacques Fournier, donnèrent une somme de 180 liv., pour être employée à l'acquisition d'une cloche pesant 420 livres ; il en fut acheté une moyennant 215 liv., et le surplus fut dû à la générosité du curé et de trois autres personnes.

En 1657 il en fut encore de même ; les personnes invitées à porter le dais, Antoine Boidin, Antoine Maille, Firmin Cordier et Antoine Marteau, donnèrent une huitième cloche en ton, pesant 259 livres.

En 1688, une des cloches ayant été cassée, on la refondit moyennant la somme de 354 liv., qui furent payées par Jean de Ribeaucourt, marguillier en charge, qui donna à cet effet 112 liv., à la condition qu'il serait accordé un banc à sa famille.

Dans le milieu du XVIIIe siècle on supprima quelques-unes de ces cloches, ainsi, en 1764, loin de refondre les deux qui étaient cassées, on en vendit le métal au nommé Caviller, fondeur à Carrépuis, avec les battants, marbreaux et férailles, moyennant 1,189 liv., 4 s. 6 d. A cette époque, il ne restait donc plus que quatre cloches. Peu d'années après, le 13 octobre 1772, intervint une délibération, par laquelle il fut décidé que les quatre cloches seraient refondues pour mieux les accorder. Un traité fut aussitôt passé avec Jean-Baptiste Delarche, fondeur à Hallencourt près Grandvilliers, et il fut convenu que ces quatre cloches seraient refondues et mises d'accord, à l'effet de faire un demi-octave (*fa, mi, ré, ut*) dans la sonnerie

Par ce traité, Delarche devait recevoir une somme de 400 liv, payables en quatre termes, et d'année en année. Le premier paiement devait avoir lieu aussitôt la pose et la réception des cloches. D'un autre côté, Delarche s'engageait à reprendre, à raison de 26 sols la livre, le métal qui ne serait pas employé, et à confondre dans le poids des cloches à lui livrées, les deux petits timbres de l'horloge. Enfin le poids des nouvelles devait être de 6,500 à 6,600 livres, et le fondeur devait les rendre à ses frais toutes montées et bien sonnantes.

Le 30 janvier 1773, Delarche ayant rempli toutes les conditions auxquelles il s'était engagé, les marguilliers en charge furent autorisés à lui régler ce qui lui était dû et à vendre, pour le compte de la fabrique, les écumes des dites cloches. La sonnerie ainsi remise en état, on procéda, en 1774, à la nomination d'un sonneur qui fut chargé de les accorder, de veiller à leur conservation, et dont les gages furent fixés à 40 liv. par an.

En 1793, l'église fut fermée. Les cloches devenues alors la propriété de l'État, furent retirées du clocher et envoyées à la fonderie, pour en faire soit de la monnaie de billon, soit des instruments de guerre.

En 1802, lors du rétablissement du culte, l'église St.-Germain fut heureusement rendue à sa destination première, et la nécessité de lui donner une cloche se fit bientôt sentir. C'est alors qu'on lui donna une de celles qui jadis avaient appartenu à l'église de St.-Firmin-le-Confesseur; les deux autres, qui composaient la sonnerie de cette ancienne paroisse, furent envoyées ensuite à Oisemont, où elles sont encore aujourd'hui. C'est cette même cloche qui existe encore à St.-Germain. L'inscription nous apprend qu'elle a été bénite en 1773 par M. Brandicourt, curé de cette paroisse, et qu'elle a été nommée *Firmine* par M. Nicolas Daveluy l'aîné, négociant, et par Marie-Elisabeth Delespeaux, son épouse; M. Claude-François Hacot étant marguillier en charge et syndic.

§ 9. Horloge.

Outre les cloches, dont il vient d'être parlé, il y avait encore dans le clocher une horloge. Ce fut Robert de Montigny, marguillier en charge, qui, en 1675, reconnut la nécessité d'en avoir une dans l'église, *attendu l'éloignement où étaient les paroissiens de toutes autres horloges*, et qui, pour l'acquit du service divin à heures fixes, *en a fait don à la fabrique, et l'a fait poser dans l'église à l'endroit le plus commode* (1).

En 1697, le 11 avril, la fabrique accepta l'offre faite par le sieur Caron de donner et fournir une horloge neuve, bien et duement conditionnée; de la faire enfermer dans une boîte de bois, et de la faire placer dans le clocher, le tout à ses frais et dépens. La délibération par laquelle l'offre du sieur Caron est acceptée, porte : « que cette
» horloge sera placée au lieu où est l'ancienne, dans les
» six mois à compter de ce jour; que l'ancienne lui sera
» donnée en échange, à la condition par le sieur Caron
» de garantir la neuve pendant deux années, à compter
» du jour où elle sera placée; de l'entretenir gratuite-
» ment pendant sa vie, autant qu'il pourra et que sa
» santé le lui permettra. »

En 1698 on fit faire un nouveau cadran, qui coûta 80 liv., et l'horloge subsista jusqu'à la fermeture de l'église.

§ 10. Vitraux.

L'église St.-Germain était autrefois remarquable par la beauté, comme par la multiplicité de ses vitraux; aussi

(1) Voir les Registres aux délibérations.

Pagès nous dit-il « que les couleurs de ces vitres, et
» principalement le rouge, étaient si vives et si éclatantes,
» qu'elles avaient donné naissance à un proverbe qui,
» de son temps, courait dans cette ville. »

Sur toutes les verrières de l'abside, des bas-côtés de la nef et du chœur, étaient peintes des histoires tirées de la vie des saints et du Nouveau Testament. On y voyait retracés les principaux faits de la vie de la Mère du Sauveur, de sainte Anne, de saint Germain, de saint Nicolas, de sainte Madeleine. Il en était de même de la verrière au-dessus du grand portail, de celles qui étaient placées au-dessus des arcades, comme aussi des deux verrières qui séparaient le sanctuaire des chapelles adjacentes, et des croisées placées au-dessus du jubé.

Presque tous ces vitraux étaient de la fin du xv° et du commencement du xvi° siècle ; ainsi, sur plusieurs d'entre eux, on voyait la date de 1484. Une délibération de la corporation des mariniers, rapportée par l'auteur des *Lettres sur le département de la Somme*, à la date du 6 juin 1492, nous démontre que plusieurs ont été données vers cette époque, et les registres aux comptes nous apprennent encore que le xvi° et le xvii° siècle sont venus aussi payer leur tribut à cette église.

La délibération du 6 juin 1492, dont je viens de parler, porte que les maistres eswars et compagnons mariniers de la ville d'Amiens exposent aux maieur et eschevins « que
» de grant anchienneté, par leurs briefs et ordonnances,
» nul ne se povoit entremestre de mener bateau à mont
» ou à val sur la rivière de Somme, qui ne fust passé
» maistre dudit mestier, et que, par cy devant, affin de

» aidier à fournir aux mises et deniers qu'il convenoit
» trouver pour une verrière de par eulx faicte et donnée
» en l'église St.-Germain audict Amiens, ils avoient con-
» senty que par les eswars dudit métiers fussent prins,
» cœuilly et receuz tous droiz venans dudict mestier, dont
» paravant la plupart se buvoient entr'eulx, etc. »

Le rétablissement de cet ancien usage par la corporation des mariniers, nous apporte la preuve que l'église St.-Germain a été redevable à cette compagnie de presque toutes les peintures sur verre qui l'ont embellie dans le XVe et le XVIe siècle, et particulièrement des beaux vitraux qui nous représentaient les principaux traits de la vie des saints qu'ils honoraient, saint Nicolas, sainte Madeleine, dont parle Pagès dans ses mémoires où il dit « qu'en 1730
» on voyait encore dans la chapelle de la Vierge, c'est-
» à-dire dans celle qui se trouve au bout du bas-côté droit
» de l'église, cinq panneaux de verres peints nommés les
» pieds de sainte Madeleine, et un sixième appelé la
» pâque de la même sainte (1). »

Cette corporation ne fut pas la seule qui fit des dons de cette nature à l'église St.-Germain ; nous ne pouvons oublier qu'il y eut aussi des familles dans la paroisse qui, à des époques diverses, s'empressèrent de venir lui payer leur tribut. Déjà nous avons parlé de la famille Revelois, qui donna et plus tard fit restaurer la verrière du grand portail, et nous ne pouvons passer sous silence les noms de MM. Florent Bellot, Nicolas Certain, Jehan Dufresne, Anselme Bazin, qui, en 1617, ont donné 252 liv. 5 sols 9 den., *à la condition qu'il leur serait loi-*

(1) Voir *Légende dorée.*

sible de faire mettre leurs armes et faire telles remarques que bon leur sembleroit, à une vitre qu'ils ont fait faire au lieu d'une autre tombée par le vent, tout au-dessus de la tablette des marguilliers.

Pendant longtemps on apporta le plus grand soin à maintenir, restaurer et entretenir ces belles verrières que le xviiie siècle devait voir anéantir ; tous les registres aux comptes nous en apportent la preuve. C'est ainsi qu'en 1566 nous lisons : « *Payé à Anthoine Super et Hubert Payen, verriers, 60 pieds de voirres de Franche, au prix de 4 sols 6 den. le pied, placés auprès du grand autel : pour les voirrières, 13 liv. 10 s. ; la pose, 1 liv. 4 s. ; au serrurier, pour verges et barres, 17 liv. 11 s. 8 d. ; au même, 14 liv. 6 s. ; au maçon, 10 liv. 6 s., pour avoir descendu les pierres de l'anchienne.*

« En 1571, payé aux mêmes verriers 60 pieds de
» voirres de Franche, à 4 sols 6 den. le pied, pour la
» verrière du chœur, *au-dessus du pulpitre*, du côté de la
» chapelle où se célèbre la messe de 6 heures : 13 l. 10 s.

» Même quantité pour la verrière *au-dessus du pulpitre*,
» du côté de la chapelle St.-Nicolas : 13 l. 10 s. »

Pendant le premier siècle, cette église, ainsi qu'on vient de le voir, avait été enrichie et décorée de vitraux précieux, dont l'entretien était fort dispendieux pour elle. Aussi, quelque soin qu'on ait pu y apporter, on aurait été obligé d'y renoncer, quand bien même d'autres causes ne seraient pas venues en hâter la destruction. Nous les voyons, en effet, souvent brisés par le vent ; au siége d'Amiens on les voit voler en éclats ; plus tard c'est le tonnerre qui les frappe, et en 1774 le moulin à poudre, en sautant, vient détruire la plus grande partie de ce que le temps, les malheurs de la guerre et la foudre avaient épargné.

En 1569 on commença déjà en certains endroits à remplacer les vitraux peints par des verres blancs. Je lis en effet dans le compte de cette année : « *Payé à Lombard, machon, pour les pierres desisses, aux verrières nouvellement mises en verres blancs.*

Dans celui de 1571 : « Le jour de Quasimodo, après
» les vêpres, ont été vendus au plus offrant et dernier
» enchérisseur, les verrières et férailles qu'on a dessis
» au lieu où sont les *verrières blanches*, demourées à
» Pierre Leroux, bourgeois et marchand, pour le prix et
» somme de 70 sols. »

« Enfin vendu à Anthoine Super, verrier, le verre que
» on a dessis de deux verrières dernièrement faites. »

Ainsi qu'on a pu le remarquer, le xvie et le xviie siècle avaient vu disparaître quelques-unes des verrières ; mais du moins les avait-on remplacées par des vitraux peints plus modernes. Il n'en fut plus de même au xviiie ; on continua à supprimer les verrières peintes, mais on ne les remplaça que par des verres blancs ; et, au lieu de restaurer et d'entretenir les anciennes, on finit même par en détruire la plus grande partie, en les coupant pour en faire des encadrements aux verres blancs, ainsi que nous le voyons encore aujourd'hui.

Une seule de ces verrières, qui représentait l'histoire de St.-Germain, avait échappé à ce vandalisme et plus tard à celui de 1793 ; mais, pas plus que les autres, elle ne devait être remise à la place qu'elle avait occupée depuis le xve siècle. Reléguée pendant des années dans un grenier du presbytère, elle n'attendait cependant qu'une main habile qui la rétablît dans son état primitif. Mais ce secours si nécessaire n'arriva pas ; confiée à des mains barbares et sans expérience, elle fut mutilée dans presque toutes ses parties ; deux panneaux seuls échappèrent à la ruine et encore allaient-ils aussi être perdus pour nous en passant par les mains des brocanteurs, lorsque, grâce au bon esprit du curé et à l'intervention d'un des membres de la Société des Antiquaires de Picardie placé alors à la tête de l'administration municipale (M. Lemerchier), on les fit transporter dans le Musée, où ils sont déposés depuis ce moment. Cette décision prise par le Maire, fut accueillie avec la plus vive satisfaction par tous les véritables amis des arts, et c'est ainsi qu'il nous est maintenant permis d'admirer encore la vivacité des couleurs de ces vitraux, jadis si vantés par Pagès.

§ 11. Orgues.

Au-dessus de la porte principale de l'église St.-Germain sont placées les orgues dont la tribune, soutenue par des colonnes en bois, forme une espèce de péristyle intérieur.

C'est au milieu du xv° siècle, vingt ans environ avant la construction de la seconde partie de l'église, que, pour donner plus d'éclat, plus de pompe à l'office divin, on conçut la pensée de placer des orgues dans ce monument. En 1455, Hue Deslaviers, marguillier en charge, reçut de ses confrères la mission de les procurer à l'église. Il se rendit à Rouen et s'adressa à Gauthier Desmarais, qui venait d'en confectionner pour l'église Saint-Jacques de cette ville. Le 27 février 1455 intervint entre eux un traité par lequel il fut convenu qu'un orgue de même nature, de même dimension, de même condition et parfaitement semblable en tout à celui de St.-Jacques de Rouen, serait fourni à l'église Saint-Germain d'Amiens; qu'il y serait rendu et placé avant le jour de la Toussaint, ou au plus tard avant le jour de Noël suivant, le tout moyennant la somme de *onze vingt écus d'or*.

L'organiste ne se conforma point exactement au traité qu'il avait souscrit, et de là naquit un procès qui, heureusement, se termina par une transaction. Par cet acte, diverses modifications furent faites au traité primitif, dans le but d'améliorer l'instrument. Enfin, en août 1458, l'orgue fut livré, mis en place, reçu, et on paya au facteur deux écus en sus des onze-vingt stipulés au contrat du 24 juillet 1458, à titre de gratification.

Le buffet de l'orgue fut fait en bois de chêne et surmonté, suivant l'usage du temps, de diverses statues dont le jeu de l'orgue faisait mouvoir les membres à volonté, de même que les instruments qu'elles tenaient dans les mains ; c'est ce que nous apprend le compte de 1567, où nous lisons : *accordé 8 liv. à N...., caeillier, pour avoir racousté les instruments des personnayes placés au-dessus des orgues.* Enfin ce buffet était soutenu par des colonnes en bois posées sur une base en maçonnerie.

Pendant longues années on se servit de cet instrument, mais en y faisant de temps à autre des réparations nécessitées soit par le temps, soit par des accidents, soit enfin par les progrès de l'art. En 1565 la fabrique passe un contrat avec un nommé Fermont, qui s'engage à faire à l'orgue les réparations nécessaires moyennant 70 liv.;

en 1695, elle dépense pour le même objet une somme de 66 écus. Entre ces deux époques nous voyons encore plus d'une réparation faite. Lors du siége d'Amiens, l'orgue n'avait pas été plus à l'abri du désastre que le reste de l'édifice; la pénurie dans laquelle se trouvait alors la paroisse, qui avait bien d'autres dépenses à faire, ne lui permit pas, il est vrai, de penser tout de suite à le restaurer; mais on commença, en 1606, à faire un nouveau lambris, et, en 1611, on acheva entièrement les réparations à l'aide d'une quête à domicile, et moyennant la somme de 70 liv.

En 1628 la fabrique voulut mettre l'orgue en harmonie avec les progrès que l'art musical avait fait depuis plus d'un siècle. Un marché fut passé, à cet effet, avec un facteur, et le prix de la restauration fut fixé à 154 liv. Deux années après, en 1630, on y ajouta des pédales moyennant 44 liv., et, en 1649, un jeu de clairon, pour lequel il fut payé 330 liv., qui furent prises sur l'argent provenant du remboursement des fondations de Noël Mirvaux, Jean Lebel et autres.

Un procès-verbal, dressé le 13 février 1653, nous donne d'une manière exacte le détail des parties dont cet instrument était composé vers le milieu du xvii° siècle (1).

(1) 1° La monstre . . . . . 48 tuyaux d'étain.
    2° Un bourdon 48   d°   bouchés.
    3° Id. appelé double prestant 48   d°
    4° Un flageolet de 2 pieds . . . 48   d°
    5° Un nasard, appelé quinte de 4 p^{ds} 48   d°
    6° Une grosse flûte de 4 pieds . 48   d°
    7° Une doublette . . . . . 48 d°, dont 9 ne parlent pas.

En 1709, au lieu de renouveler en entier le matériel de l'orgue, on se contenta encore d'y faire des réparations, qui ne firent que retarder la dépense, sans apporter aucune amélioration sensible. Ainsi on y fit faire des soufflets, dont le prix s'éleva à 100 liv., et un marché fut conclu avec le sieur Tondu, organiste de cette ville, qui fit les réparations convenues moyennant 120 liv. En 1718 on fut obligé de faire visiter l'instrument; après un examen attentif on trouva que, pour le mettre en état, il en couterait 1,400 à 1,800 liv. Un devis fut dressé, mais la dépense fut encore ajournée, par suite du peu d'argent dont la fabrique pouvait disposer. Enfin, en 1725, les marguilliers, profitant du séjour de quelques facteurs dans cette ville, en engagèrent plusieurs à visiter l'instrument, et firent dresser un nouveau devis. Comme la somme réclamée par un de ces facteurs était beaucoup moins forte que celle qui avait été demandée précédemment, 500 liv. au lieu de 1,800, les marguilliers se laissèrent tenter; mais la suite prouva qu'ils avaient eu tort.

Le traité portait : « 1° Démonter entièrement tout » l'orgue, comme aussi les sommiers; 2° faire divers » tuyaux qui manquent à différents jeux; 3° démonter les » abrégés et les rendre plus libres, afin que les claviers

8°	Fournitures	48 tuyaux d'étain.
9°	Petits fifres	48 d°
10°	Cornet.	100 d°
11°	Trompette.	48 d°
12°	Voix humaine	42 d°
13°	12 pédales.	» »

622 tuyaux.

» en soient plus praticables qu'ils ne le sont ; dépouiller
» entièrement les sommiers et ôter plusieurs emprunts
» qui y sont ; faire d'autres boursettes ; redraper les
» soupapes et mettre tous les nouveaux ressorts ; 4° re-
» couvrir les claviers ; faire un autre clavier de pédales ;
» rétablir plusieurs mouvements qui sont dérangés ; ré-
» tablir deux tremblants, un doux et un fort ; étancher
» les vents qui se perdent, tant aux soufflets qu'aux porte-
» vent ; 5° reblanchir la montre en étain battu ; re-
» dresser les tuyaux qui sont bossués ou pliés, tant en
» dedans qu'en dehors. A l'égard des jeux d'anches, re-
» passer tous les bassinets et languettes sur la lime ;
» remettre toutes les pièces en leurs lieux et places ; re-
» mettre tout dans un bon accord. »

Jean Bernard, facteur d'orgues à Reims, avec lequel on traita, s'engagea à faire les réparations conformément au devis, moyennant 500 l., payables après réception. En 1726, Bernard ayant, disait-il, satisfait aux conventions auxquelles il avait souscrit, demanda aux marguilliers de procéder à la réception de l'orgue, afin de pouvoir être payé ; mais quel ne fut pas l'étonnement des membres de la fabrique, lorsqu'ils apprirent ce qui avait été constaté par les personnes chargées de recevoir cet instrument.

« On constata, en effet, qu'il avait été soustrait un jeu
» de flûte composé de 48 tuyaux, dont les pièces étaient
» en étain ; l'on apprit que Bernard les avait fondus et
» s'en était approprié la matière ; que la pédale de flûte,
» composée de deux gros tuyaux d'étoffe au lieu d'étain,
» et le reste de plomb, pesant 150 livres, avait aussi été
» soustraite par Bernard et changée en deux tuyaux de

» bois. On reconnut aussi qu'il y avait au dit orgue un
» grand nombre d'emprunts qui se trouvaient endom-
» magés par la faute du sommier, lequel n'a pu être
» raccommodé et mis en état suivant le devis ; qu'en
» outre il y avait des défauts provenant de l'inexécution
» de ce qui était porté au devis ; enfin que Bernard avait
» cessé de travailler, de sorte qu'il était impossible de se
» servir de l'instrument. »

Ces faits connus, la fabrique forma aussitôt une demande contre Bernard, à l'effet de lui faire rapporter les objets soustraits ; le tribunal ordonna une expertise, et il fut constaté non-seulement que l'orgue ne marchait pas, mais que de plus, pour le remettre en bon état, il fallait y faire une dépense de 900 liv. environ. Bernard fut donc condamné à exécuter l'obligation qu'il avait contractée, et la fabrique autorisée à verser ensuite les 300 livres qu'elle devait encore, aux créanciers qui avaient formé une saisie-arrêt entre ses mains. Ce jugement fut-il exécuté par Bernard? Le tribunal le força-t-il à se conformer au rapport des experts et au traité par lui souscrit? Voilà des faits sur lesquels nous ne trouvons aucune édification dans les titres. Nous pensons néanmoins qu'il en a été ainsi, car nous ne trouvons dans les comptes subséquents aucune dépense pour le rétablissement de l'orgue ; ce n'est qu'en 1762 qu'on s'en occupe de nouveau, mais alors ce n'est plus pour y faire des réparations, mais bien pour en faire confectionner un nouveau. Une délibération du 29 août 1762 ordonna en effet qu'un orgue nouveau serait confectionné par le sieur Dallery, organiste à Amiens, et, par suite, un marché fut passé entre lui et la fabrique, pour la somme de 3,000 livres.

On se tromperait étrangement si l'on pensait que l'orgue de 1762 est encore le même que celui que nous voyons aujourd'hui dans l'église St.-Germain. L'orgue de 1762 n'a pas survécu au vandalisme de 1793 ; depuis la réouverture de l'église jusqu'en 1832, il n'y en eut point. La tribune qui soutenait l'orgue autrefois a eu le même sort ; celle que l'on voit aujourd'hui n'a été faite qu'en 1825 environ, pour y placer les enfants des écoles de charité. L'orgue actuel n'a été posé que vers 1832 ; il a été acheté et donné à l'église par M. l'abbé Caron, peu de temps après son installation dans la cure de St.-Germain. Il vient des environs de Neufchâtel ; mais depuis il a été considérablement augmenté par celui qui s'était fait un plaisir de l'offrir à ses paroissiens et de contribuer ainsi à la pompe du service divin.

§. 12. Bénitiers.

Sous les orgues, et à l'entrée de chacune des portes, se trouvaient placés autrefois des vases destinés à recevoir l'eau bénite. Jusqu'au milieu du XVIIe siècle ces vases ont été en plomb, mais à compter de cette époque, en marbre. Les registres aux comptes nous ont conservé la date de ce renouvellement et les noms des personnes qui en ont fait présent à l'église. Dans le compte de l'année 1655-1656 nous voyons que Antoine Dhangest, Jean Tellier, Pierre Belleguise, Pierre Lejeune, Camille Mimerel, Jean Bellier, ayant été engagés à porter le dais à la fête du St.-Sacrement, ont fait don à l'église d'un bénitier en marbre, qui fut posé devant le grand portail, vis-à-vis les fonts baptismaux. Nous voyons encore dans le compte de 1560 que Toussaint Viseux, Toussaint Cotte, Jean Vouclin, Pierre Groult, Claude Herminat, Jean Poitou, appelés cette année au même honneur, ont donné un second bénitier en marbre, de la valeur de 50 écus, qui fut posé au premier pilier en entrant dans l'église par le portail des morts. Le premier n'existe plus ; mais nous voyons encore le second au pilier auquel la chaire est adossée, et nous ferons remarquer qu'ils étaient entièrement semblables à ceux que nous avons vus pendant si longtemps dans la nef de la cathédrale.

§. 13. BANCS.

Depuis le commencement du xviie siècle l'intérieur de la nef était garni de deux rangées de bancs, ainsi que cela se voit encore aujourd'hui dans nos campagnes. Le prix que l'on retirait de leur concession ou de leur location était une des branches du revenu de l'église. Cet usage ne remontait pas très-haut, car tout le monde sait que, pendant des siècles, il n'était pas permis de s'asseoir dans les églises ; le seul soulagement qui fût accordé était de s'appuyer sur un bâton, et personne n'ignore la véhémence avec laquelle tant de saints personnages se sont élevés contre l'établissement *des miséricordes*. Au xiiie siècle il n'était point encore permis de s'asseoir dans le lieu saint ; ce n'est qu'un peu plus tard, et dans le xive siècle, qu'il fut toléré de s'asseoir par terre ; de là l'usage de couvrir le pavé de feurre et de paille. Il en était de même dans les écoles publiques de l'Université ; les statuts de Robert de Courçon nous en apportent la preuve : *Il est permis aux* élèves d'écouter, assis par terre, les leçons du maître, afin de bannir toute occasion d'orgueil. De là aussi l'usage de couvrir de paille le pavé des écoles. Pendant longtemps cet usage subsista dans les églises ; on renouvelait la paille toutes les semaines, de même qu'aux quatre bonnes fêtes de l'année on jonchait le pavé d'herbes et de fleurs.

Cet usage se perpétua dans l'église St.-Germain bien au-delà du XVIe siècle, et les registres aux comptes nous apprennent qu'il se perpétua quelques années même après l'introduction des bancs ; on continua aussi à répandre en l'honneur des saints, jusqu'en l'année 1668, des fleurs et des herbages sur les parvis et le pavé de l'église.

Au XVIe siècle on apporta un adoucissement à la manière de se tenir dans l'église, et il fut permis d'y apporter des siéges et même de les y laisser, car une délibération de 1588 porte : *Les siéges trouvés en l'église après le trépas de ceux qui les possèdent, seront vendus au profit de l'église.* D'abord ces siéges n'étaient que des escabeaux, mais bientôt on voulut se servir de bancs et une délibération de 1591 s'y opposa ; on y lit en effet ces mots : *personne n'aura le droit de mettre des bancs dans l'église.*

L'usage des bancs finit cependant par prévaloir, et la fabrique se mit en devoir d'en tirer un bénéfice en louant les places. En 1628, on défendit aux paroissiens de mettre des bancs dans l'église, sans permission ; en 1632, il fut décidé que la permission serait accordée par le curé et les anciens marguilliers, et cette délibération fut renouvelée en 1648.

En 1628 on commença donc à louer, tant dans la nef que dans les chapelles, des places où les paroissiens purent faire mettre des bancs ou des chaises. Cette location se faisait dans l'église même, à l'issue de la messe paroissiale ou des vêpres, par les marguilliers, après trois publications faites au prône de huitaine en huitaine.

Les concessions ne pouvaient être accordées que par le bureau des marguilliers, les unes et les autres pouvaient être faites pour un temps ou pour la vie d'une personne, et on ne pouvait accorder plus d'un banc à la même personne ou au même chef de famille.

Pendant un certain temps les bancs furent confectionnés par les familles, qui les faisaient placer dans l'église au lieu qui leur avait été concédé. Cela dura jusqu'en 1693, époque à laquelle la fabrique, pour plus d'uniformité, fit faire des bancs à ses frais et en conserva la propriété à ceux qui occupaient les places où on les mit. La façon en fut payée par les locataires ou concessionnaires, mais ceux qui ne firent que les louer, payèrent en sus de la façon 4 livres par place. La dépense de ces bancs s'éleva à la somme de 375 livres et l'on fit des règlements conformes à la jurisprudence établie en cette matière.

Outre ces bancs, il y avait encore dans l'église un certain nombre de chaises libres ou mobiles affermées au suisse par la fabrique moyennant 200 liv. par an. Le prix en était réglementé d'une manière toute particulière, et n'avait aucun rapport avec celui des bancs. Le suisse n'avait pas le droit d'en exiger un prix plus élevé que celui qui était fixé par la fabrique, et le règlement devait être affiché dans l'intérieur de l'église.

Dans le chœur, il n'y avait point de bancs; il était destiné aux prêtres; cependant le patron ou le haut justicier avait le droit d'avoir un banc dans cette partie de l'église ; c'était un droit honorifique attaché à leur personne ; enfin au curé seul appartenait le droit d'y laisser placer des chaises.

§. 14. Banc d'œuvre.

Un banc d'une forme toute particulière, placé dans la nef en face de la chaire, était destiné aux membres de la fabrique et s'appelait *banc d'œuvre*. C'était sur la tablette placée en avant de ce banc, qu'étaient autrefois exposées à la vénération des fidèles les reliques des saints confiées à la garde des marguilliers, et le bassinet destiné à la réception des offrandes. C'était aussi sur cette même tablette que le pain béni était déposé et que le marguillier en charge le découpait avant d'en faire faire la distribution. Enfin c'était à cette place, et en présence de tous les assistants, que les marguilliers remplissaient les fonctions qui leur étaient confiées.

§. 15. Chaire a prêcher.

Les chaires à prêcher ayant été introduites dans nos temples par suite de la hauteur donnée aux jubés pendant le xive siècle, tout nous porte à croire qu'il y en eut une dans l'église St-Germain quelque temps après la première construction de l'église, et que même elle a précédé le jubé. Il ne nous reste aucun document sur la manière dont cette première chaire était confectionnée, mais les registres de l'hôtel de ville nous apprennent qu'elle a été faite en 1457 par Pierre Hequet, huchier, qui, le 2 juin de la même année, l'a présentée aux maire et échevins comme son chef-d'œuvre, pour être reçu maître dans la compagnie des huchiers (1). Cette chaire dura jusqu'en 1583, époque à laquelle la famille de Louvencourt en donna une nouvelle qui fut mise à la place de celle de 1457.

Cette chaire n'avait point été placée dans le principe à l'endroit où elle est aujourd'hui. Jusqu'en 1693 elle était restée où se trouve le crucifix, mais en cette année, et le 2 août, on sentit la nécessité de la changer de place, ce qui fit l'objet d'une délibération du conseil de fabrique qui porte : *la chaire du prédicateur sera changée et mise au pilier où est l'Ecce homo donné par le sieur Decourt, lequel sera mis au pilier où est la chaire.*

Cet *Ecce homo* donné par Claude Decourt en 1671, était un morceau de bon goût, il était dû au ciseau de Lecointe, sculpteur connu par ses travaux dans les maisons royales au XVIIe siècle. Plus tard il fit place à un autre et fut reporté, ainsi qu'on le voit encore, près de la chapelle des fonts baptismaux. Suivant De Vermont, ce second y était encore en 1783, car on lit dans son *Voyage pittoresque* « au pilier qui se trouve en face de la chaire est adossé un *Ecce homo* ronde bosse en pierre qui joint à une figure noble toute l'expression de la douleur et le prononcé d'un beau

---

(1) Au cartulaire F de l'Hôtel-de-Ville, on lit à la date du 2 juin 1457 : « Pierre Hequet, huchier, a aujourd'hui esté reçu maistre dudit mestier par le rapport et relation des eswarts et maistres d'ycelluy mestier, lequel a fait un chef-d'œuvre d'une *caiere à preschier* en l'église St-Germain, et est le dict chef-d'œuvre bel, bon et bien fait pour passer pour chef-d'œuvre, comme ils ont affirmé, et a fait serment de wardier les briefs dudict mestier. Du 11[e] jour de juing mil III[c] LVII, devant le maïeur, présents Jehan Dubos, et Robert Delabie, eschevins.

nud que recouvre légèrement une draperie bien jetée ; c'est un des chefs-d'œuvre de *Cressent.* »

La chaire donnée par M. de Louvencourt subsista jusqu'à l'époque de la Révolution ; elle était en bois de couleur naturelle, sculptée fort délicatement ; sur le devant se trouvaient quatre figures des pères de l'église latine, sculptées en bois, séparées les unes des autres par des cartouches en marbre noir sur lesquelles étaient gravées en lettres d'or des passages de l'écriture sainte appropriés aux fonctions des prédicateurs. Au-dessus était un ciel ou abat-voix, attaché au pilier par deux branchons en fer qui, en 1593, furent coupés par un boulet de canon et rétablis ensuite. Le couronnement était terminé par une statue en pied de St-Germain, en bois peint et doré, aujourd'hui placée au-dessus des orgues, et qui fut retrouvée dans le grenier du presbytère.

§. 16. Jubé.

La nef était séparée du chœur par un jubé qui, suivant l'expression du curé Cauchie, était regardé comme une des merveilles de la Picardie (1). Cette tribune ou *pupitre*, véritable chef-d'œuvre de l'art, était construite en pierre blanche. Elle était soutenue dans toute sa largeur par quatre grandes colonnes cannelées à listel, ordre corinthien, du côté de la nef ; et par quatre autres semblables du côté du chœur. Il y avait encore douze autres colonnes plus petites, du même ordre et cannelées de même, placées au milieu sur un piédestal continu. On y remar-

(1) V. Vie de St-Germain, chap. 8.

quait enfin huit demi pilastres de même ordre, aux quatre côtés des douze petites colonnes dont je viens de parler.

Dans le principe, ce jubé n'était soutenu dans toute sa largeur que par quatre grandes colonnes, mais, comme on s'aperçut qu'une masse de pierre aussi pesante les avait fait casser en plusieurs endroits, on fut obligé d'en ajouter quatre autres, et on en plaça deux sur chaque face. Aussi quoique ces quatre dernières aient été entièrement semblables aux quatre premières, il était cependant facile de les distinguer les unes des autres, en examinant les chapiteaux. Toutes elles étaient d'un seul jet, en pierre de Caen, et avaient été amenées à Amiens par eau.

Les appuis des deux côtés de ce jubé étaient aussi en pierre blanche, ils étaient ornés de cartouches séparées par des petites colonnes cannelées *d'ordre composite*. Dans ces cartouches étaient représentés par diverses figures sculptées en demi bosse, peintes et dorées, les divers mystères de la vie, de la passion, de la mort, de la résurrection et de l'ascencion de Notre-Seigneur. Ces tableaux sculptés étaient au nombre de seize et nous rappelaient : 1° Jésus faisant la cène avec ses apôtres, et St-Jean reposant sur son divin maître ; 2° Jésus arrêté au jardin des Oliviers ; 3° Jésus flagellé ; 4° Jésus portant sa croix ; 5° Jésus montant au Calvaire, suivi de sa sainte mère et de St-Jean ; 6° Jésus descendu de sa croix ; 7° Jésus mis au tombeau ; 8° sa résurrection ; 9° son apparition aux saintes femmes, sous la forme d'un jardinier, 10° sa rencontre avec ses disciples sur le chemin d'Emmaüs ; 11° son apparition à saint Thomas ; 12° son ascension, 13° la pêche miraculeuse ; 14° le martyr de saint Étienne ; 15°

celui de saint Hyppolite ; 16° enfin le jugement dernier.

Au milieu de l'appui du côté de la nef, était représenté le calvaire, où l'on voyait aux pieds de la croix à laquelle Jésus était attaché, la mère du Sauveur et saint Jean. Ces trois statues, de grandeur naturelle, étaient peintes et dorées en quelques endroits. De chaque côté s'élevaient des arcades en pierre garnies de vitraux de couleurs qui séparaient par le haut le chœur de la nef.

Sur l'appui, du côté du chœur, existaient diverses statues des saints révérés dans l'église St.-Germain, et au milieu desquelles se trouvait celle du patron.

Sur la façade du côté de la nef, était placé un grand tableau sculpté comme ceux des cartouches, représentant l'Annonciation, ou le mystère de l'Incarnation prédit par les prophètes, et annoncé par les livres saints. A chaque extrémité se trouvaient les images du donateur et de la donatrice, accompagnés de leurs saints patrons et de leurs enfants, les garçons derrière le père, les filles derrière la mère. Sur le prie-Dieu du donateur était gravé un écusson portant trois merlettes, et sur celui de la donatrice un écusson mi-partie portant d'un côté trois merlettes et de l'autre un arbre que l'on peut regarder comme un frêne. Enfin dans le haut de ce tableau se voyait le chiffre de 1594, qui nous semble indiquer l'époque où il a été donné et placé en cet endroit.

On montait dans ce jubé par deux escaliers en pierre de même nature que le monument, et qui tournaient autour des piliers situés à ses deux extrémités ; les rampes étaient soutenues par de petites colonnes cannelées et isolées, de l'*ordre composite*.

Dans le bas et sous la plate-bande de la façade se trouvait une porte à deux venteaux, par laquelle on communiquait de la nef dans le chœur, et de chaque côté il y avait un autel.

Enfin toutes les parties de ce monument étaient enrichies de tous les ornements que l'architecture et la sculpture s'étaient plu à lui prodiguer ; médaillons, rinceaux, feuillages, foudres, guillochis, astragales, têtes d'anges, rien n'avait été épargné pour en faire, ainsi que le dit si bien le curé Cauchie, une des merveilles de notre province.

J'ai dit plus haut que ce monument si remarquable par sa légèreté et par la richesse de son ornementation, n'était soutenu dans le principe que par quatre colonnes qui ne présentaient pas une force suffisante pour supporter ce poids. Les registres aux comptes nous apprennent en effet que depuis la construction du jubé, on avait dû à diverses reprises remédier à cette faute de l'architecte, mais qu'on ne le fit d'une manière efficace qu'en 1670. Je lis dans ces registres : « En 1565, avoir fait 20 heurtoirs en
» pierre et en bois, mis en plusieurs endroits, avec
» verges, agraphes, etc., pour assembler le pupître.
» Payé au machon, pour avoir défait et refait un pilier
» au pupître du côté de la chapelle St-Nicolas, et mis des
» agraphes en fer du côté de celle de St-Claude. En 1578,
» refait une montée du pupître. » Jusques-là on avait cherché à entretenir et à réparer, mais on n'avait point encore attaqué le mal dans sa racine, lorsque l'année 1598 vint porter à ce monument les coups les plus funestes. Déjà plus d'une fois j'ai eu occasion de parler des malheurs que le siége d'Amiens avait fait éprouver à l'église

St-Germain, or dans ce désastre le jubé ne fut pas épargné et le grand cintre en tombant, y commit des dégats considérables dont les registres aux comptes nous apportent la preuve. En 1603, on pensa donc à les réparer, et, pour y parvenir, un traité fut conclu par la fabrique avec un maçon, moyennant la somme de 156 liv. dont la dépense fut couverte par une quête faite chez les paroissiens. Mais cette réparation fut tellement loin de consolider le jubé, qu'en 1628 on fut obligé de l'étayer. Par suite, le 13 mars 1630, il fut encore passé un traité entre la fabrique et Quentin Calumbart, maçon à Amiens, à l'effet de le remettre en bon état.

Ces travaux furent sans contredit exécutés avec soin de la part de l'entrepreneur, la visite qui en eut lieu et leur réception en sont une preuve convaincante, mais quelque attention que l'on y apportât, on ne remédia cependant point encore cette fois au mal primitif dont le monument était atteint, et trente ans s'étaient à peine écoulés que le jubé était encore menacé d'une ruine prochaine.

C'est alors qu'après avoir consulté plusieurs architectes et notamment celui du duc d'Orléans à son passage en cette ville, on se décida enfin à augmenter le nombre des colonnes qui soutenaient la tribune, et qu'à l'aide de plusieurs secours accordés par l'abbé de St-Jean, comme aussi avec le produit des quêtes faites dans la paroisse pendant les années 1667 et suivantes, on fit venir des pierres par eau et on s'occupa sérieusement de la consolidation du jubé.

Ce nouveau travail eut lieu en 1770, ainsi que nous l'attestent les archives de la fabrique ; dès lors le monument fut mis dans un état satisfaisant, et on ne fut plus obligé d'y toucher pendant plus de 60 ans, peut être même serait il venu jusqu'à nous, si la manie de détruire tous les monuments de cette nature n'avait surgi vers la fin du xviie siècle. Le jubé ne fut cependant pas détruit à cette époque, et il eut le bonheur d'échapper encore quelque temps à la fureur des *Ambonoclastes*, car c'est ainsi qu'on appelait alors les destructeurs des jubés. Il resta debout jusqu'en l'année 1736, mais alors sa démolition fut irrévocablement arrêté, et il n'en resta plus pierre sur pierre. Les comptes de 1736 nous apprennent, que les pierres et matériaux furent vendus à un nommé Bourgeois, maître maçon en cette ville moyennant la somme de 90 liv. ; que le fer fut vendu à part, et que 595 livres de vieux fer furent adjugées au sieur Prévost, serrurier, à raison de 9 liv. 10 sols le cent; enfin que les tableaux, sculptures et autres ornements, le furent au Père Postel, prieur de l'abbaye de St-Jean, moyennant la modique somme de 30 liv.

Les religieux de l'abbaye de St-Jean, en achetant tous les objets d'art qui décoraient le jubé de l'église St-Germain, voulaient les sauver du vendalisme de l'époque ; mais ces précieux monuments ne devaient pas survivre à la révolution de la fin du xviiie siècle. Le père Postel, heureusement, après en avoir enrichi le musée de son monastère, eut la précaution de les faire dessiner dans un ouvrage qui a pour titre *Explication du cabinet et de la bibliothèque de St-Jean d'Amiens* (1). Grâce à ses soins,

---

(1) Pierre Postel, chanoine régulier de l'ordre des Prémontrés d'Amiens, est l'auteur de l'explication des planches qu'avait dessinées

nous pouvons nous faire une idée de ce qu'a pu être ce jubé.

§. 17. Grilles du chœur.

Une fois le jubé abattu, on ferma le chœur avec une grille en fer dont le plan fut présenté par le sieur Prévost, serrurier, qui se porta adjudicataire au prix de 746 liv.

Nous n'avons pu retrouver le plan de cette grille, mais le devis est encore aux archives, et nous nous empressons de le faire connaître.

« La grille servant de fermeture au chœur, et qui doit le séparer de la nef, sera de vingt pieds de large, et au milieu sera une porte à deux battants, la porte sera de six pieds de large, et de dix de haut. La corniche et le couronnement seront de quatre pieds, non compris la croix qui sera au dessus, avec les ornements marqués au plan; il y aura quatre pouces et demi d'intervalle entre les barreaux, et il sera employé un carillon de huit à neuf lignes. Le fer qui servira à la carcasse sera de treize à quatorze lignes, le tout conforme aux plan et dessin, et aux ornements y spécifiés. Au milieu du couronnement, dans l'écusson, sera mise l'image de St.-Germain en figure, et de même nature de fer. Le haut sera en fer de

---

M. de la Faye, sourd et muet de naissance, habile architecte, qui reconstruisit le couvent dans lequel il avait été élevé, et dessina les objets que renfermait son cabinet.

Le premier volume de ce recueil comprend.... les dessins des sculptures en pierre peintes et dorées qui décoraient le pupitre de la paroisse St.-Germain.... Ces dessins à l'encre de chine sont loin d'être corrects et d'un grand mérite, mais ils sont d'un haut intérêt, en ce qu'ils reproduisent des bas-reliefs qui ont disparu, etc.

Catalogue des manuscrits de la bibliothèque d'Amiens par M. Garnier pages 318 et 319.

Champagne ou autre de même qualité. Les fers seront fournis par M. Couc, marguillier, qui s'est engagé à le fournir au prix coutant à l'entrepreneur, qui les lui paiera aussitôt l'ouvrage terminé. Les deux côtés de la porte du chœur seront fermés d'une grille également élevée à compter des appuis, avec les ornements, ainsi qu'il est marqué au dessin. Les serrures de la porte et autres choses nécessaires seront fournies par l'entrepreneur bien conditionnées, et le tout sera sujet à visite. »

Par suite de la délibération du 17 février 1735, l'adjudication de cette grille eut lieu et le sieur Prévost qui s'en rendit adjudicataire, s'engagea à les livrer au premier août suivant.

Outre cette grille principale qui remplaçait le jubé et séparait le chœur de la nef, il s'en trouvait encore une de même hauteur de chaque côté, pour fermer les bas-côtés du chœur.

La première, c'est-à-dire celle qui fermait le bas-côté gauche, avait été donnée en 1704 par les personnes choisies pour porter le dais à la procession du St.-Sacrement; le prix s'en était élevé à 76 livres 10 sols.

La seconde qui fermait le bas-côté droit, fut donnée par les porteurs de dais en 1738. On y voyait la figure d'un soleil, et le prix en fut de 71 livres 18 sols.

Avec la révolution ont disparu ces grilles que l'on disait fort belles. Lors du rétablissement du culte, on fit celle que nous voyons encore aujourd'hui.

§. 18. Choeur.

Le chœur était autrefois séparé de la nef par le jubé,

aujourd'hui il ne l'est plus que par une grille en fer. En y entrant, on s'aperçoit facilement que cette partie de l'édifice, quoique postérieure à la première partie du monument, lui est entièrement semblable; les colonnes, les piliers, les voûtes, sont en pierre blanche; les ogives, les nervures, les arcades sont du même style, et l'on y retrouve les mêmes moulures et les mêmes entablements.

De même que dans la nef, sous l'entablement des murailles du chœur, étaient autrefois attachées de belles tapisseries de haute lisse représentant divers sujets, et dont les personnages étaient de grandeur naturelle ; sur celles du chœur, on voyait retracés les principaux traits de la vie de saint Germain, et sur celles de la nef, des histoires tirées de l'Ancien et du Nouveau Testament, ainsi qu'on le verra ci-après.

§. 19. Lutrin.

Au milieu du chœur garni de chaque côté de stalles, se trouvait un lutrin en cuivre jaune fait en branches de fleurs à jour, d'un assez beau travail, dit Pagès; il était placé sur un piédestal carré, cantonné de quatre petites colonnes d'ordre ionique.

Ce lutrin avait été donné en 1638 par Gilles Letellier, paroissien de St.-Germain, et Blasset en avait fourni le dessin qui se trouve encore aux archives ; il était l'œuvre de François Robert, maître sculpteur et fondeur à Abbeville.

Dans le traité fait entre Gilles Letellier et Robert il est dit que ce lutrin aura huit pieds de hauteur, qu'il sera en potin, et devra être livré pour le jour de Noël, moyennant 600 liv. Robert ne remplit pas ses obligations, et, en 1644, c'est-à-dire six ans après le traité, le lutrin n'était point encore fourni. Dans cet intervalle, Gilles Letellier était décédé, et la fabrique était sur le point d'opérer des poursuites contre le fondeur pour le forcer à livrer le lutrin qu'il avait promis, quand intervint entre les parties une transaction par laquelle il fut accordé à Robert un délai jusqu'au jour de la Toussaint. Cette transaction ne reçut point encore son effet et ce ne fut qu'au mois d'octobre 1646, que fut enfin livré le lutrin donné par Gilles Letellier et Marie Boyaval sa femme, et encore Robert y fut-il contraint par sentence du lieutenant-général, à la date du 14 juillet 1645.

Le 3 octobre 1646, l'assemblée générale de la paroisse autorisa le marguillier en charge à payer à Robert les 86 livres 9 sous 8 deniers qui lui restaient dus. Le lendemain eut lieu une délibération par laquelle le lutrin fut déclaré reçu, et dans laquelle on voit en outre, que, en considération des dons faits par Gilles Letellier et sa femme, la propriété du banc où ils se placent dans l'église leur serait accordé tant à eux qu'à leurs enfants, à la charge de payer par chacun d'eux la somme de 10 liv. le jour où ils en prendront possession.

Le 6 du même mois le lutrin fut placé dans l'église (1). Il subsista jusqu'en 1763, époque à laquelle il fut dé-

(1) Il fut payé : Au gressier qui perça les pierres. . 4 l. 10 s.
 Au maçon qui les avait taillées, posées, et avait fait les fondations 11 10
 Plus pour matériaux fournis 9 10
       Total. . . . . 25 l. 10 s.

truit (1). A la réouverture de l'église, on donna celui qui existe encore aujourd'hui ; il est en fer et provient de l'église des Minimes.

§. 20. Maître-autel.

En avant de l'abside se trouvait le sanctuaire ou *cancel*, qui s'avançait dans le chœur beaucoup plus autrefois qu'aujourd'hui. Il était fermé par une balustrade en bois. Devant le maître-autel était un candélabre en potin, à plusieurs branches, sur lequel était représentée la sainte Vierge entre deux anges, ainsi que cela se voit dans les anciens comptes, notamment dans celui de 1576, où on lit : *Peint et doré l'image de la vierge Marie et deux anges, qui sont au candélabre devant le grand autel ; payé 4 livres.*

L'autel n'était pas non plus aussi près de l'abside que de nos jours, car derrière était une chapelle (2) dans laquelle sire Jean Leclerc avait été enterré à la fin du xvie siècle, et qui portait encore, longtemps après, le nom de ce vénérable prêtre.

En 1592 le maître-autel était en bois peint. Il y a lieu de penser qu'il était ancien et remontait peut-être à l'époque de la construction du chœur, car, en 1593, on le démolit pour en construire un nouveau, sur lequel les registres aux comptes nous fournissent peu de détails ; cependant nous y voyons qu'en 1593 un marché de 700 liv.,

---

(1) Au compte de 1763, on lit : Vendu à Louis d'Auvergne, fondeur à Moreuil, les deux piliers de l'ancien autel, plusieurs vieux chandeliers, *une partie du lutrin*, le tout en *potin*, 494 liv. 9 sols.

On ne trouve aucun renseignement sur le lutrin qui remplaça celui dont il est ici question, et qui dura jusqu'en 1793.

(2) De même qu'à la cathédrale était l'autel de *retrò*.

fut passé à cet effet, qu'une partie de ce prix fut payée au moyen de quêtes faites à domicile et de dons particuliers, et que les quêtes ne produisirent que 255 l. 1 s.

Cet autel fut fait en pierres. Sur le devant et autour étaient placées des statuettes représentant des saints, et la table était soutenue par des colonnes en potin (1). On plaça au-dessus, en 1596, un ciel ou dôme en bois peint, avec des rideaux pour envelopper l'autel ; la fourniture du bois seul coûta 61 liv. et les rideaux ou *courtines* en damas cramoisi furent payés à raison de 8 liv. l'aune : 176 liv. 10 s.

Cet autel venait à peine d'être terminé que les malheurs de la guerre vinrent fondre sur l'église St.-Germain. Les Espagnols, en se rendant maîtres de la ville, mirent la fabrique à contribution ; des taxes lui furent imposées, et, elle fut obligée de vendre une certaine quantité d'objets mobiliers, parmi lesquels le ciel d'autel dont je viens de parler. On lit en effet dans une note insérée au compte de 1598 : « Vincent Voiture remet 34 écus 40 sols » pour le ciel du maître-autel, vendu pendant l'occupa-

---

(1) La grande table coûta 54 écus. . . . 162 l. » » s. » d.
L'établissement de l'autel 98 19 6
Le tabernacle. . . . . 100 » » » »
Les pierres furent fournies par l'abbaye de St-Jean.
Il fut payé au serrurier 52 4 6
   Id. au peintre pour dorer la table et
       le tabernacle. . . . . . 145 14 » »
   Id. pour le surplus . . . . . . 462 1 » »

               Total . . . 1,020 l. 19 s. » » d.

» tion de la ville par les Espagnols ; tous les papiers ont
» été brûlés. »

Lors de la reprise de la ville, le maître-autel ne fut pas plus épargné que le reste de l'église, et de grandes réparations devinrent indispensables ; elles eurent lieu en 1604 et en 1614 ; cette même année le curé fit agrandir la clôture du sanctuaire et la fit refaire en bois peint.

En 1643, le curé Cauchie fit faire divers changements à cette partie de l'église. On lit dans le compte de 1643 : « Sera noté qu'il est convenu que le reculement du grand
» autel a été de six à sept pieds de la muraille, avec leur
» chisement de cinq degrés de pierre dure ; un marche-
» pied en bois de sapin, un tabernacle peint et doré au-
» dessus de la table d'autel ont été faits aux dépens de
» M. Cauchie ; la balustrade (en fer) qui sert pour com-
» munier a été donnée par Adrien Colineau, serviteur de
» l'église. »

Le 30 mai 1650, Denis Leroux fit don d'une somme de 500 liv. pour la confection d'un nouveau tabernacle ; la délibération qui nous apprend ce fait est ainsi conçue : « Le 30 mai 1650 Denis Leroux, marchand, demeu-
» rant en cette paroisse, s'est présenté devant le curé et
» les marguilliers et a proposé de donner à l'église St.-
» Germain une somme de 500 liv., pour être employée
» à la décoration et confection d'un tabernacle qui sera
» posé au grand autel, selon le dessin arrêté et dressé
» avec le curé et les marguilliers, se réservant d'y faire
» mettre les images de la Vierge et de St.-Denis, pour
» marquer qu'il a été fait de ses bienfaits et de ses de-
» niers, qu'il paiera à l'entrepreneur au fur et à mesure

» que l'ouvrage avancera. Moyennant quoi le dit Leroux
» sera admis au nombre des marguilliers, en faisant seu-
» lement *un festin* à sa discrétion, et sans qu'il soit obligé
» à aucune autre chose. »

L'affaire mise en délibération, il a été arrêté pour le bien et avantage de l'église et fabrique, et sans tirer à conséquence, que le dit Leroux serait reçu au nombre des marguilliers et qu'il prendrait place après le sieur Caveroy. Il a été en outre accordé au dit Leroux une place dans l'église, à l'endroit le plus commode que faire se pourra, pour y mettre un banc à ses frais pour lui et sa femme.

Dans une autre délibération de 1651, le même Denis Leroux fit une autre demande, à laquelle la fabrique consentit : il proposait de payer les 127 liv. qui restaient dues pour la façon du tabernacle et la garniture de l'intérieur, « à la condition que ce même tabernacle, comme aussi les figures posées en icelui seroient et demeureroient au lieu où il est à présent posé, sans pouvoir être transporté en aucun autre lieu et endroit d'icelle église ; n'est que la dévotion d'un autre paroissien le porte à faire faire un autre tabernacle plus decevant et plus avantageux (1). »

En 1652 on fit faire deux statues que l'on plaça de chaque côté de l'autel ; enfin, en 1673, on fit une espèce de niche dans le fond, au-dessus du tabernacle, pour y placer la chasse de St.-Germain, ainsi qu'on le verra en parlant de ses reliques.

---

(1) En 1675 Marie Méry, seconde femme de Louis Petit, marchand et habitant de cette paroisse, légua en mourant un tabernacle de drap d'or, avec figures, doublé en satin de soie cramoisie rouge, à franges, couvert de fin or, pour servir aux jours accoutumés. — *Inventaire.*

Pagès, qui écrivait au commencement du xviii° siècle, nous donne la description de cet autel tel qu'il était encore à cette époque, et tel qu'il avait été rétabli dans le milieu du xvii°.

« Le maître-autel, dit-il, est élevé au-dessus du pavé par six marches ; il est orné d'un retable en bois doré, embelli de deux statues de moyenne grandeur, représentant saint Joseph et saint Germain, placées entre des colonnes d'ordre corinthien. A côté du tabernacle sont deux anges qui semblent en porter le couronnement. Le contre-retable de l'autel, élevé au-dessus, est garni de plusieurs figures en bois doré, de moyenne grandeur, qui représentent Jésus-Christ au jardin des Oliviers, son crucifiement, sa résurrection. Sur le côté droit du haut de ce retable d'autel est placé une statue en pied de la sainte Vierge, peinte et dorée, portant l'Enfant-Jésus entre ses bras. Sur le côté gauche est celle de St.-Germain, revêtu de ses habits pontificaux, la mître en tête, la crosse à la main ; il est assis dans une chaire, ayant à son côté gauche la figure d'un serpent monstreux, c'est-à-dire d'un serpent dont le corps est en forme d'oiseau, avec deux grosses pattes, sept cols différents portant chacun une tête d'animaux de différentes espèces, et dont l'une est toute particulière en ce qu'elle a un visage humain couronné. Au milieu des deux statues dont il est parlé au commencement, et placée au haut de ce contre-retable, est une niche en bois peint et doré, dans laquelle est placée une grande chasse en argent contenant les reliques de saint Germain. Elle est au point le plus élevé de l'autel, contre lequel il n'y a point de suspension, ce qui a fait dire *que le saint était placé au-dessus du maître* (1). »

Cet autel exista jusqu'en 1763, époque à laquelle M. de Guillebon détruisit tout ce qui était dans l'église pour la décorer à la moderne (2). Les dessins présentés au curé et aux marguilliers n'existent plus, mais j'en ai retrouvé dans les archives le devis ainsi conçu :

« Les bois de lambris seront en bois de Hainaut sans nœuds ni aubier, etc. Les bâtis des lambris auront 18 lig. d'épaisseur, dressés et travaillés ; les pilastres un pouce de resault, pour être sculptés, et leurs panneaux un pouce d'épaisseur.

La grande gloire sera en bois de chêne du pays, proportionnée à son plan, pour être faite et sculptée selon l'art et proportion. Le marchepied de l'autel sera fait en bois de Hainaut ; les marches et petits panneaux seront carrés ; les bâtis auront 18 lignes d'épaisseur ; les panneaux un pouce. Le pallier sera de trois feuilles de parquet en lozanges, soutenu par une bonne charpente en bois de chêne, de 3 pouces sur 3, à vive arête, sans aubier ; sa largeur sera de 3 pieds 9 pouces.

---

(1) D'après le registre aux comptes de 1643, on voit qu'il avait aussi été acheté, pour garnir cet autel, 6 grands chandeliers de potin jaune, façon d'argent, et qu'on avait donné en échange 150 livres de potin jaune, provenant du milieu du candelabre qui était entre les colonnes de cuivre du grand autel, avec plusieurs petits chandeliers rompus.

(2) A cette époque de vandalisme dont nous éprouvons aujourd'hui la réaction, M. de Guillebon ne fit qu'imiter ce qui se passait dans des régions plus élevées, c'est-à-dire dans notre cathédrale. Comme il n'avait pas pour sa paroisse les ressources du Chapitre, il fut obligé de faire argent de tout. C'est ainsi qu'on le voit dans les registres aux comptes vendre les cloches, les vases sacrés, du mobilier, de l'argenterie, et jusqu'aux dons faits à la chasse de saint Germain, pour changer tout dans son église et la mettre au goût du jour.

» Les pieds et traverses du tombeau de l'autel seront faits en vieux bois de chêne bien sec, etc. ; leur grosseur sera proportionnée au plan, afin que les contours en soient bien observés. Les panneaux auront trois pouces d'épaisseur, afin qu'il y ait un pouce d'épaisseur dans les parties les plus concaves. Le dessus du tombeau de l'autel aura trois pieds et demi de largeur; le bâtis deux pouces d'épaisseur, et le panneau un pouce. Le fonds du tombeau sera en bois de chêne du pays et aura 10 lignes d'épaisseur; il sera fermé par trois portes ferrées proprement. Le gradin aura 15 pouces de largeur par le haut; la tablette sera en bois de Hainaut et aura un pouce d'épaisseur; le devant et le côté du gradin 2 pouces d'épaisseur, et seront garnis de grappes de raisin et d'épis de bled. Le derrière sera fermé d'un feuillet en chêne, à coulisse, ou d'une autre façon plus commode.

» Le tabernacle sera en vieux bois de chêne; son épaisseur et sa largeur seront proportionnées au plan. La porte sera tout d'une pièce et ornée d'une figure représentant *le bon Pasteur.*

» Toute la menuiserie sera bien assemblée, collée, etc., suivant le plan et profil donnés par le sculpteur.

» Sur les gradins seront six chandeliers en bois, franc orme; les fusées en chêne, conformément au plan. Au-dessus des lambris seront placées deux statues sur des poteaux et le plansacte. Enfin le déplacement et le replacement de l'autel seront à la charge des entrepreneurs. »

Ce devis, fait le 21 septembre 1763, fut approuvé le 24 suivant par Nicolas Thibeauville, sculpteur à Amiens, et Darras, menuisier, moyennant la somme de 1,400 liv.

Cet autel devait être placé pour le jour de Pâques ; et, en cas de contravention, les entrepreneurs devaient éprouver une diminution de 100 liv.

Pour parvenir à payer cette dépense, le Conseil de fabrique décida, le 21 septembre 1763, qu'il serait vendu avec l'autorisation des gens du Roi, *quatre chandeliers d'argent, un calice en vermeil avec sa patène, un soleil d'argent, deux colonnes en cuivre.* On vendit encore à Louis Dauvergne, fondeur à Moreuil, moyennant 494 liv. 9 sols, les deux piliers de l'ancien autel, plusieurs vieux chandeliers et une partie du lutrin, le tout en potin. Enfin, en 1764, on paya une somme de 1,694 liv.

L'autel terminé et mis en place, il restait encore la peinture et la dorure. Le 20 janvier 1765, le Conseil de fabrique décida qu'une quête serait faite dans la paroisse par le curé ; mais elle fut loin d'être suffisante, et ne produisit que 260 liv. ; on autorisa donc le marguillier en charge à payer cette nouvelle dépense sur la caisse de la fabrique ; ce qu'il fit en 1764 ; la somme qu'il fut obligé de fournir, s'éleva à 968 liv.

En 1776, le curé fit placer dans le sanctuaire des statues et voulut en outre faire enlever et changer la grille en fer qui servait de table de communion et de clôture au sanctuaire et avait été donnée, en 1643, par Colineau, serviteur de l'église ; elle était fort belle, et les marguilliers s'opposèrent à ce qu'elle fût retirée et vendue. C'est à cette occasion qu'éclata le mécontentement qui existait depuis longtemps contre le curé, et qu'avaient occasionné les dépenses continuelles qu'il faisait. Le 27 octobre 1776 eut lieu, en effet, une assemblée de fabrique à laquelle le

Procureur du Roi fut convoqué et assista. Il y fut décidé que le rétablissement de la balustrade aurait lieu. Comme le curé ne voulut point se conformer à cette décision, un procès s'ensuivit; il fut traduit devant le Lieutenant général du Bailliage d'Amiens; mais il est impossible d'en dire les suites, car les pièces ne sont plus retrouvées aux archives. Les délibérations seules de la fabrique sont parvenues jusqu'à nous.

Cette décoration du sanctuaire dura jusqu'à l'époque de la Révolution, et alors tout fut détruit. A la réouverture de l'église on rappropria le sanctuaire à sa destination. L'ornementation que nous voyons aujourd'hui ne date cependant pas de cette époque, mais bien de 1825; c'est alors seulement que la gloire actuelle fut établie, qu'un nouvel autel fut fait, que le sanctuaire et ses piliers furent entourés de boiseries peintes en marbre vert avec filets dorés. Pour mieux envelopper ces piliers, on alla jusqu'à en saper la base et les moulures. Lorsqu'en 1842 Mlle Cavillon donna les deux statues de St-Firmin et de St-Germain qui se trouvent à droite et à gauche de l'autel, on voulut remettre le sanctuaire dans son état primitif et débarrasser les piliers des espèces de maillots dans lesquels ils sont enveloppés, on s'aperçut de l'acte de vandalisme qui avait été commis en 1825, et on fut obligé, à cause de la dépense, de rendre aux piliers du sanctuaire leur beauté primitive.

§ 21. Autels et Chapelles.

Outre l'autel principal, autrement dit le maître-autel, qui toujours était placé dans le chœur, il s'en trouvait encore plusieurs autres, les uns dans des chapelles et entourés d'une balustrade, les autres seulement appuyés contre les murailles de la nef, sans aucune clôture, ainsi que cela se pratiquait souvent au XIV° et au XV° siècle.

Ainsi dans le XV° nous voyons un autel dédié à saint Nicaise, l'apôtre du Vexin français; dans le XVI° nous en voyons d'autres dédiés : 1° à saint Blaise, que l'on invoquait pour les maux de gorge ; 2° à Notre-Dame des sept douleurs, dont la fête fut prescrite en 1423 au concile de Cologne, pour réparer en quelque sorte ce que les Hussites avaient fait contre l'honneur de la bienheureuse mère du Sauveur ; 3° à saint Claude, si fécond en miracles ; 4° à saint Bon ou saint Boinet, invoqué contre la paralysie et la goutte ; 5° enfin à saint Antoine, pour être préservé de la peste qui ravagea si souvent nos provinces.

Il serait peut-être difficile d'assigner à chacun de ces autels la véritable place qu'il occupait dans l'église ; cependant si nous en croyons les registres aux comptes, nous avons lieu de croire que l'autel dédié à saint Blaise était à la place où se trouve aujourd'hui la chapelle de la Sainte-Vierge ; que celui de Notre-Dame des sept douleurs a été pendant quelque temps au bout de l'abside du côté de la rue St.-Germain, et qu'au XVII° siècle il fut transféré au lieu dont parle Pagès, c'est-à-dire à l'endroit où se trouve la chapelle de la Sainte-Vierge, enfin réuni à l'autel de St.-Blaise, et que ces deux autels n'en firent plus qu'un dans la même chapelle. L'autel de St.-Claude, d'abord placé dans la nef, au-dessous de la grande verrière, du côté de la rue St.-Germain, fut ensuite réuni à la chapelle de l'abside du côté droit ; celui de St.-Bon était près de la porte d'entrée du côté de la rue St.-Germain, et l'on voit qu'il fut reculé lorsqu'on y mit un porche ou tambour.

La suppression de ces autels se fit au fur et à mesure que les besoins de la population augmentèrent et en firent sentir la nécessité, de là vint qu'on mit plusieurs statues de saints dans une même chapelle, et qu'elles sont désignées tantôt sous un nom, tantôt sous un autre. Elles étaient placées dans la nef, près du sanctuaire et derrière le maître-autel, mais toujours dans les bas-côtés, si l'on en excepte celles adossées contre le jubé.

La première que l'on rencontrait en entrant par le grand portail, à main gauche, sous les orgues, était celle des fonts baptismaux, ainsi qu'elle se voit encore aujourd'hui ; elle était alors fermée comme de nos jours par une balustrade en bois et élevée de terre de quelques degrés. Elle n'avait rien de remarquable ; la cuve en marbre noir avait été donnée en 1654 par Claude Decourt, ancien échevin, et Marie-Madeleine Ogez, sa femme.

En remontant vers le chœur on rencontre encore aujourd'hui les deux chapelles sépulchrales construites par les soins de Pierre Lecoustellier, sieur de Coupel, pour être sa sépulture et celle de sa femme. Dans la première est un Christ mis au tombeau, avec les statues de Nicodème, de Joseph d'Arimathie et des saintes femmes ; elle porte le nom de chapelle *du sépulchre*. Dans la seconde était autrefois le tombeau de la Sainte-Vierge, entouré des douze apôtres. Toutes ces figures étaient peintes et dorées, de grandeur naturelle.

Sur l'arcade qui ferme l'entrée de cette chapelle était

pratiquée, dans l'épaisseur de la muraille, une autre petite arcade où l'on voyait représenté en pierre peinte le martyr de saint Hippolyte, lequel avait donné son nom à cette espèce de chapelle. A la fin du xvi° siècle, elle avait été embellie d'une belle corniche en bois et de deux pilastres d'ordre composite, peints en marbre et dorés.

Près de cette représentation est la chapelle dédiée à Notre-Dame des sept douleurs ; c'est là qu'était autrefois l'autel de saint Blaise, aussi le grand concours de peuple qui avait lieu dans l'église le 3 février, s'arrêtait-il toujours en cet endroit.

Au commencement du xviii° siècle, on y voyait une statue de la sainte Vierge, le cœur percé par sept grandes épées dont les poignées portaient des cartouches en bois doré sur lesquels étaient représentés en relief les sept mystères douloureux. Sur le rétable était figuré Jésus descendu de la croix. Enfin sur le haut du pilier qui sépare cette chapelle de la précédente est encore une ancienne statue de sainte Marguerite. La décoration de cette chapelle a été renouvelée en 1825, et la statue de la Vierge, comme le reste, est due au ciseau de MM. Duthoit.

Dans le bas-côté du chœur, à l'extrémité de l'église, se trouve une chapelle qui, depuis l'établissement de l'église jusqu'en 1793, a été constamment dédiée à saint Nicolas ; aujourd'hui elle est dédiée aux Saints Anges, et sa décoration toute moderne ne date que de 1834 environ. Cette chapelle était autrefois entièrement boisée ; au-dessus se trouvait un rétable en bois sculpté d'un bon goût et orné de petites colonnes cannelées d'ordre corinthien. On y voyait aussi plusieurs grandes statues en pied, faites en bois, peintes et dorées, représentant saint Nicolas, dont l'image est encore sur la verrière au-dessus de l'autel, sainte Catherine, sainte Barbe, sainte Marguerite, et sainte Agathe. Enfin sur les murs de ce bas-côté était inscrite la légende de l'évêque de Myre, patron des mariniers et des jeunes gens.

Derrière le maître-autel exista jusqu'en 1643 une chapelle connue sous le nom de chapelle de *sire Jean Leclerc*. C'est là que fut enterré ce prêtre vénérable qui pendant longues années fut attaché à cette paroisse, dont il fut le bienfaiteur pendant sa vie et après sa mort.

Dans le bas-côté vers la rue St-Germain, et à la même hauteur que la chapelle saint Nicolas, se trouvait encore une autre chapelle qui en faisait le pendant, et qui, comme elle, fut décorée à la moderne en 1834; elle porte le nom du Sacré-Cœur; elle était autrefois dédiée à la sainte Vierge, ainsi qu'on peut le voir par le vitrail posé au-dessus de l'autel, et où l'on aperçoit l'image de la mère du Sauveur, avec saint Jean-Baptiste à sa droite et saint Claude à sa gauche. C'est là que se disait la messe de six heures fondée par Henri Lemaistre. Sur le haut du rétable on voyait autrefois trois grandes statues isolées, de grandeur naturelle, peintes et dorées. Celle du milieu représentait la sainte Vierge assise, tenant son divin fils sur ses genoux, ainsi qu'elle est représentée sur la verrière. Les deux autres étaient saint Pierre et saint André; le premier, patron des vendeurs-grossiers de poisson de mer; le second, patron des poissonniers d'eau douce, qui firent dorer cette statue en 1645. Ces deux confréries de poissonniers, de même que celle de Notre-Dame de Lorette, étaient dans cette chapelle.

En descendant vers la nef, avant d'arriver au portail latéral, se trouvaient, en 1652, un autel dédié à saint Claude et une chapelle de ce nom. L'un et l'autre furent supprimés en 1732 et la statue du saint reportée dans la chapelle dont il vient d'être parlé. C'est ce qui résulte du compte de cette année, dans lequel on voit qu'il a été fait un piédestal pour la statue.

Contre le porche du portail latéral était placé l'autel de saint Bon, et enfin, à l'extrémité de ce bas-côté, en face les fonts baptismaux, se trouvait une chapelle dédiée à sainte Anne, dans laquelle on voyait le tombeau de Nicolas Delattre et de Claire Dupont, sa femme, qui par leurs bienfaits avaient contribué à l'agrandissement de l'église au xvi° siècle ; elle fut supprimée dans le courant du xviii°. La preuve s'en trouve dans un compte de 1618, où on lit : « elle est située entre les deux piliers vis à vis la maison de la *Coupe d'or*, c'est-à-dire celle qui fait le coin de la rue du Chapeau-de-Violettes. »

Outre toutes ces chapelles, il y en avait encore deux autres dans la nef, adossées à chaque côté du jubé. A gauche, en entrant dans le chœur, se trouvaient l'autel et la chapelle des *Cinq plaies*. Or tout le monde sait combien la dévotion aux plaies de Notre-Seigneur était fervente en France au xvi° siècle, et combien elle l'était dans ce diocèse, surtout depuis que l'évêque François de Halluin avait établi en leur honneur une confrérie des Augustins à Amiens, comme un préservatif de la morsure des loups et autres animaux dangereux. Au côté droit se voyait une autre chapelle dédiée à saint Antoine, que l'on invoquait contre la peste, et en l'honneur de qui se portait tous les ans un cierge à *Conty*.

En parcourant les registres de la fabrique on trouve encore une chapelle dans laquelle était la confrérie du saint nom de Jésus en 1591, mais il n'existe aucune trace de l'endroit où elle était située. Enfin, dans les registres de cette même année, on voit que tous les ans, du 17 novembre au 1er dimanche de décembre, on établissait un oratoire dans la nef, devant le crucifix.

§. 22. Trésorerie.

Derrière le maître-autel et au-dessous de la croisée de l'abside, du côté de l'évangile, se trouvait autrefois une porte par laquelle on allait du sanctuaire ou cancel dans une salle voûtée en pierre, éclairée par deux fenêtres grillées donnant sur la rue du Four de la Poterie, et au lieu de laquelle se trouve aujourd'hui une arrière cour.

Située à côté du presbytère et de l'église, cette salle était destinée à la conservation des reliques, des joyaux et de l'argenterie qui appartenaient à l'église St-Germain ; Là aussi étaient déposés les coffres renfermant les archives de la paroisse, et les marguilliers y tenaient leurs assemblées. Aussi cette pièce ne fut-elle connue jusqu'au milieu du xviie siècle que sous le nom de trésorerie.

Jusqu'à cette époque elle ne renferma jamais aucun des ornements dont se revêt le prêtre. Si j'en crois les anciens inventaires, il y avait dans chacune des chapelles un coffre dans lequel étaient tous les objets nécessaires à la décoration de l'autel, ainsi que les ornements dont le prêtre se servait dans les jours ordinaires pour célébrer les saints mystères. Ceux dont on ne se servait qu'accidentellement et dans les jours solennels, étaient pliés et rangés avec soin dans des coffres placés dans la tribune des orgues. Suivant l'ancien usage, le prêtre s'habillait à l'autel ou près de l'autel, et il n'y avait point de *sacristie*.

Cette assertion pourra peut-être paraître un peu téméraire, aujourd'hui que nous sommes habitués à voir les prêtres se revêtir de leurs ornements dans des lieux affectés spécialement à cet usage. Mais en nous reportant aux temps anciens, nous verrons qu'elle est complètement exacte. Pour nous en convaincre, il suffit de jeter les yeux sur ce qui se passe encore de nos jours dans les cathédrales, lorsque l'évêque officie pontificalement. C'est à l'autel ou près de l'autel qu'avant de commencer la messe le pontife se revêt des ornements prescrits par l'église, parce que, suivant la tradition, avant la nouvelle disposition des sanctuaires, c'était au lieu même où il avait son siége, et que l'on nommait le *presbyterium*, qu'il se revêtait de sa chasuble et des ornements nécessaires.

Cet usage pour les prêtres de s'habiller à l'autel ou près de l'autel dura fort longtemps; peu à peu on chercha à trouver un emplacement où le prêtre pût se dérober à la vue des fidèles pour se vêtir des ornements sacrés.

Ainsi contre les maîtres-autels on plaça des rideaux derrière lesquels les prêtres allèrent s'habiller, comme cela se pratique encore dans beaucoup d'églises de village; puis aux rideaux, on substitua des boiseries, et enfin on finit par construire près du sanctuaire et en dehors des églises de petits bâtiments propres à cette destination, et auxquels on donna le nom de *sacristie*.

Il ne faut donc pas confondre la sacristie d'une église avec sa *trésorerie*. La première est d'une invention toute nouvelle et ne remonte pas au delà du xviie siècle ; tandis que la trésorerie, appelée au moyen-âge *Diaconicon*, remonte à la plus haute antiquité et date toujours de la construction même de nos églises.

Dans l'église St.-Germain, la trésorerie datait de la construction de ce monument, et ce n'est qu'en 1658 que l'on commença de s'en servir pour y mettre les ornements, et y faire habiller les prêtres. Nous en trouvons la preuve dans l'établissement des armoires qui y furent placées à cette époque, et qui, suivant les registres aux comptes, furent au nombre de sept, deux grandes et cinq petites ; dans la confection d'une piscine qui fut faite en 1666, et dont le prix s'éleva à 23 liv. 6 sols (1).

Ce lieu servit donc de sacristie à compter de 1658 ; dès ce moment, tous les objets précieux furent transférés dans le presbytère avec les coffres renfermant les archives, et le tout fut placé dans un appartement séparé, que l'on fit construire exprès, où les marguilliers tinrent leurs séances, et qui porta le nom de *chambre des marguilliers*.

Cela dura jusqu'en l'année 1676, époque à laquelle il se fit tant de changements dans l'église. La sacristie an-

---

(1) Payé 71 livres de plomb . . . . 14 l. 16 s.
  Au maçon, pour façon . . . . 2 »
  Au menuisier 6 10
                          Total . . . . 23 l. 6 s.

cienne ne convenait plus et on chercha un local propre à en construire une nouvelle. D'abord on avait parlé de ne changer que la porte d'entrée, pour ne pas la laisser derrière le maître autel, et une délibération du 14 avril avait décidé qu'il serait fait dans la chapelle St-Nicolas une ouverture, par laquelle on entrerait dans un corridor qui ménerait à la sacristie ; mais cette délibération fut bientôt rapportée, et, le 9 mai 1776, il fut définitivement arrêté que la sacristie nouvelle serait établie sur l'emplacement du cimetière dont on se servait peu, et qu'elle le remplacerait dans toute sa longueur. Ce dernier avis prévalut, et la sacristie fut placée contre le jardin du presbytère, au lieu et place du cimetière, et telle que nous la voyons encore aujourd'hui.

§. 23. Reliques. [1]

Le titre le plus ancien qui fasse mention des nombreuses reliques possédées jadis par l'église St.-Germain, est une charte de l'an 1316, dans laquelle on voit Firmin le Fruitier, membre de la famille de ce nom que nous retrouvons sur la liste de notre échevinage, ancien paroissien de St.-Germain, et en 1316 religieux de l'abbaye de Corbie, faire don à son ancienne église paroissiale d'une chasse en argent doré, d'une grande beauté, remplie de reliques nombreuses et d'un grand prix.

Cette charte, émanée de Henri, abbé de Corbie, à la

(1) Au XVIe siècle la possession des reliques donna lieu à de vives contestations entre les marguilliers et l'abbaye de St.-Jean. La justice fut même obligée d'intervenir. Les prétentions de l'abbaye n'ayant point été admises, la propriété en resta à la fabrique.

date du mercredi après la Pentecôte de l'année 1316, nous donne tout à la fois la description de la chasse et la désignation de toutes les reliques qu'elle renfermait. A ce double titre elle est trop précieuse pour l'histoire de l'église pour ne point mériter de trouver ici sa place. Elle est ainsi conçue :

« Omnibus hec visuris, Henricus, permissione divinâ monasterii Corbeiensis nullo medio ad Romanam ecclesiam pertinentis, abbas, salutem in Domino.

» Noveritis quod in quodam vase argenteo, pro majore parte sui deaurato, ad modùm casse, seu fetrule figurato, habenti in summitate sui saphirum magnum et mundum, ad modum crucis retrò perforatum seu incisum, et grossam margaritam supra positam. Quod vas cum sanctorum reliquiis mihi reclusis magister Firminus dictus Fructuarius, elitus et consiliarius noster dilectus, parochiali ecclesiæ sancti Germani Ambiensis, devotionis intuitu, se oblaturum proponebat, ut dicebat. Venerabiles sanctorum reliquiæ quæ sequuntur, prout tam ex antiquis scripturis quàm personarum notabilium testione, ac aliis probabilibus et verisimilibus indiciis certificari potuimus, continentur, quas sanctorum reliquias in eodem vase propriis manibus posuimus, et etiam reclusimus modo et ordine inferiùs annotatis.

Primò videlicet in incisione dicti saphiri de ligno crucis domini nostri.

Item, in longitudine dicte casse seu fetrule, in parte superiori, antè, primò, *in prima appentura* incipiendo et parte dextera procedendo versùs sinistrum, de osse capitis beate Marie Magdalene. *In secunda appentura*, de capillis et coopertorio capitis beate Marie Virginis. *In tertia appentura*, de ligno crucis domini nostri. *In quarta appentura*, de sepulchro domini. *In quinta appentura*, de osse brachii beati protomartyris Stephani.

» Item in longitudine casse seu fetrule, in parte inferiori, ante primo. *In primo arculo,* incipiendo et procedendo modò quo superiùs, de osse brachii sancti Simeonis prophete. *In secundo arculo*, de costa beati Firmini confessoris. *In tertio arculo*, de ossibus sanctorum Innocentium. *In quarto arculo*, de casula beati Germani. *In quinto arculo*, quædam fictula vitrea, in quâ continetur de oleo quod emanavit de corpore beati Nicolai confessoris.

» Item in longitudine dicte casse seu fetrule, in parte superiori, retrò, incipiendo à parte dextrà, et procedendo versùs sinistrum, primò. *In prima appentura*, de ossibus sanctorum Cornelii et Cypriani, in sindone rubra involutis. *In secunda appentura*, de osse beati Laurentii, martyris gloriosi. *In tertia appentura*, crux de ligno crucis beati Andree apostoli. *In quarta appentura*, de ossibus beatorum Gervasii et Prothasii. *In quinta appentura*, de ossibus capitis beati Leonardi.

» Item in parte inferiori longitudinis dicte casse seu fetrule, retrò incipiendo et procedendo modo quò suprà. *In primo arculo*, de osse beati Acheoli. *In secundo arculo*, de dalmatica et amictu sanguinolento in quibus fuit decollatus beatus Lucianus martyr gloriosus. *In tertio arculo*, de sancto Achy. *In quarto arculo*, de sudario in quo fuit involutum corpus beati Eligii confessoris. *In quinto*, de ossibus brachii sancti Constantini imperatoris.

» Item in latitudine seu spissitudine orientali dicte

casse seu fetrule, *in parte inferiori*, duo dentes undecim millium virginum. Item *in parte superiori*, de petra orationis dominicæ. Item in latitudine seu spissitudine orientali dicte casse seu fetrule, *in parte inferiori*, de ossibus gigniarum sancte Benigne virginis. Item *in parte superiori*, de carbonibus de quibus fuit ustatum sanctissimum corpus beati Laurentii martyris.

» Item in quadam clausura seu receptaculo immediate superposito predicti vasis, continentur in aperto reliquie que sequuntur. Primò, *in prima parte*, de ossibus Ypolitis martyris gloriosi.

» Item, *in parte retro*, de ossibus beati Georgii marthyris.

» Item in latitudine seu spissitudine dicti receptaculi *orientali*, de ossibus sancti Christophori.

» Item in spissitudine *occidentali* dicti receptaculi, de ossibus beate Juliane virginis.

» Item in dicto receptaculo continentur in abscondito involuta, de sancto monte Sinay, et de aliis sanctorum reliquiis quorum nomina sunt ignota.

» In quarum omnium testionem et evidentiorem memoriam in futurum, sigillum nostrum presentibus litteris duximus apponendum.

» Datum anno domini millesimo trecentesimo sedecimo, die Mercurii post Penthecosten. »

Après ce document, le plus ancien qui puisse être invoqué pour démontrer que dans les siècles suivants cette église a toujours continué à posséder un grand nombre de reliques, est l'inventaire dressé en 1439.

Nous y voyons un morceau de la vraie croix renfermé dans une croix en bois recouverte en argent ; — une dent de saint Jacques dans un petit reliquaire ou joyel ; — un os de saint Germain dans un bras de bois doré ; — un de saint Lambert dans un bras de bois recouvert d'argent doré ; — des os de saint Blaise dans un hanap en argent ; — le menton du même saint dans un reliquaire en cuivre doré, supporté par deux anges.

On y trouve en outre une relique dont on ignore le nom, enchassée dans un reliquaire en argent doré, porté sur quatre honcheaux que tiennent deux anges ; — une relique que l'on dit *la petite fierte,* assise sur quatre petits honcheaux où sont enchassées plusieurs reliques, et est dite la petite fierte en argent doré ; — une relique ou joyel en fachon de cloquier que tiennent deux anges ; — une petite relique ou joyel à cloquier sur quatre petits honcheaux ; — une autre petite relique qui est un petit *longuerte* sur quatre pieds.

Dans l'inventaire de 1549, le plus ancien après de celui de 1439, on trouve une grande diminution dans les châsses, reliquaires et joyaux, on n'y voit plus figurer que les objets suivants :

Deux bras en bois garnis et dorés où sont les reliques de M. St.-Germain ; un petit reliquaire partie en argent, partie en cuivre ; un autre fachon d'église en cuivre doré, garni d'épaisses vitres ; un autre, où est la dent de Mme Ste-Appoline ; un autre grand reliquaire en cuivre doré avec deux verres aux angles ; un autre où est le menton de St.-Blaise, porté par des anges, en cuivre doré ; enfin un autre petit reliquaire doré dans lequel il y a plusieurs ossements, et le hanap de St.-Blaise en argent et le pied en cuivre.

En comparant cet inventaire du xvi⁰ siècle avec celui du xv⁰, on n'y voit plus les anciens reliquaires ni les châsses en argent doré, et si l'on compare ceux du xvii⁰ avec ceux du xvi⁰, la différence deviendra encore plus frappante, car dans le xvii⁰ siècle nous ne verrons plus que le bras de St.-Germain et le reliquaire de St.-Blaise. En parcourant les registres aux comptes, on ne trouve aucun motif évident de cette diminution dans les reliques ; cependant je pense qu'on peut l'attribuer non seulement au malheur du temps mais encore aux nombreux impôts de guerre dont la paroisse fut grévée dans les trois derniers siècles et pour lesquels elle fut plus d'une fois obligée de vendre une partie de son argenterie et de ses joyaux.

Pendant longtemps on n'eut d'autres reliques de saint Germain que celles du bras de bois dont il vient d'être parlé. Ce ne fut que dans le xvii⁰ siècle, vers 1659, que la ville d'Amiens finit par obtenir une portion un peu plus considérable du corps de cet apôtre de la picardie ; elle en fut redevable au curé Cauchie.

Jean Cauchie, religieux profès de l'abbaye de St.-Jean, fut en effet celui de tous les curés de St.-Germain qui s'occupa le plus de rétablir le culte et d'honorer la mémoire du Saint auquel son église était dédiée. Avant d'arriver à St.-Germain, ce savant religieux s'était déjà fait connaître par sa bonne administration, son goût pour l'étude et son zèle à diriger les âmes, dans la paroisse de St.-Firmin-au-Val, dont il fut le curé de 1624 à 1642. Nommé curé de St.-Germain en cette dernière année, sa grande vénération pour son nouveau patron lui fit concevoir la pensée de faire connaître à ses nouveaux paroissiens, comme à tous les habitants de la ville d'Amiens, la vie et les miracles de l'illustre martyr auquel ils avaient depuis plusieurs siècles une dévotion toute particulière ; il s'occupa donc de ce travail avec tout le zèle dont il était capable. Quatre ans s'étaient à peine écoulés depuis son installation dans la cure, qu'il fit paraître à St.-Quentin, chez le libraire Claude Lequeux, *l'histoire de la vie et des miracles de saint Germain l'écossais*, avec un office pour le jour de sa fête. Cet opuscule fut accueilli à Amiens avec la plus vive satisfaction, et le père Bollandus à qui l'auteur s'était empressé de l'adresser, lui en témoigna toute sa bienveillance, en lui promettant de se servir de son œuvre pour le grand ouvrage qu'il commençait alors sur la vie des saints. Encouragé par ce succès et toujours poussé par son zèle, Jean Cauchie ne voulut point en rester là. Dans son opuscule, il avait bien raconté la vie, les miracles et la fin glorieuse de St.-Germain ; il avait parlé des églises bâties en son honneur, et plus particulièrement de celle qui avait été élevée sur le tombeau de l'apôtre. Mais, en visitant l'église de St.-Germain-sur-Bresle, il avait trouvé le tombeau vide, et il lui importait de savoir ce qu'était devenu le corps qui jadis y avait été déposé. Déjà plus d'une fois il s'était adressé à l'abbaye de St.-Fuscien, de qui dépendait le prieuré de St.-Germain-sur-Bresle, et les religieux lui avaient procuré des renseignements, mais il n'avait pas encore obtenu ce qu'il désirait. Les circonstances n'étaient pas non plus favorables ; la Picardie était à cette époque le théâtre de la guerre entre la France et l'Espagne, et les relations de pays à pays devenaient de plus en plus difficiles. Jean Cauchie ne se laissa pas effrayer par les difficultés, et n'abandonna point son projet ; lorsque les temps devinrent un peu plus calmes, il établit une correspondance avec plusieurs maisons de Bénédictins, et finit par être sur les traces des renseignements qu'il cherchait depuis si longtemps.

En 1652, un religieux du Mont St.-Quentin lui apprit que, suivant la tradition, le corps de saint Germain avait été transféré de St.-Germain-sur-Bresle à Ribemont, diocèse de Laon, et que depuis huit cents ans les reliques de cet apôtre étaient conservées dans l'église de St.-Pierre à Ribemont (1). Ce premier renseignement le mit bientôt à même d'en obtenir de plus circonstanciés. Jean Cauchie écrivit au curé de Ribemont et en obtint une réponse des plus saisfaisantes.

Il apprit en effet par lui que, depuis huit cent ans environ, l'abbaye des Bénédictins de Ribemont possédait dans une châsse les restes glorieux de St.-Germain l'écossais ; mais qu'en 1650, le 7 juin, avant le siége de la ville de Guise, quelques troupes ennemies s'étant détachées du corps d'armée conduit par le vicomte de Turenne et le comte de Fuensaldagne, vinrent s'emparer de la ville de Ribemont et la mettre au pillage, sans en excepter l'église de St.-Pierre. La châsse de St.-Germain qui était en argent doré fut alors brisée à grand coups de marteau, mais les soldats ayant vu les ossements du corps comme s'ils eussent été attachés *à carnalité et nerves,* eurent une si grande appréhension qu'ils s'enfuirent en abandonnant l'argenterie et les pierreries de la châsse, objet de leur convoitise. Ces saints ossements furent aussitôt re-

(1) Voir note N.

cueillis par quelques personnes pieuses que les soldats tenaient liées et garottées pendant la rupture de la châsse, et qui, devenues libres après leur départ, s'empressèrent d'en ramasser les débris et de les transporter à Lafère où ils restèrent cachés jusqu'à la paix, époque à laquelle on les transporta de nouveau à Ribemont (1).

Ces reliques étaient encore dans la ville de Lafère, lorsqu'en 1659 le curé Cauchie, après s'être entendu avec M. de Tupigny, curé de Ribemont, se rendit dans cette ville, et obtint de ce dernier une partie du corps de St.-Germain consistant dans un os d'une cuisse, une côte, un os des vertèbres, et un morceau de la machoire à laquelle était encore attachée une dent (2).

Satisfait d'avoir enfin obtenu les reliques précieuses qu'il convoitait depuis si longtemps, le curé Cauchie revint à Amiens les présenter à l'évêque qui, sur son récit, les vérifia dans sa chapelle, le 3 avril 1660. Un procès-verbal fut dressé de cette vérification, et les reliques furent remises au curé enfermées dans une boîte en chêne scellé du sceau épiscopal en cinq endroits divers (3).

Le curé Cauchie fit aussitôt commencer des quêtes dans sa paroisse afin d'obtenir l'argent nécessaire pour faire construire une châsse dans laquelle il pût déposer les reliques et les exposer à la vénération des fidèles. Il fut loin de recevoir tout de suite ce qu'il lui fallait, et ce ne fut qu'en 1662 qu'il put commencer l'œuvre qu'il avait entreprise, et qu'une délibération du Conseil de fabrique le

(1) Voir note O.
(2) Voir note P.
(3) Voir note Q.

chargea de se rendre à Paris pour traiter avec un orfèvre de la construction de cette châsse. Mais le curé Cauchie, muni des pleins pouvoirs de ses paroissiens, chargea de ce travail un habitant de la ville nommé Pierre de Paris, orfèvre, demeurant paroisse St.-Remi.

D'après le traité passé avec ce dernier le 20 octobre 1663, la châsse devait être faite en argent, et composée de divers tableaux ciselés, sculptés, et attachés les uns aux autres, représentant les faits les plus remarquables de la vie de saint Germain. Les personnages de ces tableaux devaient être relevés en demi-bosse. Au bas, dans des cartouches, seraient inscrits des distiques latins qui en donneraient l'explication. Entre les piédestaux des tableaux, des inscriptions porteraient *comme les reliques de saint Germain avoient été mises dans la chasse.* Le curé Cauchie s'était réservé le choix des sujets, et les fournitures des modèles qui devaient lui être remis ensuite; l'orfèvre s'était engagé à fournir l'argent nécessaire à la confection de ces tableaux, au titre de Paris, à raison de 28 liv. le marc, et 60 liv. pour la façon, ciselure et sculpture de chacun des tableaux, qui devaient être au nombre de dix; il fut avancé de suite à l'orfèvre le prix de six marcs d'argent ou 168 liv. Malgré tout le zèle déployé en cette circonstance par le curé Cauchie, il ne put voir terminer l'œuvre à laquelle il attachait tant de prix. Il avait bien été stipulé dans le traité, que l'orfèvre serait tenu de fournir un tableau tous les mois, mais cette condition n'avait point été observée, et ils n'étaient point encore terminés, lorsqu'en 1668 le curé Cauchie fut atteint de la peste et mourut victime de son zèle pour ses paroissiens. Il en fut de même de l'artiste. A son défaut on en chargea un orfèvre de Compiègne nommé Jean Boucher, qui mourut aussi avant d'avoir terminé ; cette œuvre fut alors confiée aux soins des nommés Bernard et Briseur, orfèvres à Amiens, qui la terminèrent enfin.

Le curé Boucher, qui avait succédé au frère Cauchie dans la cure de St.-Germain, apporta tous ses soins à la confection de l'œuvre que son prédécesseur avait commencée ; elle était près d'être terminée, lorsqu'en 1672 s'éleva une difficulté entre les marguilliers et le curé au sujet d'un des tableaux de la châsse, et cela en retarda encore la confection. Le curé s'y était fait représenter sous la figure d'un religieux, revêtu d'un surplis et d'une étole, tenant d'une main un bonnet carré et de l'autre une châsse qu'il offrait à St.-Germain, avec la devise :

Vincit serpentem et matri dat cæde peremptum :
Gesta offert divo pastor et ossa simul.

Cette action déplut aux membres de la fabrique ; c'est pourquoi, s'étant réunis le 8 juin 1672 en l'absence du curé, il décidèrent que ce tableau serait détruit, et qu'après avoir indemnisé l'orfèvre, il en serait fait un autre sur lequel serait gravé et relevé en bosse un des miracles de St.-Germain, qui le représenterait dans un vaisseau agité par la mer, avec une devise analogue, et conformément au sujet d'une tapisserie donnée par le sieur Devillers.

Le Conseil de fabrique alla plus loin encore, et, pour empêcher désormais tout retard dans la confection de la châsse, comme aussi pour faire exécuter la décision qu'il venait de rendre, il chargea Jean Paillard, marguillier en charge, et les sieurs Fontaine, Montigny et Groult, de remercier le curé des soins qu'il avait pris jusque là, et de lui annoncer que la compagnie révoquait les pouvoirs qu'elle lui avait donnés. Cette commission pénible n'étant point acceptée par les membres désignés, on nomma MM. Decourt, Witasse et Guillain, qui, n'éprouvant pas les mêmes scrupules, se chargèrent d'accomplir la mission du Conseil.

En 1673 la châsse fut enfin terminée et payée; elle était en argent et pesait 85 marcs une once. Les principales actions de la vie de saint Germain y étaient représentées en bas-reliefs ciselés, dans dix tableaux séparés par des pilastres d'ordre corinthien. La crète de la couverture, en dos d'âne, était embellie d'un travail fort délicat. Le milieu était orné d'une petite figure d'argent représentant saint Germain en habits pontificaux. Dans les plates-bandes qui règnaient au-dessus, sous les cartouches, étaient ciselés plusieurs vers latins expliquant l'histoire de ce martyr.

Il ne s'agissait plus que de savoir où la châsse serait placée, et c'est alors que de nouvelles difficultés s'élevèrent. Il y eut en effet, dans le Conseil, une grande diversité d'opinions à cet égard. Les uns voulaient qu'on la plaçât dans le fond de l'abside, au-dessus du maître-autel; les autres s'y opposaient par ce motif que les reliques des saints ne doivent point être élevées au-dessus de la gloire où l'on met le Saint-Sacrement, et prétendaient que leur place était généralement sous l'autel. Pour trancher le différend, on convint d'appeler MM. Joyeux, prévôt, Houlon, préchantre de la cathédrale, tous deux grands vicaires de Mgr l'Évêque d'Amiens, Piettre, chanoine, et Bernard, promoteur de l'officialité, et de s'en rapporter à leur décision. Ces Messieurs, après s'être exprès transportés dans l'église St.-Germain, et après avoir examiné avec beaucoup d'application, dit le procès-verbal, tous les endroits de l'église, n'en ont pas trouvé de plus sortable ni de plus digne que le dessus du fond du tabernacle du grand autel. Ils ont jugé que le tabernacle où l'on dépose le Saint-Sacrement, étant suffisamment détaché du fond, qui semble faire un corps d'architecture et de sculpture séparé du tabernacle, il n'y avait aucune indécence à placer la châsse en ce lieu qui est le plus éminent de l'église, et que tous les autres endroits n'auraient pas été assez dignes du mérite de ce très-illustre martyr, son patron et spécial protecteur.

Toute difficulté étant donc levée, le 29 avril suivant on procéda à l'inauguration de cette châsse, bénite quelques jours auparavant par Mgr l'Évêque d'Amiens. Les reliques y furent renfermées par le curé Boucher, nommé à cet effet. Après avoir fait garnir le dessous d'une plaque d'étain, on la plaça sur quatre lions en bois argenté dans la niche qui lui avait été préparée. Plus tard on la renferma dans un coffre en bois, et elle resta là jusqu'à la fin du xviiie siècle qu'elle en fut retirée et envoyée à la monnaye. En 1793 les reliques qui y étaient renfermées échappèrent heureusement à la profanation. Rendues à l'église aussitôt après sa réouverture, elles y sont encore aujourd'hui renfermées dans une châsse en bois doré provenant de l'église des Capucins de cette ville, de même que celle de la cathédrale d'Amiens.

Cette châsse qui, d'après ce qui vient d'être dit, était fort belle et d'un grand prix, avait été faite avec les dons et les offrandes des paroissiens. Si nous parcourons les registres aux comptes de 1660 à 1673, nous verrons que, outre les quêtes faites à domicile, et les offrandes remises au curé en particulier, les marguilliers et les porteurs du dais à la procession du St.-Sacrement, ont fourni à eux seuls une somme qui s'élève à plus de 2,000 l.

Ainsi que l'avait prévu le curé Cauchie, l'apparition des reliques du patron réchauffa bientôt le zèle et la dévotion des paroissiens, et un grand nombre d'offrandes et d'ex-voto ne tardèrent pas à venir enrichir encore la châsse de saint Germain. Nous en trouvons la preuve dans l'inventaire de 1689, dans une délibération de l'année 1748, et dans le compte de 1764. Dans ce dernier compte nous voyons le curé de Guillebon vendre à un nommé Escoffier, bijoutier, une grande quantité d'objets provenant de la châsse de St.-Germain, tels que bagues, médailles et bijoux, pour une somme de 509 liv. 15 s. (1)

La trésorerie ne renfermait pas seulement les reliques et les reliquaires dont il vient d'être parlé, on y déposait encore les vases sacrés, les joyaux, les linges précieux, les

(1) Outre les reliques de saint Germain rapportées par le curé Cauchie, l'église possédait encore à la fin du dernier siècle, nous dit le Père Daire, deux os du même saint, conservés l'un dans une croix d'argent doré, l'autre dans un bras d'argent; un os de saint Lambert; l'os guttural et le menton de saint Blaise; des os de sainte Marguerite, de saint Jean, évêque et confesseur; une dent de sainte Appoline, une côte de sainte Benoîte; une parcelle de la vraie croix, quelque chose du sépulcre de Jésus-Christ, de la colonne à laquelle il fut attaché, et du vêtement de la Vierge.

tapisseries et les livres. Tous ces objets, de même que les ornements renfermés dans des coffres, étaient confiés à la garde d'un clerc qui, dès son entrée en fonctions, prenait l'engagement solennel de répondre personnellement des objets remis en ses mains, et était obligé de donner caution suffisante, ou de présenter quelqu'un qui répondît pour lui de leur valeur. C'est par suite de cet engagement, rédigé habituellement dans la forme authentique, que nous voyons, dans deux délibérations de 1568, un clerc condamné à rétablir un calice perdu et une chasuble qui avait disparu, ou à en payer le prix, encore qu'il n'y eût point de sa faute ; et que, dans une autre délibération de 1592, il est dit : *les clefs de l'église sont confiées au clerc chargé de ce qui est dans l'église, et qui en répond.*

§ 24. ARGENTERIE.

(*Extrait de l'Inventaire de* 1439).

Trois calices en argent doré, dont on se sert à l'ordinaire.
Un grand calice en argent doré, estoffé de platine, etc.
Deux enchensoirs d'argent, pesant 7 marcs et demi.
Deux petites burettes d'argent.
Un afiquié d'argent, servant à cappe.
Un chief à semblance de femme, où sont plusieurs reliques encassées.

(*Extrait de l'Inventaire de* 1549).

Un calice vermeil doré, pied en cuivre, pesant 2 marcs et demi, 2 onces.
Un autre petit calice en argent doré.

Un autre calice avec sa platine, le tout en argent doré, pesant 3 marcs un sixain.

Un autre calice avec sa platine, en argent doré, sur le pied duquel est une croisette en argent doré ; pesant un marc et demi, un sixain et demi.

Un autre calice en argent doré, avec sa platine, sur le pied duquel est un escu émaillé, pesant 2 marcs, demi-once, demi-sixain.

Un calice en argent, pesant un marc, 3 onces et demie.
    - Id.   pesant un marc, demi-once.
    Id.   (pied en cuivre), pesant un marc, 3 onces et demie.

Un ciboire en argent doré.
Une petite boîte en argent doré.
Deux encensoirs en argent, pesant 6 marcs une once.
Deux paix en cuivre, fond émaillé garni d'argent.
Une grande croix en argent, partie dorée, garnie de deux reliquaires pendant à deux ramettes d'argent, et pied en argent.
Une croix moyenne, partie en argent, partie en cuivre.
Un livre où sont les évangiles, couvert en argent.
Une petite croix en argent doré.

(*Extrait des Inventaires de* 1634 *et* 1641).

Un vaisseau, dans lequel on met le Saint-Sacrement aux jours les plus solennels, en argent, pesant 7 m. 2 o. et demie, qui, en 1663, fut augmenté de 5 o. trois quarts.

Un ciboire, qui sert à porter le Saint-Sacrement aux malades, et dans lequel est une boîte, le tout en argent doré.

Une boîte en argent doré, avec son couvercle, dans laquelle sont conservées les hosties.

Une petite boîte suspendue sur le grand autel, dans laquelle on conserve trois hosties.

Une croix en argent doré, dans laquelle est enchassée une partie de la vraie croix, pesant 2 marcs 5 onces.

Deux autres croix en bois recouvert d'argent.

Deux bâtons en argent pour les chappiers.

Un bâton couvert d'argent pour le porte-croix (1).

Un petit bâton garni de deux petites bandes d'argent, dont se sert le serviteur de l'église aux assemblées des marguilliers.

Deux bras garnis d'argent.

Un livre recouvert de quatre petites figures en argent.

Deux petits reliquaires en argent.

Deux encensoirs d'argent, pesant 6 marcs et demi.

Deux chandeliers d'argent, pesant 6 marcs 6 onces.

Deux burettes d'argent, pesant un marc 5 onces et demie (2).

Le plus beau calice avec sa palène, pesant 3 m. 8 o.

Le second calice avec sa palène, pesant 3 marcs, 2 onces et demie.

Deux autres calices, pesant chacun 1 m., 2 o. et demie.

Un quatrième, rompu, pesant 1 marc 5 onces et demie.

---

(1) Donné en 1625 par les porteurs du dais : MM. Goury, François Castel, Jean Bouthors, Pierre Caulière, Jean Delahaye, Jean Leloir.

(2) Donné en 1608 par les porteurs du dais : MM. Lefranc, Louis Postel, Guillaume Cotte, Sébastien Caron, Guillaume Pasturon, Toussaint Viseur.

Deux coupes en argent, pesant chacune 1 marc, 2 onces et demie (1).

Deux paix en argent.

Une lampe en argent, donnée par les porteurs de dais (2).

Un crêmier en argent, avec deux petits vaisseaux aux saintes huiles et une petite cullière (3).

L'inventaire de 1641 reproduit à peu près les mêmes objets que celui de 1634. On y remarque divers articles donnés en échange de divers autres. Ainsi on voit qu'à une certaine époque qui n'est point déterminée, il a été donné un calice profané, un pied de calice, deux coupes, deux vieilles burettes, en échange d'un beau calice en argent doré et de deux burettes pareilles.

On y remarque aussi les objets nouveaux dont la désignation suit :

Un scellet d'argent, pesant 10 marcs, 2 onces, un gros.

Un bassin d'argent, pesant 17 onces, 2 gros, donné par Robert Devillers.

Un beau calice en argent doré, relevé en bosse à l'antique, émaillé de bleu à la paume, avec sa patène dorée.

Deux burettes d'argent.

Un vase d'argent, en forme de soleil, sur un pied

---

(1) Donné en 1614 par les porteurs du dais, MM. Adrien Decourt, Ant. Thuillier, Guillaume Martin, R. de Bailly, Hubert Roger.

(2) Donné en 1629 par les porteurs du dais : MM. R. Caron, Alex. Leroux, Jacques Marys, Jean Thibault, Jean Copart, Henri Moirelle.

(3) Donné en 1609 par les porteurs du dais : MM. Claude Mercier, Guillain Sagnier, Jean Furnel, Mathieu Quignon, Robert Savolles Nicolas Deblez.

d'argent, donné en 1641, pesant 5 marcs, 3 gros (1).

Deux bassinets d'argent, qui sont entre les mains des marguilliers, et dont un a été mis entre celles des confrères de Notre-Dame de Lorette.

Un bassin d'argent pour recevoir les offrandes, donné par Robert Devillers, pesant 2 marcs, une once, 2 gros.

Deux bras d'argent pour mettre à côté du Saint-Sacrement donné par les porteurs de dais (2), pesant 3 marcs 2 onces.

Un grand calice avec sa patène en argent, 3 marcs 3 onc.

Une attache d'argent, pour mettre à la robe du bedeau, 3 onces et demie (3).

Un crêmier avec sa cuillière en argent, 12 onces.

Un soleil en argent, 3 marcs.

Une croix en ébène avec un christ en cuivre doré, pour le maître-autel, et trois autres croix en bois pour les autres chapelles.

De 1641 à 1689 il fut fait divers inventaires de l'argenterie et des joyaux de l'église St.-Germain ; mais comme tous ces divers récolements signalent en grande partie les objets portés en l'inventaire de 1641, sauf quelques modifications, échanges ou additions (4), tant dans les objets

---

(1) Donné en 1641 par les porteurs du dais : MM. Antoine de Buigni, François Boutelier, Nicolas Bourgeois, Ant. Bizet, Étienne Delaplace, Jacques Doublier.

(2) On ne trouve point la date de ce don.

(3) En 1572, Firmin Dufresne, Augustin de Louvencourt, Jean Gé et Nicolas Bourgeois, marguilliers, ont donné une image d'argent représentant saint Germain, pour mettre à la robe du serviteur de l'église.

(4) Ainsi en 1645, le vase contenant les reliques de saint Blaise a été

qui y sont relatés que dans leur poids, je les passerai sous silence, et me contenterai de parler du dernier inventaire dressé par le curé Roussel, le 7 avril 1689.

Dans cet état on lit ce qui suit :

Un reliquaire en argent, dans lequel on conserve le menton de saint Blaise.

Un hanappe dont le vase est en argent, et dans lequel sont enchassés quelques ossements de saint Blaise.

Le reliquaire pèse 4 onces, l'hanappe 8 onces. Il est à remarquer que le pied de ce dernier, de même que les deux anges qui le soutiennent, sont en cuivre argenté.

Deux bras garnis d'argent, dont l'un a la main couverte d'argent et pèse 2 marcs ; l'autre 12 onces.

Deux petits reliquaires, dans l'un desquels sont les reliques de St.-Nicolas, pesant ensemble six onces.

Une croix d'argent doré garnie de reliques, pesant 2 marcs et demie.

Une grande croix couverte en argent, avec le bâton en argent et le Christ en cuivre, le tout pesant 6 marcs (1).

Un vaisseau en argent doré dans lequel on met le Saint-Sacrement au jour de fêtes solennelles, pesant 7 marcs

---

échangé contre un autre pesant 7 onces 6 gros, et en 1689 on voit le même vase figurer dans l'inventaire au poids de 8 onces.

Cette même année, Antoine Lagrenée a donné deux chandeliers d'argent pesant 26 onces 2 gros, et un antiphonier à l'usage d'Amiens.

(1) Il est à observer que l'autre croix dont il a été parlé précédemment, a été portée à la monnaie pour le paiement des droits d'amortissement, pendant l'exercice de Nicolas Leroux, en 1689, et que de plus on y a porté pour le même objet deux chandeliers d'argent pesant 26 onces 2 gros, deux autres chandeliers aussi d'argent, pesant 2 marcs 3 onces et demie, et un bassinet en argent pesant un marc.

2 onces 1/2, augmenté de 5 onces 3/4, en tout 7 marcs 7 onces 3/4.

Une croix en argent, donnée par Hélène Doderel en 1645, pesant 5 marcs.

Un vase d'argent en forme de soleil, 5 marcs 3 gros.

Deux ciboires en argent, dorés en dedans, l'un pour porter le St.-Sacrement aux malades, l'autre pour donner la communion, pesant ensemble 3 marcs et demi.

Une petite boite d'argent, ci-devant suspendue sur le grand autel, pesant 4 onces (1).

Un beau calice relevé en bosse, à l'antique, émaillé de bleu à la paume, avec sa patène, en argent doré, 3 m. 3 o.

Un autre calice en argent doré avec sa patène, 3 m. 3 o.

Un autre petit calice, coupe et patène en argent, avec pied en cuivre estimé 30 liv.

Deux chandeliers d'argent donnés par M. de Louvencourt, pesant 9 marcs.

Deux encensoirs d'argent avec les chaines, 11 marcs.

Un navire ou bigorgne avec sa cuillère en argent, 1 marc, 1/2 once.

Deux paix en argent, 2 onces. Deux autres petites paix.

Deux burettes en argent, 10 onces 6 gros.

Deux autres burettes, 4 onces 6 gros.

Un sceau en argent avec le bâton ou *asperges* donné par François Lenormant, 10 marcs 4 onces.

Une lampe en argent, 8 marcs 3 onces et demi.

Deux bâtons d'argent pour les chapiers, 11 m. 3 onces.

---

(1) Prise pour faire la couronne du St.-Sacrement, avec deux anges tirés du soleil en argent doré.

Un petit bâton d'ébène garni de quatre petites bandes d'argent pour le bedeau, 3 onces.

Un bassinet d'argent servant à la confrérie de la Ste.-Vierge, 2 onces.

Deux chandeliers d'argent, 5 marcs 4 onces.

Six chandeliers d'argent donnés par le curé Boucher, 30 marcs 2 onces.

La chasse de St.-Germain, 85 marcs 1 once.

A tous ces objets dont le poids s'élevait à plus de 240 marcs d'argent et qui, à raison de 52 liv. le marc, valeur de 1750, formaient un capital de plus de 12,000 liv., il faut encore ajouter les dons faits à la chapelle de St.-Germain dont il a été parlé ci-dessus, et l'état des pierreries, colliers et bijoux donnés aussi pour servir d'ornements tant à l'autel, qu'au St.-Sacrement. En 1689, on en avait dressé l'inventaire ainsi qu'il suit :

Une couronne d'argent doré garnie et entourée de deux colliers de perles fines, l'un plus gros que l'autre, avec plusieurs autres petits colliers de perles fines; la dite couronne ornée de rubis, saphirs, diamants faux, à l'exception d'un diamant fin, attaché à un branchon au bas de la croix de cristal.

Une autre couronne de fleurs d'hiver garnie d'une croix en perles et pierres fausses.

Un gros collier de perles fines, placé en haut du St.-Sacrement, en argent doré.

Un autre collier de perles fines à double rang.

Une croix d'or.

Un brillant émaillé, enchassé d'or, avec une grosse perle fine.

Deux autres brillants émaillés, enchassés d'or.

Un grand et un moyen aussi enchassés d'or.

Deux pendants d'oreille avec perles fausses, et deux grosses perles fines.

Une médaille en or représentant le Sauveur et l'Agneau pascal.

Un couvercle de saint ciboire en taffetas brodé à fleurs d'or avec un malet.

Un autre couvercle de taffetas à fleurs rouges avec franges et galons en or fin.

Une boite de carton pour la couronne, couverte d'un satin blanc avec dentelle d'or faux.

Tel était à la fin du xviie siècle l'état des argenteries, bijoux, pierreries et joyaux de l'église St.-Germain. Depuis cette époque il ne fut plus fait d'inventaire. Tous ces objets restèrent en la garde du marguillier comptable, et il est à remarquer que le nombre et la valeur en augmentèrent plutôt qu'ils ne diminuèrent.

D'après les registres aux comptes, en effet, on trouve des mémoires d'orfévrerie qui nous apprennent qu'en faisant remettre à neuf les objets cassés ou avariés on en augmentait presque toujours le poids. C'est ainsi que en 1758, M. Guidé, orfèvre à Amiens, ayant été chargé de faire une grande croix en argent du prix de 1116 liv., on lui donna en paiement 391 liv. en vieille argenterie, et le surplus en argent monnoyé. C'est ainsi encore qu'en 1763 on acheta au curé de St.-Firmin en Castillon six chandeliers d'argent moyennant 208 liv. 6 sols.

Jusqu'à la fermeture des églises, St.-Germain posséda

une argenterie d'une valeur assez considérable, à cette époque, qui fut prise en totalité et envoyée à la monnaie.

§ 24. Tapisseries.

Une des richesses du trésor de l'église St.-Germain était sans contredit la collection de belles tapisseries de haute-lisse qu'elle possédait depuis le commencement du XVIe siècle.

L'inventaire de 1534 est le premier où nous voyons ces objets d'art mentionnées, nous y trouvons 1° huit pièces de tapisserie représentant la vie de Mons. St.-Germain, données à l'église par les marguilliers Adrien Ringard, Martin Baron, Jacques Postel, Nicolas Letellier, Bernard Denis, Claude Caron, Adrien Decourt, Jean de Montigny ; 2° une autre représentant l'annonciation de la Ste.-Vierge, donnée par Alexandre Levielle ; 3° deux autres données par Samuel Ganoury, 4° enfin une petite pièce de tapisserie *vielle* donnée par Louis-Petit.

Dans les inventaires des années 1641 et suivantes, nous retrouvons ces mêmes tapisseries avec plusieurs autres ; nous y lisons en effet : douze grandes pièces de tapisseries de haute-lisse représentant la vie et les actes mémorables de St.-Germain, données par les marguilliers nommés plus haut, et par MM. Rolland Devillers, Firmin Caron, Antoine Quignon, Jean Caveroy, aussi marguilliers ; deux autres tapisseries de haute lisse ès quelles sont dépeintes les mystères de l'annonciation, de la visitation de la Ste-Vierge, et l'histoire de St.-Nicolas, données par Alexandre Levielle et Jean Denis, anciens marguilliers. Deux autres tapisseries de haute-lisse données par Samuel

Ganoury, ancien marguillier. Une vieille tapisserie donnée par Louis-Petit. Une petite tapisserie fond vert, léguée à l'église par Martin Baron ; enfin cinq autres tapisseries de haute-lisse, ès quelles est peinte l'histoire de Moïse, données par Jean Barré, Barthélémy Destriges, Maurice Bouthors, et Jean Lombard, anciens marguilliers.

Toutes ces tapisseries, au nombre de vingt-trois, étaient placées les jours de fête dans le chœur et dans la nef, suspendues à des pièces de bois posées contre les piliers.

Il paraît que pendant longtemps il était d'usage de les prêter aux églises de la ville, de même qu'on prêtait aussi les ornements précieux à certains jours, et cela à charge de revanche. Mais les inconvénients que l'on y trouva firent qu'en 1648 une délibération du Conseil de fabrique mit fin à cet usage, et défendit formellement qu'à l'avenir aucun marguillier en charge se permit de prêter les tapisseries, les ornements, l'argenterie de l'église, à aucune paroisse, église cathédrale, collégiale, maison religieuse, sous quelques prétexte ou motif que ce fût ; et lors même qu'il s'agirait d'obtenir ainsi des ornements pour parer et décorer l'église de St.-Germain le jour de la fête. Enfin, par la même délibération, le curé fut invité à tenir la main à l'exécution de ce règlement.

Quelque fût le soin que l'on apportât à la conservation de ces objets précieux, on ne put empêcher le temps de les altérer ; aussi, le 18 octobre 1730, intervint entre le marguillier en charge Caron, et le nommé Morand, bourgeois de Paris, un marché, à l'effet d'en raccommoder et d'en remettre à neuf la plus grande partie. Par ce traité, Morand s'engagea à nétoyer et faire revenir en couleurs vives les tapisseries, sans les laver, sans employer de peinture ou autres drogues, à coudre tous les relais, à mettre des pièces aux trous s'il s'en trouvait ; à faire le tout avec une propreté telle que l'on ne pût s'en apercevoir ; enfin à les doubler de toile neuve fournie par la fabrique ; le tout moyennant 5 liv. par chaque pièce.

Les tapisseries confiées aux soins de Morand étaient au nombre de douze, et le traité nous indique tout à la fois et les sujets qu'elles représentaient et les endroits ou elles étaient placées. On y lit : quatre pièces dans le chœur, à droite en entrant, représentant la vie de St.-Germain. Deux pièces tendues dans les croisées de l'église faisant face avant d'entrer dans le chœur ; l'une représentant la visitation de la Ste.-Vierge était à droite, l'autre placée à gauche représentait son annonciation. Quatre pièces dans la nef, à main droite, dont deux représentant des traits de la vie de St.-Germain, et deux autres des actes de la vie de la mère du Sauveur. Les deux dernières représentant d'autres traits de la vie de St.-Germain, étaient placées dans la nef à gauche.

Morand s'engagea en outre à faire revenir *gratuitement* les couleurs de quatre autres pièces de tapisserie placées dans le chœur à main gauche, lesquelles représentaient encore divers traits de la vie de St.-Germain; enfin à faire les mêmes réparations et au même prix, à deux autres pièces qui se tendaient dans le bas-côté, à gauche en entrant, comme aussi à nétoyer une dernière petite pièce qui se met à la chapelle de Notre-Dame des sept douleurs.

Toutes ces tapisseries subsistèrent jusqu'à la fin du XVIIIe siècle et ne disparurent de l'église qu'à sa fermeture.

§ 25. Livres.

Suivant l'inventaire de 1439, les livres consistaient en trois *misseaux* à dire messe, servant au grand autel, à celui de St.-Nicolas, et à celui de Notre-Dame.

Deux bréviaires *tenus à caisnes,* servant sur la table du revestiaire, un manuel, deux antiphoniers, un épistolier, trois psautiers, trois collectoires, deux grands et un ordinaire, deux legendes du temps, et une autre des saints.

Dans l'inventaire de 1534 on voit un livre couvert en argent où sont les évangiles.

Dans le compte de 1580, on trouve l'acquisition, moyennant 50 sols, d'un missel fait et écrit par Pierre Vincent, chanoine de Cambray.

En 1583, on trouve la vente de plusieurs morceaux d'argent provenant de livres et qui en ont été retirés en les faisant relier.

En 1632, le curé Hublée a fait don d'un missel et de deux canons couverts en maroquin rouge.

En 1645, Antoine Lagrénée a donné un antiphonier à l'usage d'Amiens. Enfin le curé Cauchie avait donné avant sa mort un livre manuscrit sur velin, contenant l'office de St-Germain noté en plain-chant.

§ 26. Linge.

D'après les inventaires et les registres aux comptes, il existait dans l'église St-Germain une grande quantité de linge ; des nappes, des serviettes, des amicts, des aubes, des surplis, etc., que l'on divisait en deux classes. Dans la deuxième était tout ce qui servait aux jours ordinaires, et qui n'avait rien de remarquable. Il n'en était pas de même du linge compris dans la première et destiné aux jours de solennité. Sans entrer dans le détail de tout ce qui était destiné aux jours de fête, il me suffira pour montrer la richesse du linge de cette église, de parler de quelques-unes des pièces les plus remarquables. Dans l'inventaire de 1534, je vois figurer des objets du plus haut prix; des aubes garnies de hautes dentelles, sept pièces de dentelle de point d'Angleterre, servant de garniture au maître-autel et aux crédences, une autre pièce de même nature pour la décoration de l'autel des Cinq plaies. Je trouve une certaine quantité de nappes en fil de lin, ouvrage de Venise et d'Arras (1).

En ouvrage de Venise, on en voit plusieurs ayant cinq aunes et demie de longueur sur une demi-aune de largeur ; d'autres ayant huit aunes et demie de longueur sur une demi-aune un quart de largeur.

En ouvrage d'Arras, les unes ont sept aunes trois quarts de longueur sur une demi-aune de largeur, d'autres ont onze aunes, huit aunes et demie, huit aunes un quart, sept aunes trois quarts, cinq aunes de longueur, sur une demi-aune de largeur.

De ces énonciations résulte la preuve que dans l'église St-Germain, la beauté et la richesse du linge ne le cédaient en rien à la richesse de tous les autres objets qui servaient à l'exercice du culte et à la décoration de l'église.

---

(1) Dans les statuts des tisserands, homologués par l'échevinage d'Amiens le 13 novembre 1502, on voit que les tisserands ne fabriquaient plus seulement, comme dans les temps anciens, des toiles et du linge uni, mais des étoffes en laine et soie, façon de Venise et de Damas, et de la *mulquinerie*, ou linge ornée. — Archives de l'hôtel-de-ville, reg. N.

§ 27. Ornements.

Les ornements se divisaient de même que le linge en ornements des jours solennels, et en ornements ordinaires. En parcourant les registres aux comptes du xvi° siècle, nous sommes frappés d'une chose, c'est que les ornements les plus riches sont constamment achetés à des marchands venus d'Angleterre, et que dans les siècles suivants ils sont achetés à des Français. Il est en outre une autre remarque à faire, c'est que les plus beaux comme les plus riches ne sont jamais achetés par la fabrique, mais que ce sont les curés, les paroissiens, les personnes invitées à porter le dais le jour du Saint-Sacrement, les corporations enfin qui en font présent à l'église.

En ouvrant les inventaires du xv° et du xvi° siècle, on trouve beaucoup de ces ornements en drap d'or, en damas, en velours de soie, en satin blanc et rouge, tous relevés en or, et sur quelques-uns même nous apercevons les armes des donateurs.

Il en est de même des inventaires du xvii° siècle. Ainsi nous voyons dans l'année **1632**, le curé Hublée donner à son église une chasuble avec étole, fanon, deux coussins, et un corporal, le tout en drap d'or, un voile en taffetas brodé d'or, une boîte à corporaux en damas blanc avec le *vallet*, et deux corporaux de même étoffe, le tout brodé en or fin ; une tunique en damas blanc à fleurs de diverses couleurs, avec l'étole et le fanon de même étoffe. Ainsi encore les registres de **1639** nous apprennent que Firmin Caron a donné cette année un ornement complet en damas blanc avec franges en or. Enfin, et pour borner ici nos citations, les comptes de 1608 à 1660 nous montrent les porteurs de dais donnant chaque année à l'église soit des objets en argent, soit des ornements de diverse nature.

L'état le plus complet que nous ayons des ornements de l'église St-Germain est celui qui a été dressé en 1689. Les ornements y sont classés et divisés en couleurs, le blanc, le rouge, le violet, le vert et le noir.

Les ornements verts, violets et noir sont assez nombreux, mais n'ont rien qui mérite d'être signalé. Dans chacune de ces couleurs on en voit plusieurs complets, et les étoffes employées sont le damas, le camelot, l'astade et le velours.

La seule remarque à faire, c'est que dans les ornements verts on en voyait un en damas enrichi de broderies antiques. On y voyait aussi une chappe en camelot brodée en or faux, sur laquelle étaient brodées les images de Ste-Anne, de St.-Marcoul, de St.-Fiacre; une chasuble pour la fête de St.-Nicolas avec l'image du saint, et une devanture d'autel en camelot avec l'image de St.-Claude.

Dans les ornements violets on remarque une chape avec l'image de sainte Magdeleine.

Les ornements noirs étaient en velours, passement et franges en argent, parsemés de larmes en argent. Une chasuble de velours noir était enrichie de broderies antiques, une autre en camelot portait les armes d'Augustin de Louvencourt, archidiacre d'Amiens, et sur une devanture d'autel parsemée de larmes en argent on voyait dans le milieu l'effigie de la mort.

Dans les ornements blancs on en voyait un en damas avec passements, molettes et franges en or, qui avait été donné par les porteurs de dais. Il se composait d'une chasuble avec sa dalmatique, sa tunique, son étole, et son fanon, d'une devanture d'autel, et de deux crédences, de deux coussins, de deux pentes simples, deux pentes doubles, deux rideaux et quatre chappes.

Il en existait un autre plus complet encore que le précédent, en satin blanc brodé en or ; je dis plus complet, parce que, outre les pièces mentionnées ci-dessus, il y avait en plus un petit pavillon pour exposer le Saint-Sacrement, un estaplier, une bourse, deux voiles ; sur la chasuble étaient brodées les armes d'Augustin de Louvencourt ; sur la dalmatique, celles de Guillaume Hublée, et sur la tunique l'image de saint Germain.

On remarque encore dans l'inventaire un autre ornement moins complet que les précédents, en satin blanc avec orfrois de satin rouge et passements de soie, pour les jours ordinaires, et un grand nombre de chasubles avec leurs étoles en satin, en droguet, en camelot et en taffetas ; des devantures d'autel, des doubles pentes, des coussins destinés à l'autel de la sainte Vierge, une bannière en damas blanc brodé en or avec franges de même, un drap en taffetas blanc avec croix en argent pour le banc des morts ; une robe en damas blanc pour la Vierge, avec un voile en toile d'argent et passements en or, donné par la corporation des vinaigriers, enfin un petit dais ou palme en toile d'argent avec dentelle et franges en or, pour faire la procession dans l'église, donné par Christophe Cosson et sa femme.

Dans les ornements rouges, on en remarquait un complet comme dessus, en velours cramoisi, brodé en or, avec passements, franges et molettes en or. Un autre composé de même, en damas rouge avec passements, franges et molettes en or. Un autre de même étoffe, et composé de même, avec franges et passements en soie et galons en or, trois chappes en velours rouge brodées en or, sur lesquelles étaient trois chérubins ; une chasuble avec étole, fanon, bourse et voile en velours rouge relevé en or, avec les orfrois en toile d'argent, le tout doublé en taffetas vert. Sur la chasuble étaient brodées les armes de Guillaume Hublée, puis venaient une grande quantité de chasubles en damas, en satin, en camelot, avec passements de soie et orfrois blancs.

Outre tous ces ornements on voyait encore deux bannières en damas rouge, un voile en taffetas de même couleur avec croix et flammes en or, une petite custode de satin rouge avec passement et franges en argent, pour le ciboire des malades. Une devanture d'autel, deux coussins en camelot rouge, le tout garni de passements de soie, pour l'autel des Cinq plaies. Une devanture de la chaire et une autre pour les fonts baptismaux, en même étoffe. Une devanture d'autel, deux pentes simples, deux rideaux, deux coussins, le tout en camelot rouge avec passement en soie, données par la veuve Decourt en 1644, pour l'autel de Notre-Dame des sept douleurs. Un pavillon en velours rouge et passements en or, pour les confrères du Saint-Sacrement.

§ **28.** Dais.

Enfin il y avait plusieurs dais qui servaient soit dans les processions, soit lorsqu'on portait le bon Dieu aux malades. Outre celui qui avait été donné par Christophe Cusson, et dont il a été parlé plus haut, pour porter le viatique, il y en avait encore un autre en damas rouge avec passements et franges en soie, destiné au même usage. Pour les processions, il y en avait aussi plusieurs : 1° un vieux dais en velours rouge gauffré en quatre pièces, garni de soie et franges en or ; 2° un autre, composé de quatre pièces en velours rouge, doublé de taffetas avec passements et franges en or, ce dais avait été donné jadis par le curé Boucher ; 3° un autre en velours rouge doublé de taffetas avec dentelles, franges et molettes en or, donné en 1644 par la veuve de Michel Decourt. A la fin du XVIII° siècle tous ces dais étaient à renouveler, aussi nous voyons la fabrique, en 1772, commencer par en acheter un petit pour porter le bon Dieu aux malades, et, en 1789, en acheter un plus beau pour les processions. Ce dais fut fait par un brodeur d'Amiens nommé Henri Dumoulin, demeurant rue des Jacobins. Le traité nous en indique la grandeur et la richesse. On y voit que Dumoulin s'engage à fournir à la fabrique un dais tout monté, de la longueur de sept pieds sur cinq et demi de largeur, garni de six panaches en plumes blanches avec la carcasse simple et solide, et six bâtons tout ferrés.

Ce dais devait être brodé en relief et bas-relief d'or double de Paris ; le dessin accepté par le curé et les marguilliers dans l'assemblée tenue le 2 mars 1787, représentait des épis de blé et des grappes de raisin, emblêmes du sacrement de l'eucharistie. Les épis devaient être brodés d'or filé en couchure, les raisins en relief guipés en argent, les feuilles de vigne en bas-relief d'or filé en couchure. Dans le milieu de chaque pente, il devait y avoir un médaillon de haut et bas-relief duquel sortirait par le haut à gauche et à droite un cornet d'abondance répandant du blé et des raisins, le tout noué par un ruban qui serait placé au milieu de l'archivolte. Les corniches devaient être en bois de chêne doré, de la hauteur de dix pouces, sculptées conformément au médaillon, dans le genre moderne, et la dorure faite à l'huile. Dans le bas-côté de chaque pente devaient être placées des cassolettes de relief brodées en or filé, et les fumées en argent et soie grise ; sous chaque cassolette, un cul-de-lampe composé de blé et de raisin. Au milieu de chaque médaillon devait être aussi placé un sujet différent. Sur l'une des petites pentes, l'agneau sur le livre des sept sceaux posé sur un autel, et le pélican qui nourrit ses enfants sur l'autre petite pente. Sur l'une des pentes de côté on devait voir l'arche d'alliance, et sur l'autre, la table des pains de proposition, le tout brodé en haut et bas-relief et liseré en milanaise d'or de Paris. Les petites pentes devaient avoir cinq pieds six pouces de long sur dix-huit pouces de large, brodées de même que les grandes et le tout écaillé. Le velours de couleur cramoisi devait être choisi de la valeur de 30 livres l'aune, doublé en taffetas de même couleur, de la valeur de huit livres l'aune, avec une garniture d'une forte frange en or double de Paris, de la hauteur de cinq pouces y compris la tête. La garniture pour les côtés, au bout d'un malet haut de neuf lignes, en or, de la valeur de 84 livres le marc. Les six panaches formés de même que ceux livrés à la paroisse St-Michel.

Le dais entier devait être fourni pour le jour de la procession du Saint-Sacrement de l'année 1787; faute par l'entrepreneur de ce faire, il devait lui être diminué 200 liv. Le prix en était fixé à la somme de 3,000 livres payables en quatre termes, savoir : 1,000 liv. en commençant, 1,000 liv. lors de la livraison, 500 liv. au mois de mars 1788, et 500 liv. au mois de mars 1789. Tous les fils d'or employés pour la broderie devaient être de la même qualité que les franges. Enfin il fut stipulé que ce dais, avant d'être reçu, serait visité par des experts choisis par les marguilliers, et dans le cas où il n'aurait pas été conforme au traité, il devait rester à la charge de Dumoulin, qui fut obligé de donner une caution de 1,000 liv. et présenta à la fabrique Mᵉ Delambre, notaire à Amiens.

NOTE A.

Tombeau de St-Germain

Le lieu où St.-Germain d'Ecosse a reçu la couronne du martyre est depuis longtemps connu dans ce pays sous le nom de St.-Germain-sur-Bresle. C'est un petit village dont la population ne s'élève pas à plus de 218 habitants : il est situé sur la route de Paris à Eu, à un myriamètre environ d'Aumale, sur un des côteaux qui bordent la riche vallée de la Bresle, et sur les confins du département de la Somme. Ce village est compris dans le canton d'Hornoy et fait partie de l'arrondissement d'Amiens; non loin de là, et en descendant le côteau, se trouve, sur les bords de la Bresle, le hameau de *Bretizel* ou *Berthisel*, dans lequel on voit encore les ruines du château occupé jadis par les meurtriers de St.-Germain, et connu sous le nom de *château Hubault*.

Si l'on en croit les chroniqueurs, l'église du village de St.-Germain à été élevée à l'endroit même où ce saint personnage a reçu le coup mortel, et où son corps a été confié à la terre par les soins du seigneur de Senarpont, qu'il avait converti au christianisme. Cette église n'est pas fort ancienne, et ne doit pas remonter au-delà du xvie siècle; elle est placée sur la route entre le cimetière et le prieuré; comprise aujourd'hui dans le doyenné d'Hornoy, elle est desservie par le curé de Beaucamps-le-Jeune; avant la révolution, elle faisait partie du doyenné d'Oisemont; un ancien pouillé du diocèse nous apprend qu'elle avait un revenu annuel de 400 l., et qu'elle relevait de l'abbaye de St.-Fuscien-au-Bois. Suivant cet ancien document, l'abbé de ce monastère en était le patron; la cure était confiée à un religieux de cette maison nommé André Lefèvre, et ce bénéfice était de la valeur de 650 liv. par an. Depuis 1790 les biens affectés tant à l'église qu'au prieuré ont été vendus, l'église n'a plus d'autre revenu que la charité des fidèles, et il ne reste du prieuré qu'une petite grange en fort mauvais état placée dans l'enclos occupé jadis par le Bénédictin chargé de veiller à la garde du tombeau de l'apôtre de la contrée.

Pour arriver à l'église, dont l'abside se trouve placée sur la grande route, il est nécessaire de traverser le séjour des morts. Quoique d'une petite étendue, ce lieu n'en contient pas moins les cendres d'un grand nombre de générations, et les poteries antiques que l'on y rencontre, nous en apportent la preuve.

L'église occupe dans sa largeur la presque totalité de celle du cimetière ; à l'extrémité opposée de la route, se trouve la porte principale, qui n'est d'aucune utilité, par suite de sa proximité avec l'héritage voisin ; aussi l'entrée ordinaire est-elle sur le côté, à peu près au milieu du cimetière ; elle peut avoir 20 mètres de long ; elle est bâtie en briques et en cailloux, suivant l'ancien usage du pays, et sa façade latérale est recouverte d'un paillis.

A l'intérieur elle présente l'aspect le plus misérable ; la nef est séparée du chœur par une muraille découpée, contre les pans de laquelle se trouve de chaque côté un autel, dont le dénuement est le plus complet ; le chœur est plus élevé que la nef de deux degrés, et là, sous une table d'autel en bois soutenue par quatre montants ou piliers de même nature, se trouve le tombeau de l'apôtre. Le caveau qui a reçu ses restes est fermé par une pierre antique, taillée en dos d'âne, plus large du côté de la tête : cette pierre est cassée en deux morceaux inégaux, et sur le plus large sont pratiquées deux ouvertures rondes par lesquelles les pèlerins qui viennent visiter ce saint lieu, peuvent facilement passer le bras pour prendre de la terre qu'ils appliquent sur le corps des malades atteints de la fièvre, afin d'obtenir ainsi leur guérison par l'intercession du saint. Au-dessus se trouve une large pierre sculptée, placée dans un encadrement en bois et soutenue par quatre piliers aussi en bois. Saint Germain y est représenté de grandeur naturelle, revêtu de ses habits pontificaux et entouré de plusieurs anges.

Il est facile de voir que ce cadre, de même que la table de l'autel, sont modernes, et que jadis ils avaient dû être faits d'une manière plus solide. J'en dirai autant des vitrines que l'on place sur l'autel le jour de la fête au commencement de mai, et dans lesquelles sont exposées les reliques du saint, qui sont peu nombreuses; elles consistent en un petit os de la poitrine, enchassé dans un buste d'évêque en bois doré, et dans une parcelle de l'os du bras, enchassé de même dans un bras en bois doré ; ces reliquaires, exposés chaque année pendant la neuvaine de la fête à la vénération des fidèles sont, le reste du temps, renfermés dans une petite armoire pratiquée à cet effet dans le mur du côté gauche du chœur.

Dans ce même mur se trouve une porte qui donne sous la tour du clocher, lequel a été construit sur le terrain du prieuré, afin d'en mettre les réparations à la charge de l'abbaye de St.-Fuscien, et d'en décharger les habitants.

Dans le mur à droite a été pratiquée, depuis le commencement de ce siècle, une ouverture servant de porte à une sacristie construite dans le cimetière et que la destruction du prieuré avait rendue nécessaire pour l'exercice du culte.

Lorsqu'après avoir visité cette église on traverse de nouveau le cimetière pour aller rejoindre la route d'Aumale, il est difficile de se défendre d'un sentiment pénible en comparant le tombeau de l'apôtre et les tombeaux des habitants ; il existe en effet une grande différence entre eux. Dans l'église je vois un tombeau dans un abandon complet, et dont les alentours ne sont pas même carrelés ; dans le cimetière au contraire, je vois des tombes bien parées, entretenues avec une grande propreté et recouvertes de fleurs qui attestent le respect des habitants pour la dépouille des morts. Loin de moi la pensée de réclamer pour le tombeau du Saint le luxe et la richesse, mais qu'il me soit permis de demander pour lui la décence, le respect, et qu'il ne soit pas traité plus mal que ceux des autres fidèles.

Espérons qu'un jour l'autorité religieuse fera rendre en ce saint lieu les honneurs qui sont dus à l'apôtre, et qu'elle sentira la nécessité de restaurer un tombeau près duquel, depuis bien des siècles, les populations sont venues se prosterner et implorer l'assistance de celui qui versa son sang pour les rendre chrétiennes.

NOTE B.

Lettre du Cardinal légat, du 7 janvier 1198.

Petrus, diviná permissione Sancte Marie in via lata dicte cardinalis, sedis apostolice legatus...., Odoni abbati et conventui sanct Johannis Baptistæ, Ambian, etc., etc.

Liceat vobis quatuor vel tres de fratribus vestris instituere, quorum unum dyocesano episcopo presentetis, qui ei de animarum curá, vobis autem de temporalibus et de ordinis observantiá debeat respondere, sicut Premonstratensis ecclesie matri vestre à sede apostolicá inspeximus indulgeri, etc.

Datum in domo Grandimontis apud Gaillonem.

(Cartulaire de St-Jean d'Amiens).

Lettre de Guillaume, archevêque de Reims, février 1198.

Wuillermus dei gratiá Remensis archiepiscopus; sancte ecclesie Romane titulo sancte Sabine cardinalis.... Notum sit.... Quod venerabilis frater Theobaldus Ambianensis episcopus ad petitionem nostram dilectis filiis abbati et capitulo sancti Johannis Ambianensis concessit et indulsit ut in parochiá sancti Germani cujus patronatus ad abbatem pertinet, ab eodem vel à successoribus suis unus de canonicis ecclesie sancti Johannis curatus in perpetuum instituatur. Qui scilicet de animarum curá episcopo Ambianensi, abbati verò suo de temporalibus et de ordinis observantiá respondeat, sicut Premonstratenti ecclesie, matri eorum, à sede apostolicá jam pridem indultum est et concessum. Nos autem huic donationi testimonium perhibentes eamdem approbamus et litteris nostris confirmamus.

Actum anno gratie m. c. nonagesimo octavo, mense Februario. Datum per manum Mathei, cancellarii nostri.

(Cartulaire de St-Jean d'Amiens).

NOTE C.

Formula juramenti quam Prior-curatus olim exhibere solebat Episcopo diœcesano post adeptam collationem sui prioratus-curati.

Ego frater N... receptus ad curam parochialis ecclesiæ N... juro et promitto coram Deo et Sanctis ejus tibi Domino N. Episcopo, tuisque successoribus canonicè intraturis, reverentiam et obedientiam ; et quod in dictâ parochiali ecclesiâ fideliter et personnaliter residebo ; quod bona dictæ ecclesiæ non distraham neque alienabo, aut distrahi et alienari permittam ; sed si quæ distracta, impignorata, vel alienata fuerint, pro posse meo recuperabo. Ita me Deus adjuvet, et hæc sancta ejus evangelia.

(Bibioth. Præmonstrat. p. 239).

NOTE D.

Confirmation des lettres de l'évêque d'Amiens par le pape Honorius III.

Honorius servus servorum Dei dilectis filiis abbati et capitulo sancti Johannis Ambianensis, etc.

Solet annuere sedes apostolica piis votis et honestis petentium precibus favorem benevolum impertiri. Ea propter dilecti in Domino filii vestris justis postulationibus grato concurrentes assensu, concessionem quam bone memorie Theobaldus Ambianensis episcopus cum consensu capituli sui vobis et monasterio vestro fecit, videlicet quod *in ecclesia parochiali sancti Germani quam in civitate Ambianensi* habetis, vobis per aliquem canonicum vestri ordinis liceat ministrare sicut proindè facta est, et in autentico ejusdem episcopi dicitur contineri, et tam per legatum sedis apostolice, quam metropolitanum loci, quondam eadem concessio extitit approbata vobis et per vos ipsi monasterio auctoritate apostolicâ confirmamus, et presentis scripti patrocinio communimus. Nulli ergo omninò hominum liceat hanc paginam nostre confirmationis infringere, etc., etc.

Datum Laterani xv. kl. Januarii, pontificatus nostri anno secundo (Domini 1217.)

(Cartulaire de St.-Jean d'Amiens.)

Lettres de confirmation de celles de l'archevêque de Reims, par le pape Honorius III.

Honorius servus servorum Dei... abbati et conventui sancti Johannis Ambian, etc., etc.

Ea propter, dilecti in Domino filii, vestris justis precibus grato concurrentes assensu, ecclesiam vestram sancti Germani Ambianensis cum pertinentiis suis in quà diu ex concessione bone memorie Ambianensis episcopi per Remensem archiepiscopum pie recordationis auctoritate metropolitica confirmata , per proprios canonicos deservietis. Super qua etiam contrà Bernardum clericum pro vobis per nos est deffinitiva sententia promulgata : vobis ad *communem mensam* concedimus perpetuo possidendam , ita quod unum de canonicis vestris instituendum in ipsa dyocesano episcopo presentetis, qui ei de plebis cura, vobis autem de temporalibus rebus et de ordinis observantia debeat respondere. Nulli ergò omnino liceat hanc paginam infringere, etc.

Datum Laterani quarto Non Julii, pontificatus nostri anno secundo, (anno Domini, 1217.)

(Cartulaire de St.-Jean d'Amiens.)

NOTE E.

Congrégation des curés d'Amiens.

Cette congrégation n'était dans le principe qu'une association pieuse établie entre les curés d'Amiens à l'effet de prier pour les morts; mais, comme toutes les institutions de ce genre fondées au moyen-âge, elle prit bientôt quelque chose des habitudes et des usages des corporations séculières, et comme elles aussi elle eut de grandes ressemblances avec les ghildes des Scandinaves.

Cette congrégation fut fondée en 1205 environ et à cette époque nous voyons Robert de Renoval vendre aux quatorze prêtres paroissiaux de la ville d'Amiens, la moitié de la dîme de Renoval. En 1210, nous voyons aussi Bernard de Tronville leur vendre la quatrième partie de toute la dîme des fruits, foins, arbres, animaux, dans les terroirs de Ham, Montières, Etouvy, etc, moyennant soixante sols parisis. A la mise de fonds que chacun des membres avait apportée dans le principe, vinrent se joindre des fondations, des dons particuliers qui avaient déjà formé à cette association une dotation assez importante, lorsque des statuts furent rédigés en 1226 et approuvés par l'évêque Geoffroy d'Eu, en 1229.

D'après l'ancien usage, outre les quatorze curés des paroisses de la ville, qui faisaient partie de cette association à titre de fondateurs, on y recevait les chanoines des églises cathédrale et collégiales. Plus tard on y admit aussi des bourgeois de la cité qui assistaient aux obits et services acquittés par les curés, suivant l'obituaire, tantôt dans une paroisse, tantôt dans une autre, les mercredis et les samedis de chaque semaine, depuis Pâques jusqu'à la Toussaint. Mais il est à remarquer que ces laïcs devenus membres de l'association, ne prenaient aucune part dans les distributions, qui toutes étaient réservées aux prêtres.

Un prévôt était chargé de tenir un état de tout ce qui entrait ou sortait de la caisse, et d'acquitter les fondations. Il recevait pour ses gages, ainsi que cela se voit dans l'ancien cartulaire au titre *Census confraternie*, trois livres par an en 1311. Plus tard on voit ce chiffre varier avec la dépréciation des monnaies; ainsi, en 1400, les gages étaient de quatre livres; en 1500, de cinq; de huit en 1540; de douze en 1550; et de quinze en 1602.

Le prévôt rendait ses comptes tous les ans le jour de la St-Remy, il pouvait exercer pendant plusieurs années de suite. Il était d'usage que le jour de la reddition de son compte il distribuât aux pauvres un setier de bled converti en pains. Il fut décidé ensuite que l'on donnerait quatre sols, finalement dix sols au lieu de pain.

A chaque reddition de compte les confrères se distribuaient à chacun deux deniers, et lorsque l'un d'eux chantait la première messe, ou que quelqu'un de ses parents se mariait, la congrégation faisait un présent. C'est ainsi que dans le compte de 1431 on lit :
» Pour un bachin, un pot à lavoir et une paire de candeliers à
» l'offrande du curé de St-Martin à sa première messe, pour ce payé
» 36 sols. Item pour deux cannes de vin vermeil, et deux cannes de
» vin blanc présentées au diner du dit curé, 10 sols 8 deniers. »

On pourrait encore voir d'autres présents de cette espèce dans les comptes de 1442, 1457 et 1483.

Après le décès de chaque confrère, on faisait un service solennel qui nécessitait une mise extraordinaire de la part du prévôt sur les fonds de la compagnie. Les parents du défunt donnaient ordinairement quelque chose qui se dépensait entre les confrères.

Suivant les statuts de cette congrégation, chaque membre donnait en entrant soixante livres, et cent sols pour le premier repas, car l'usage était de faire par an après certains obits cinq ou six repas pour lesquels les parents contribuaient les uns plus, les autres moins; et lorsque les dons ne suffisaient pas à la dépense, le prévôt avançait la différence et en faisait un article de son compte.

Au temps des rois, on choisissait le roi du gateau, qui donnait plus ou moins selon sa fortune et sa générosité. Le roi entrant et le roi sortant payaient le festin. Si la dépense excédait le produit de leur libéralité, le prévôt y suppléait encore sur le fonds de la congrégation et portait la somme à son compte.

Cet état de choses a duré jusqu'en 1572, époque à laquelle les festins et les libations par lesquelles on était obligé de payer sa bienvenue, furent regardés comme une charge trop pesante pour ceux qui entraient dans la confrérie, et en conséquence supprimés. Au lieu de cette disposition, on ordonna que chaque récipiendaire serait tenu de payer à son installation une somme de trente livres sur laquelle chaque assistant aurait droit de prendre douze sols, et que le surplus serait versé dans la caisse commune.

Cette confrérie avait en outre des biens et des revenus qui consistaient en cens, en rentes, en argent, en bled et en chapons. On faisait de temps à autre des tableaux contenant la fixation du prix soit des messes, soit des redevances, le tout suivant le cours des monnaies. En 1400, le prix d'une messe basse était de 1 sol 6 deniers, en 1650 il était de 10 sols. Le muid de bled de Vignacourt était estimé 22 sols 6 deniers, en 1337, ce qui faisait un sol 3 deniers le setier. En 1530 le setier valait 2 sols 6 deniers. En 1337 le prix du chapon de cens était d'un sol; en 1520, de 2 s. 6 d.; le prix du vin était fixé en 1347 à 1 s. 4 d. le pot, en 1540, à 3 sols.

Avant 1472 cette société n'avait point encore obtenu de lettres d'amortissement, ce ne fut que le premier décembre de cette année que le roi lui en accorda, et après que les officiers du prince eurent fait pratiquer une saisie sur les biens de la confrérie pour ne pas s'être conformée à l'état de la législation sur ce point. Pendant la durée de cette saisie, le corps de ville qui, dès le principe, n'avait cessé de protéger cette association, vint à son secours; des avances lui furent faites, et lorsque le séquestre fut levé, les curés consentirent à accorder au corps de ville 36 sols de cens annuel sur les biens qu'ils désignèrent, pour le dédommager du secours que la ville leur avait fourni.

Une pensée pieuse avait évidemment dirigé les fondateurs dans le principe de cette association, mais bientôt aussi l'esprit du temps n'avait pas manqué d'y introduire des restes de superstition payenne et du culte d'Odin. Comme dans toutes les corporations de cette époque, il en était résulté des abus, des scandales. Le respect que cette institution avait inspiré, avait fait essayer de supprimer ce qu'il y avait de mauvais pour la rétablir en son état primitif, mais la coutume l'avait toujours emporté sur la volonté, l'autorité de l'église, et la puissance séculière. Au XVIe siècle on finit enfin par retrancher de ses usages ce qui appartenait à des cultes proscrits, et la rendre plus respectable aux yeux des populations.

Ce n'était pas seulement à Amiens que les curés avaient formé des associations de ce genre, il en existait de même nature dans beaucoup d'autres villes; partout on en sentait l'utilité, et partout aussi on désirait leur assurer une longue durée. C'est précisément pour cela qu'on eut recours à des mesures de sévérité qui heureusement en proscrivirent les abus. Nous en trouvons un exemple dans un arrêt notable du Parlement de Paris rendu le 22 mars 1547. Par cet arrêt il est défendu d'exiger des prêtres reçus en cette confrérie aucune chose et aucuns deniers pour être distribués entre les membres de l'association, permettant toutefois de suivre la coutume locale, et de pouvoir employer les offrandes des récipiendaires en achat de chappes ou autres ornements d'église. Ce même arrêt défend aussi aux prêtres de faire sonner les tambourins, de faire danser dans les rues aux premières messes, ainsi qu'ils sont coutumiers du fait, et ordonne que ceux qui n'obéiraient pas à cette disposition seront punis, et enfin que l'arrêt de condamnation sera lu publiquement et devant tout le clergé au prône de la paroisse.

De semblables décisions portèrent d'heureux fruits et c'est ainsi que la congrégation des curés, rappelée à la volonté précise des fondateurs, purgée de certains usages profanes que le temps y avait introduits, a continué parmi nous, jusqu'à la fin du dernier siècle, à mériter le respect et la reconnaissance de nos pères.

NOTE F.

Four saint Germain.

Universis presentes litteras inspecturis officialis Ambianensis salutem in domino. (Antoine de Sehieur, chanoine).

Cum Willermus de Peucheuvillers, clericus, filius quondam Johannis de Peucheuvillers, haberet et possideret jure hereditario meditatem cujusdam furni cum ejus appenditiis, siti Ambiani in vico ubi venduntur poti terrei, juxta monasterium sancti Germani Ambianensis et juxta ruellam per quam itur de dicto vico ad aquam de Merderons, et dictus Willermus à Theobaldo de Espaigny et...... ejus exore, pro quâdam pecunie summâ eisdem persolutâ, aliam medietatem dicti furni cum ejus appenditiis comparuisset, sicut idem Willermus asseruit coram nobis. Noveritis quod dictus Willermus in nostrâ propter hoc presentiâ personaliter constitutus recognovit in jure et auctoritate Symonis de Corbeia dicti de Morolio, sui curatoris, sicut dixit, propter hoc coram nobis venientis, quod ipse Willermus totum furni predictum cum ejus appenditiis, ad usus et consuetudines civitatis hereditariè tenebit et taillam ville Ambian., de exitibus dicti furni et appenditiis ejusdem ad mendatum majoris et scabinorum Ambian, per assisiam dictorum majoris et scabinorum predictorum sine contradictione persolvet quotiescumque in civitate Ambian., tailla colligetur, et ad hujus modi taillas sicut dictum est persolvendas ; dictus Willermus coram nobis dictum furnum cum appenditiis ejusdem majori et scabinis Ambian. predictis obligavit, promittens juramento prestito dictus Willermus de auctoritate predicti Symonis, sui curatoris, quod contra promissa vel aliquod promissorum de cetero non veniret, nec dictos majorem et scabinos aut aliquem ex parte ipsorum super ejus aliquo nomine aliquoties molestari procuraret in foro ecclesiastico vel seculari.

In cujus rei testimonium presentes litteras confici fecimus et sigillo curiæ Ambianensis roborari. Actum anno domini millesimo cc° sexagesimo nono, mense octobri, in die beati Remigii.

(Archives de la ville, cartulaire A f° 20 v° pièce 172).

NOTE G.

Pour se faire une idée de ce qui s'est passé après la mort du curé Cauchie, de la conduite tenue par les religieux de l'abbaye de St.-Jean, et des excès auxquels ils se sont livrés, il est bon de lire le procès-verbal suivant, rédigé sur la demande du curé Boucher, lors de sa présentation au presbytère.

Le 10 décembre 1668, frère Pierre Boucher, prêtre, religieux, curé de la cure de St.-Germain, dont il prit possession le 9 novembre dernier, ayant, pour quelques nécessités, désiré entrer quelques jours après la dite prise de possession au presbytère du dit St.-Germain, en auroit été empesché et rebuté par Françoise Frère, femme d'Adrien Leguillon, maître saiteur, laquelle, sans nécessité, tenoit fort dans le presbytère, quoiqu'elle n'y fût entrée que pour solliciter M. le curé de la dite paroisse, mort le 21 septembre auparavant, et elle alloit et venoit dans les rues, et faisoit entrer au dit presbytère telle personne qu'elle jugeoit à propos, et particulièrement le dit Léguillon, comme témoignent les personnes désignées dans la requête présentée par le dit Boucher à messieurs du Conseil de santé le 19 novembre, lendemain du dit refus, tendant à avoir la liberté de la dite entrée au presbytère. Ce qui lui ayant été accordé par tous les messieurs du dit Conseil, le dit Boucher auroit jugé à propos de s'aller encore présenter le dit jour 19 novembre à la porte du presbytère, accompagné de trois ecclésiastiques et trois voisins, à l'effet de prier la dite Frère d'aller quérir deux pots de bière pour faire boire les dits voisins, et essayer par cette voie s'il auroit libre entrée au dit lieu ; et en cas de refus adviser à faire ce que de raison. Ce qu'ayant refusé de faire la dite Frère, même après lui avoir fait lecture de la permission qu'avoit le dit Boucher des dits messieurs de santé ; ayant le dit Boucher méprisé l'insolence de cette femme à ne vouloir sortir pour quoique ce soit du dit lieu et y tenir bon, il n'auroit jugé à propos de se mettre contre elle en colère ; ains tournant la chose en risée, l'auroit obligé de donner du vin à boire aux dits sieurs ecclésiastiques, et lui-même auroit bu sa part d'une bonne partie de la bouteille de vin que le dit Leguillon apporta du temps qu'ils étoient au dit presbytère, et comme les choses ne s'étoient point du tout aigries, ains tournées en risées, le dit Boucher la pria instamment de souper chez lui, avec M. le prieur de St.-Jehan d'Amiens, le père Vissier, M. le Prévost royal, baillif du dit St.-Jean d'Amiens, M. son fils, et pour l'obliger davantage à y venir, le dit Boucher s'étoit fait fort d'y faire venir mademoiselle la Prévoste ; et ce d'autant que elle Frère prétendoit avoir ordre des dits messieurs de rebuter ainsi le dit Boucher, ce qu'il ne pouvoit croire : et prétendoit le dit Boucher faire preuve du contraire à la dite femme, présent la dite compagnie. Ce fait, le dit prieur et baillif, quelques jours après, voyant que cette femme se donnoit trop de liberté, et autorité dans un lieu où elle étoit inutile, auroient jugés à propos de l'en faire sortir, comme il paraît par la lettre envoyée à cet effet par le père Prieur de St.-Jehan pour lui être lue et ensuite rapportée au dit Boucher auquel elle est adressée. Et comme il a été dit ci-dessus que les choses ne se traitoient dans le presbytère qu'avec bien de la douceur et gaillardise, la dite Frère ne fit difficulté de rendre au dit Boucher le manuel et deux étoles appartenant à l'église, dont on se sert solennellement, et les lui ayant demandé avec bien de la douceur et civilité, et aux dits sieurs ecclésiastiques une aube dont se servoit le dit sieur curé défunt, et par lui estimé à l'usage de la dite église.

Nonobstant ce que dessus, le dit jour 10 septembre, le sieur Boucher s'estant encore présenté pour entrer dans le presbytère pour estre présent à la description des livres, au sujet d'un différend entre MM. les marguilliers de la dite paroisse, et les prieurs et religieux de la dite abbaye, le nommé Rouvroy, sergent commis par les dits prieur et religieux dans ce dit presbytère à l'égard des meubles de la succession du défunt curé, auroit continué à refuser l'entrée au dit Boucher, quoiqu'il ait été invité d'y entrer par les deux parties, et particulièrement de la part des dits sieurs marguilliers, pour eux n'avoir l'intelligence telle que le dit Boucher pouvoit avoir, et le dit Boucher y ayant esté, auroit esté très-maltraité soit par le père Vallier, religieux de la dite abbaye, qui en auroit chassé le dit Boucher, disant qu'il n'avoit que faire au presbytère, et par le nommé Barthélemy Lagrenée, domestique et sergent de la dite abbaye, qui auroit menacé le dit Boucher de le mettre hors du presbytère par les épaules, outre plusieurs paroles dites contre le respect dû au dit Boucher, curé de la paroisse St.-Germain, au temps que les dits sieurs marguilliers empeschoient que les dits meubles et livres fussent transportés hors du presbytère, avant que description d'iceux en fût faite, comme il estoit ordonné par sentence.

Ce qui a été attesté par nous soussignés pour servir en temps et lieu à ce que de raison, le dit jour 10 décembre 1668.

Signé : Papin, Voyeur, Adrien de Colincamps.

Papin et Voyeur, étaient deux prêtres attachés à l'église, Adrien de Colincamps, en était le serviteur ou bedeau.

NOTE H.

Le plus ancien tarif que nous connaissions est un arrêt de règlement rendu par le Parlement de Paris, le 11 mars 1401, entre les maires, eschevins et procureur du Roi d'Abbeville d'une part, les évêques d'Amiens et curés du dit Abbeville d'autre part. Par ce règlement il fut arrêté que, pour les lettres des fiançailles, on payerait à l'avenir 12 deniers; pour la lettre d'apposition aux bans, 2 sols parisis, pour translation de paroisse de mariage 2 sols, pour donner ban simple 4 deniers, pour le bénissement 12 deniers; pour les espousailles 13 deniers; pour la messe 2 sols parisis; l'offrande libre et de composition; les enterrements *francs*; accouchements etc., pour testament délivré par le curé 4 sois parisis ; pour le baptême *ex ipso facto*, sera donné ce qu'on voudra (1).

Depuis cette époque il n'existe point de règlements généraux tels que nous en voyons aujourd'hui ; nous trouvons seulement dans les conciles provinciaux de France une multitude de dispositions qui nous signalent les abus qui se pratiquaient, tout en les proscrivant, de même que dans les ordonnances de nos rois, dans les arrêts des parlements nous voyons une foule de dispositions relatives à des cas particuliers et qui ont servi de règle en cette matière. Car il est bon de remarquer ici avec M. Portalis qu'aujourd'hui, comme autrefois, la fixation des droits et honoraires du clergé a toujours été une opération civile et temporelle, puisqu'elle se résoud en une levée de deniers sur les citoyens, et qu'au magistrat politique seul appartient de faire une telle fixation. C'est en conformité de ce principe qu'en 1560 les états de France rassemblés sous Charles IX en la ville d'Orléans, avaient senti la nécessité de s'occuper de cette matière pour anéantir les abus énormes enfantés par les louables coutumes. Si j'en crois les procès-verbaux de cette assemblée et les commentaires de M. Duchalard sur l'ordonnance d'Orléans, il paraît certain qu'alors on ne crut pouvoir mieux faire que de supprimer tous les droits dont jouissait le clergé en vertu des louables coutumes. Nous voyons en effet dans l'article 15 : « Défendons à tous prélats, gens d'église
» et curés, permettre être exigé aucune chose pour l'administra-
» tion des sacrements et toutes autres choses spirituelles nonobs-
» tant les prétendues louables coutumes et communes usances,
» laissant toutes fois à la discrétion d'un chacun donner ce que bon
» lui semblera. »

L'article 16 ajoutait : « et afin que les curés puissent sans aucune
» excuse vaquer à leurs charges, enjoignons aux prélats procéder à
» l'union de bénéfice, distribution des dixmes et autres revenus
» ecclésiastiques. »

Mais Guy Coquille fait remarquer sur ces deux articles qu'ils ne sont pas conformes aux réclamations du tiers-état et qu'il y a eu

(1) Arrêts de Papon.

erreur, car dit-il : « les cahiers du tiers-état portoient, que les
» curés fussent pourvus à suffisance compétente des dixmes et autres
» revenus ecclésiastiques destinés primitivement pour eux ; aussi en
» le faisant, qu'ils ne prissent rien pour les sépultures et autres
» actes dont la prestation gît en la dévotion, nonobstant les
» louables coutumes. Mais par la réponse on tourna au rebours,
» car on leur ota dès lors les dites prestations, et les remit on pour
» leur entretenement comme il se voit par l'article 16. »

Cette loi ne fut pas de longue durée, car aux états de Blois en 1579, on en revint à l'ancien état de choses, aussi l'article 51 de cette ordonnance porte : « nous voulons et ordonnons que les curés
» tant des villes que des campagnes soient conservés ès-droits d'obla-
» tions et autres droits paroissiaux qu'ils ont accoutumé percevoir
» selon les anciennes et louables coutumes ; nonobstant l'ordon-
» nance d'Orléans, à laquelle il est dérogé pour ce regard. » C'est pour remédier aux abus que cette disposition faisait renaître, que les rois permirent aux évêques de faire des règlements et des tarifs.

Le premier qui fut fait dans ce diocèse fut celui de M. de la Martonie en 1608, dressé pour empêcher toute discussion au sujet des droits reclamés pour les sépultures et les mariages. Ce règlement est beaucoup plus étendu que celui de 1401 ; dans ce dernier, les enterrements étaient déclarés *francs*, mais dans celui de 1608 il n'en est pas de même ; ainsi, après avoir parlé de l'association des prêtres congrégés et déterminé les conditions nécessaires pour y être admis, comme aussi les obligations auxquelles ces ecclésiastiques devaient être soumis, on dit bien que les enterrements des pauvres doivent être faits *gratis*, mais on ne suit pas la même règle pour ceux des autres personnes ; nous y voyons des droits établis pour les inhumations dans les églises, pour la sonnerie, pour les services, hautes messes, convois et enterrements ; enfin les prêtres congrégés, comme dans les lois de Justinien, accompagnent les morts moyennant une rétribution, et sont exclusivement chargés de faire *la semonce* aux parents et amis du défunt, pour assister à ses obsèques, moyennant huit sols.

Depuis cette époque jusqu'à nos jours, les tarifs se sont extrêmement multipliés et il n'est presque point d'évêques qui n'ait cru nécessaire d'en faire pendant la durée de son épiscopat, il ne pouvait en effet en être autrement, car que les rétributions aient été regardées comme des salaires ou comme des honoraires selon les temps, toujours est il que pour en déterminer le montant avec justice, on a dû suivre les variations du cours et de la valeur des monnaies. Ce qu'il y a de remarquable dans ces divers règlements, c'est le développement qui leur a été donné successivement ; ainsi il y a une différence énorme entre le laconisme de ceux de MM. de la Martonie et Lefebvre de Caumartin, et l'étendue de celui qu'a publié en 1778 M. de Machault, dans lequel je remarque cinq espèces de services et enterrements (1).

Tous ces tarifs, pour avoir force de loi, avaient besoin d'être approuvés par le gouvernement, car lui seul a droit de demeurer arbitre entre le prêtre qui reçoit et le particulier qui paie. Si les évêques ont statué autrefois sur ces matières par forme, c'est qu'ils y avaient été autorisés par les lois de l'état, et nullement par la suite ou la conséquence d'un droit inhérent à l'épiscopat. Ainsi c'était devant les tribunaux civils et non devant les officialités que l'on traduisait les personnes qui refusaient les payements des services et enterrements, de même que les honoraires des messes, ce dont on peut se convaincre en consultant les recueils de jurisprudence.

Il eût été à désirer sans doute qu'en 1560 les vœux émis dans l'assemblée d'Orléans eussent été accomplis, et que vingt ans plus tard l'ordonnance de Blois ne vint pas détruire ce qui avait été fait par la suppression de tous les droits que les louables coutumes avaient enfantés ; le clergé devenu plus indépendant eût gagné en considération ce que ces rétributions lui avaient fait perdre aux

---

(1) En parcourant les archives de la paroisse St-Germain, on trouve des délibérations et des tarifs approuvés par l'évêque, relatifs aux services et enterrements qui s'y font ; ces règlements, postérieurs à celui de M. de la Martonie, sont du 13 avril 1648, au 13 décembre 1748 ; en voici les dates : 1° 13 avril 1648 ; — 2° 16 août 1648 ; — 3° 10 avril 1704 ; — 4° 1705 ; — 5° 7 février 1734 ; — 6° 10 décembre 1745 ; — 7° 13 décembre 1748.

yeux des populations. Car on ne peut se dissimuler que si les honoraires qui lui sont attribués, ont été pour plusieurs de ses membres une question d'existence aux yeux des populations, ces mêmes droits aussi n'ont jamais été qu'un impôt de plus.

Espérons qu'un jour viendra où la nécessité de réaliser ces vœux se fera sentir. Déjà, depuis plusieurs années, dans nos assemblées législatives, des voix éloquentes se sont élevées en faveur de l'indépendance du clergé : plus d'une fois elles ont demandé l'abolition de tous ces droits connus aujourd'hui sous le nom de *casuel*, et ont émis le vœu qu'il y fût suppléé par une augmentation de traitement qui mît les curés à l'abri du besoin. Je m'associe de grand cœur à une semblable réclamation, parce que, à mes yeux, ce serait un moyen de rendre au clergé sa dignité première, et d'inspirer aux populations le respect dû au caractère sacré dont chacun de ses membres a été revêtu au jour de son ordination.

Règlement entre les Curés et les Clercs.

Universis presentes litteras inspecturis et audituris, officialis Ambianensis salutem in Domino. Notum facimus quod coram nobis personaliter comparantes et constituti, modesti et discreti viri domini et magistri Ludovicus Flaon curatus; Petrus Godart et Carolus Bresson, clerici sancti Remigii; Nicholaus le Machon, curatus, et Joannes Bourse, clericus sancti Firmini martyris in Castilione; Christophorus Lameta, insignis ecclesiæ Ambianensis canonicus præbendatus; et Joannes Bode, clericus sancti Michaelis archangeli; Joannes Cansuart, curatus, et Veraignier, clericus sancti Firmini in Valle; frater Franciscus Le Vasseur, ordinis Præmonstratensis religiosus curatus; Quintinus Dare et Joannes Leclerc, clerici sancti Germani; frater Nicolaus Turbet, ecclesiæ et sancti Martini ad gemellos ordinis sancti Augustini religiosus curatus; Joannes Havet, Guillelmus Gourlet et Guillelmus de Pontroué, clerici sancti Lupi; Nicolaus Joron unius, proque magistro Anthonio Fortin, apud villam de Nesle degente, alterius portionum sancti Jacobi se fortem faciens, curati, et Franciscus Leduc, nec non Joannes Decamps, clerici ejusdem sancti Jacobi; Petrus Gaillard, etiam unius se fortem faciens pro magistro Fervalo Chappuis alterius partionum curati, Nicolaus Cashem, Nicolaus Cornille et Nicolaus de la Voyenne, clerici beati Firmini confessoris; Nicolaus Gaudefroy, ejusdem ecclesiæ Ambianensis canonicus curatus; et Anthonius de Meaux, clericus sancti Martini in Burgo; Carolus Damiette, ibidem canonicus curatus; Mathæus Hallevé, clericus sancti Sulpitii, parochialium ecclesiarum hujus civitatis Ambianensis et inibi commorantes, exposuerunt quod cum inter eosdem curatos videlicet et clericos parochiales hujus civitatis Ambianensis coram nobis jam pridem inchoatus et irritus extiterit processus, in quo processu idem clerici ex quàdam sententiâ interlocutariâ et per nos interloquendo lata appellantes dominorum officialium Remensium sententiam ad coram nobis in hujusmodi causâ originali procedere et in expensis dictæ causæ appellationis condemnati, coram nobis inter cætera recognoverunt omnium et quorumcumque sacramentorum administrationem, ad dominos curatos spectare et pertinere, eosque respectivè suis in Ecclesiis teneri assistere jam dictorum sacramentorum administrationi, nulla quoque sacramenta posse administrare absque eorumdem dominorum curatorum jussu, beneplacito ac permissione, prout latius dicitur in litteris desuper coram nobis passatis; et cum præmissis solvent supra nominatis dominis curatis adversus eos adjudicatas et proptereâ absque prejudicio inferendo jam pridem litteris cognito, et expensis per eosdem curatos acquisitis non tamen taxatis. Prænominati curati et clerici zelantes pacem et concordiam inter eos, et quemlibet eorum intertenere, dictisque parochialibus ecclesie ad Dei laudem eorum et parochianorum quarumlibet Ecclesiarum decus, honorem et salutem bene et laudabiliter, honeste et salubriter intervenire, *sic concordaverunt.* Ita videlicet ut iidem clerici parochiales nulla poterunt administrare sacramenta, nullaque proclamare banna, absque curatorum vel vicegerentium suorum permissione et licentia, sed in eorumdem sacramentorum administratione et totius servitii divini dictarum ecclesiarum celebratione tam in Ecclesiis quam extrà illas tenebuntur, et se submiserunt clerici superpelliciis induti reverenter assistere et assistendo quæcumque necessaria eisdem curatis vel vices gerentibus vel commissis suis dare, porrigere, et jussioni dictorum curatorum vel vices gerentium vel commissorum suorum in ejusmodi sacramentarum administratione decenter parere et obedire et hujus occasione *permodum doni gratuite* et aliàs consenserunt et accordaverunt, præsentiumque tenore consentium annuunt et accordant profati domini curati jamdictos parochiales clericos successores suos ā modo habere et percipere posse tertiam partem quorumcumque donorum et oblationum curatis vel vices gerentibus suis post baptismum vel administrationem sancti baptismi quorumcumque pretium in eis dem parochialibus Ecclesiis et quorumlibet eorum baptisandorum per compatres et commatres aut alias personas..... Promittentes super nominati curati et clerici parochiales suis sub juramentis manibus appositis pectoribus, ut moris est, præstitis, promissa omnia tenere, intertenere, inviolabiliter observare nec contra ire, quantum ad hoc se et sua bona respectivè obligando et jurisdictioni curiæ Ambianensis supponendo. In cujus rei testimonium præsentibus litteris sigillum curie Ambianensis duximus apponendum, præsentibus ad hoc curato et clericis sancti Remigii, dominis Gregori Boudallier, de Ambianis, Elia Poulain vice curato sancti Vedasti de Camons, et Joanne Cardon de dicto loco de Camons die; 21^a, quoad curatum et clericum sancti Firmini in castellione fratre de la Fresuris ecclesiæ et sancti Fusciani in memore, sancti Benedicti ordinis religioso et Mathæo Buignon; die 22^a et quoad reliquos curatos et clericos, domino Petro de la Rue, et Adriano Daulé Ambianis commorantibus, testibus ad præmissa vocatis respectivè et appellatis die 24 mensis Septembris anno domini 1543.

Signé: DEMACHY.

Règlement entre les curés touchant les paroissiens décédés par les cas fortuits hors de leurs paroisses.

Universis litteras inspecturis communitas presbyterorum curatorum civitatis Ambianensis salutem in eo qui est omnium vere salus. Notum fieri volumus quod anno Domini millesimo quinquagesimo quadragesimo quarto, indictione 3^a, mensis vero Novembris die 15^a, pontificatus sanctissimi in Christo patris et domini nostri Pauli divina providentia Papæ 3° anno. In sacrario Ecclesiæ parochialis sancti Firmini in valle Ambianensi, aliàs ad portam capitulariter post decantationem missæ solemnis congregati, pacem et concordiam mutuam inter nos zelantes, considerantesque quod in hac civitate Ambianensi sæpius et sæpissimè contigit aliquos nostrorum parochianorum extrà proprias parochias vulnerari vel occidi, quod pro juribus exequiarum et funeralium eorumdem occisorum aut casu fortuito extra proprias parochias decèdentium, multæ et diversæ contestationes et controversiæ seu etiam processus inter nos initi fuerunt, quibuscumque tandem controversiis, altercationibus et processibus finem imponere volentes, scientes et considerantes quod presbyterani non debent admittere alienum parochianum sine licentia sui proprii sacerdotis, nec ad ordines et pœnitentias et sepulturas alienos parochianos admittere, ut expresse habetur capitulis 2. 3 de parochis, et in capite, omnis utriusque sexus de pœnitentiis et remissionibus cum absolutio et ligatio non sine judice facta non valeat, propter hoc quod poneret falcem in messem alienam, communi omnium nostrorum consensu, maturâ deliberatione præhabitâ, statumius et etiam ordinamus quodammodo in futurum.

Corpora et jura funeralium exequiarum quarumcumquelibet decedentium parochianorum nostrorum qui de cætero extra proprias vulnerabuntur, occidenturque, seu de vulnere decedunt, aut casu quocumque fortuito ob hoc migrabunt sæculo, spectabunt et pertinebunt ad suos proprios curatos seu proprium suum curatum qui prius eidem defuncto, seu eisdem si defunctis dum viverunt, sacramenta ecclesiastica ministrarent. Si tamen contingeret vulneratum aliquem per suos parentes duci, seu proprio suo motu vel in alienam parochiam animo et intentione in eadem manendi et casu efficiatur, parochianus curati hujus civitatis in cujus parochia residentiam faciet, ibique vulnerato præbere et administrare poterit ecclesiæ sacramenta, petitis tamen prius et habitis litteris attestationis sui præcedentis curati super probitate et fidelitate latis vulnerati, expeditis juxta ea quæ continentur in capitulo, *significavit nobis de parochis etc. ad applic. de dicimis,* ex quibus capitulis constat, quod efficietur quis parochianus per sacramentorum confessionis et eucharistiæ susceptionem, cum per majorem partem anni in eadem parochia moratus fuerit aut postquam constituit suum hospitium seu domicilium in eadem parochia cum animo ibi manendi. Et si quid inde difficultatis aut controversiæ super juribus parochialibus inter nos supervenerit, ventilabitur et deducetur in congregatione nostra, priusquam se mutuo provocent in jus vel coram judice. Quod si quispiam nostrum huic constitutioni et ordinationi contraveniat, privabitur fructibus et emolumentis congregationis seu communitatis nostre donec resipuerit, vel ad dictam concordiam seu ordinationem nostram si omnino tradiderit idem acquiverit. Ad præmissa vero omnia et singula tenenda et inviolabiter observanda nos suscripti Nicolaus Joron Jacobi, Franciscus Levasseur Germani, Joannes Estoquart Petri, Nicolaus Turbet Lupi, Joannes Comruart Firmini in porta, Christophorus de Lametz, Michaelis Carolus Damiette Sulpicii; Nicolaus Lemachon Firmini in castellione, Petrus Flaon capellanus sancti Laurentii, Ludovicus Flaon Remigii, Petrus Gaillard Firmini confessoris, Nicolaus Gaudefroy Martini in Burgo, Nicolaus Leroux Mauritii, sanctorum hujus civitatis et suburbiarum ambianensium rectores et curati communitatem præfatam, saltem majorem et seniorem partem illius facientes et representantes, quemlibet nostrorum respectivè obligamus.

In cujus rei testimonium presentibus litteris sigillum dictæ communitatis nostræ, unâ cum sigillo manuali præfati notarii præsentibus litteris diximus apponendum. Datum anno et die prescriptis.

Signé : Lenglès.

Règlements pour les sépltures et enterrements tirés des archives de l'église St.-Germain.

1° Au compte de 1588 à 1589, on lit : nul ne pourra être enterré dans l'église s'il ne donne au moins 15 sols.

2° *Délibération du 13 avril 1648.*

A l'avenir les marguillers en charge seront tenus de tenir compte pour l'ouverture de la terre dans la nef de l'église, pour enterrer un corps âgé jouissant de ses droits . . . . 12 l. »
Pour un enfant. 1   10 s.

Non compris la couverture des fosses qui seront recouvertes tout à neuf aux dépens des héritiers, parents, etc, des défunts, le pavé viel au profit de l'église.

Si les parents des défunts désirent avoir les ornements de velours et les argentures, les défunts n'ayant été ni marguilliers de l'église ni marguilliers des trépassés paieront pour les ornements . . 6 l.

Pour les argentures 1

Au bout de l'an, la moitié de ces sommes.

Délibération du 16 *août* 1648.

Tous les ans, le dimanche immédiatement après la commémoration des morts, il sera fait un service solemnel de vigiles à neuf leçons, et le lendemain commendaces avec haute messe et le *Libera* à fin pour tous les curés et marguilliers décédés, comme aussi *venant le curé ou bien les marguilliers et les femmes d'iceux marguilliers à décéder*, seront dits pareils services solemnels que dessus, le dimanche après les funérailles du défunt, où seront tous les paroissiens invités à assister, suivant la prière que le curé leur en fera au prône le dimanche, et après seront invités les dits curés et marguilliers par le serviteur de l'église ; lequel service sera payé à tour de rôle, en commençant par Maurice Bouthors décédé, et suivant le rang d'ancienneté, pour ainsi continuer l'un après l'autre. Le prix de ce service est fixé à 4 l. savoir :

Au curé pour ses droits	1 l.	» s.
— sa messe.	»	10
Aux deux clers.	1	»
Au diacre	»	6
Au sous-diacre.	»	6
Au serviteur de l'église	»	8
Au curé 6 cierges	»	10
Total.	4 l.	» s.

Délibération du 10 *avril* 1704.

Il ne sera à l'avenir commencé aucun annuel, qu'auparavant le marguillier en exercice n'en soit averti, pour arrêter et fixer avec les héritiers du défunt, légataires, ou exécuteurs testamentaires, ce qui sera payé pour les droits et indemnités de la fabrique.

Délibération de 1705.

Le bedeau doit avertir les marguilliers avant de prêter les argenteries et ornements pour les services et enterrements.

Délibération du 7 *février* 1734..

Il sera perçu pour l'ouverture de la terre et enterrements *dans l'église*, ornements et argentures prêtés, 20 livres.

Pour ceux faits dans le chœur, ce qui ne pourra être accordé sans une délibération, pour l'ouverture de la terre et enterrement seulement, 50 livres.

Il ne sera reçu aucun annuel pour être acquitté dans l'église, qu'il ne soit payé pour indemnité à la fabrique, outre et au pardessus de l'honoraire du prêtre, 20 l. et encore 10 l. dans le cas où on désirerait qu'il fût annoncé avec la grosse cloche.

Tarif du 10 *décembre* 1745.

Mémoire de ce que la fabrique St.-Germain perçoit pour les ornements, sonneries et droits de sépulture en l'église.

		l.	s.
Inhumation au chœur		50	»
— Aux autres endroits		20	»
— Des enfants plus avancés		6	»
Tous les services à neuf leçons		6	»
— à trois leçons		»	15
Les hautes messes de requiem		»	15
Pour les sonneurs aux grands services		1	10
— aux services à trois leçons		1	»
— aux petits services		»	8

Les confréries, selon le plus ou le moins d'offices dont elles sont chargées....... 1 livre ou 1 livre 10 sols.

La grosse cloche au trépas	3	»
La grande sonnerie	10	»

Ce tarif a été présenté à l'approbation de monseigneur l'évêque d'Amiens par M. Allavoine, curé, et revêtu de l'approbation de M. de la Motte le 10 décembre 1745.

Tarif du 13 *décembre* 1748. (Voir le compte de 1750).

		l.	s.	d.
Service solemnel à neuf leçons		12	»	»
— simple		8	»	»
Sonnerie de la grosse cloche, trépas		3	»	»
Enterrements, chœur		50	»	»
— nef		30	»	»
— enfants au-dessous de 10 ans		6	»	»
— marguilliers, chœur		40	»	»
— nef		20	»	»
— enfants des marguilliers au-dessous de 10 ans		3	»	»
Service à trois leçons		2	»	»
Enterrement avec messe seule		»	10	»
Messe solennelle, enfants au-dessous de 10 ans		1	10	»
Pour les fêtes de chaque communauté		2	»	»
Confréries où il y a vêpres la veille des fêtes, le lendemain matines, grande messe et vêpres du St.-Sacrement, telles que St.-Roch, St.-Lambert, St.-Hyppolite et St.-Barthelémi		3	»	»
Messe de la Ste.-Vierge, sauf celles de la paroisse		3	»	»
La cire fournie par la confrérie.				
L'office et la messe à dévotion, le jour de la présentation, avec cire fournie par la fabrique.		4	»	»
Obit		»	15	»
Messe de la Ste.-Vierge le samedi		»	15	»
Simple messe haute		»	15	»

NOTE I.

Lettres en parchemin contenant un traité passé entre 1⁰ l'abbaye de St.-Jean, 2⁰ les marguilliers de St.-Germain, 3⁰ les exécuteurs testamentaires de Henri Lemaistre, au sujet de la fondation de ce dernier.

A tous ceulx qui ces présentes lettres verront, Mahieu par la permission divine, humble abbé de l'église et abbaye de St.-Jehan-lès-Amiens, et tout le couvent de ce mesme lieu ; Jehan-le- Brasseur et Guerart Saire manegliers, de l'église et paroisse St.-Germain, salut en Nostre Seigneur.

Comme deffunct Henry Lemaistre, à son vivant bourgois d'Amiens, eust par son testament, devis et ordonnance de derraine volonté, entre autres dons et laïs salutaires par lui faicts du gré, congié, et consentement de demiselle Jaque de Fontaines sa femme, volu et ordonné estre fondé, ditte, et célébré, chascun jour, une messe perpétuelle en la chapelle Nostre-Dame estant en la ditte église St.-Germain, pour le salut des âmes de lui, de la ditte demiselle Jacque de Fontaines sa femme et de leurs bienfaicteurs, et pour ce faire, eust disposé, laissié et ordonné toutes leurs terres, fiefs et revenus que lui et elle avoient acquis ensemble de Raoul de Moreul escuier, estant en la ville et teroir de Mésieres en Santerre, pour lequel son testament et derraine volonté enteriner et mettre à exécucion, il eust faict et ordonné ses exécuteurs de *Jacque aux Coustaulx, Pierre Piquet, et de la ditte demiselle Jacque*, et leur donne plain pooir et auctorité de ce faire, depuis lequel son testament ainsi faict, et après le trépas du dict feu Henri, nous religieux, abbé et couvent, manegliers et exécuteurs eussons pourparlé et conclud ensemble ; c'est assavoir, nous religieux, abbé et couvent, après ce que nous avons été assemblés ensemble en nostre chappitre, et nous manegliers nous assemblés en la dicte église, avec la plus grant et saine partie des paroissiens de la dicte église et autres nos conseillers, de faire furnir et accomplir, chascun de nous au regard de soi, pour le bien et entretennement de la ditte messe, entre autres, les choses telles et en la maniere qui sensieut.

C'est assavoir que nous religieux, abbé et couvent ferons, chascun jour en la ditte église St.-Germain, par un de nos religieux, ou autre ad ce depputé, outre que le curé d'icelle église, ne son chappelain vice-gérant, chanter la dite messe à six heures du matin ou environ, *affin que les dittes églises et chappelles fussent mieulx servies.*

Item, que celui qui chanteroit la ditte messe, seroit tenu par chascune fois, tout revestu, prest pour la chanter, après le confiteor, et avant l'introitte, soy retourner vers les gens et dire à haulte voix et entendible, *en la fourme accoustumée* ; c'est la messe ordonnée par deffunct Henry Lemaistre, et demiselle Jacque de Fontaines sa femme, pour lesquels et leurs bienfaicteurs nous dirons dévotement *Pater noster* et *Ave Maria* tout au long.

Item, et en cas que deffault averoit de célébrer la ditte messe, nous religieux, abbé et couvent, encherrions en la paine de chuncq sols pour chascun deffault de non dire et célébrer la ditte messe, et pour chascune fois de non célébrer la ditte messe à six heures ou environ, et pour chascun deffault de obmettre les dittes paroles et cérémonies, nous encherrions la paine de douze deniers seulement, tout il appliquier à la fabrique d'icelle église St.-Germain.

Item, et aussi seront tenus de paier, chascun an, aux dicts manegliers, au proufflct de la ditte fabrique, la somme de quarante sols parisis en la ditte église et la ditte paroisse, vingt sols parisis pour les causes dont chy après sera touchié.

Et nous manegliers dessus nommés, veu et considéré les dons faicts par le dict feu de son vivant à la dicte église, mesme les beaulx et riches ornements et estorrements faicts et délivrés desjà à la ditte église par les dis exécuteurs, au despens d'icelluy feu, pour l'ordonnance et estorrement servant à la ditte chappelle et messe. Est assavoir ; douze nappes d'autel benites, six serviettes, six aubes, six amicts, trois casures, l'une noire, l'autre asurée, et l'autre figurée de plusieurs couleurs ; une nappe de parrement, ung drap noir à mettre contre l'autel, deux oreillers de velours vermeil, deux autres vers à l'un costé, et vermaulx d'autre costé ; une autre casure, tunique et daumatique de draps de damas tout neuf, deux courtines blanques à mettre en quaresme, un calice d'argent doré pesant deux marcs ou environ, ung livre et un beau missel tous neuf, qui a cousté soixante dix couronnes et plus, deux candeliers de cuivre sur l'autel, et un coffre fermant à clef, où sont mis les ornements et biens dessus dis, avesque plusieurs autres ornements d'église, par le dict feu donnés de son vivant à icelle église.

Moyennant aussi les dis quarante sols et vingt sols, seront tenus maintenir et entretenir la cloque à nous livrée et à la ditte église St.-Germain par les dis exécuteurs, et que nous confessons desjà posée et assise au cloquier d'icelle église, et pour laquelle cloque faire et pendre, nous manegliers avons receu d'iceulx exécuteurs la somme de quarante escus d'or, avesque deux cent quatrevingt-deux livres de métail, et qu'ils nous ont délivré, dont nous nous tenons contents. Toustes voyes s'il advenoit que la ditte cloque feust félée, cassée ou rompue, nous religieux, abbé et couvent serions en ce cas tenus de la faire refondre et réparer à nos despens de la pesanteur de six cent livres ou environ, ainsi qu'elle est de présent pesant.

Et aussi nous manegliers serions tenus de livrer, furnir, maintenir et entretenir le luminaire qui seroit de deux cherges ardans durant la ditte messe et une torse à le élévacion du St.-Sacrement; le revestiaire à ornemens, livres, calice, vin, eaue et autres choses servant à la ditte chapelle et messe et y nécessaires ; de faire sonner par le clerc de la ditte église et paroisse St.-Germain la ditte cloque, allumer les cherges et luminaire, aidier à dire la ditte messe diligemment, et faire les autres choses ad ce necessaires et convenables, chascun jour, lorsqu'on devroit chanter la ditte messe ainsi par la fourme, manière, et comme plus à plain est contenu et déclarié en une cédule en papier signée de seings manuels de nous abbé, de plusieurs de nos religieux, des dis exécuteurs et autres, de ce faisant mencion, dont la teneur s'en sieut :

« C'est ce que les exécuteurs du testament de feu Henry Le-
» maistre et aussi de demiselle Jacque de Fontaines sa vesve ont
» advisé pour la seuretté et perpétuité de la messe par eulx ordon-
» née estre ditte et célébrée chascun jour perpétuellement en l'église
» St.-Germain en Amiens, en le chappelle de Nostre-Dame, là où le
» dit feu est enterré, au cas que les religieux, abbé et couvent de
» l'église St.-Jehan-lès-Amiens vouldront en prendre la charge de
» ce, parmy ce qu'ils avront toute admortie la terre de Maisières
» pour ce ordonnée par le testament du dit feu, et par la ditte vesve
» après son trespas.

« 1º Que la ditte messe sera chantée à heure de six heures du
» matin ou environ, par ung des dis religieux ou autre ad ce dèp-
» putez ou à depputer par l'abbé, autre toutes voyes que le curé du
» dit lieu de St.-Germain, ne son chappelain vice-gérant, *affin que
» la ditte église et chappelle soient mieulx servies.*

» Item. Que celui qui chantera la ditte messe soit tenu pour chas-
» cune fois tout revestu prest pour chanter, après le Confiteor et avant
» l'introit, soy retourner vers les gens et dire à haulte voix et
» entendible, en fourme accoustumée ; que c'est la messe ordonnée
» par deffunct Henry Lemaistre et demiselle Jacque de Fontaines
» sa femme, pour lesquels et leurs bienfaicteurs nous dirons dévote-
» ment *Pater noster* et *Ave Maria*, et sera ce dit au long.

« Item que au cas deffaulte averoit de ainsi le faire, les dis reli-
» gieux, abbé et couvent, encherroient la paine de chuncq sols parisis
» pour chascun deffault de non dire et célébrer la dicte messe chas-
» cun jour, et pour chascun deffault de la non célébrer à la ditte
» heure, à six heures ou environ, ou de obmettre les dittes paroles
» et céremonies, ils encherroient la paine de douze deniers parisis
» seulement, tout il appliquier à la fabrique d'icelle église.

« *Item*, que en mémoire de la ditte messe et fondacion d'icelle,
» sera aux despens des dis exécuteurs et vesve composée une pierre
» dure ou cuivre, encassée au mur de la ditte chappelle par le
» compte des manegliers de la ditte église St.-Germain, là où sera
» escripture en grosses lettres faisant mencion de la ditte fondacion.

« Item, et aussi qu'il y avera une cloque aux despens d'iceulx
» exécuteurs et vesve, qui sera mise au cloquier avec les autres clo-
» ques, par le dict consentement des dis manegliers, que l'on son-
» nera en certaine fourme, quand l'on vouldra dire la ditte messe.

« Item, et affin qu'il en soit plus grant mémore et qu'elle soit
» plus pertuelle, veu le grant rente qui pour ce est ordonnée, les
» religieux, abbé et couvent seront tenus de payer chascun an aux
» dis manegliers d'icelle église St.-Germain, au proufflct de la ditte
» fabrique, la somme de quarante sols parisis pour délivrer, furnir,
» maintenir et entretenir la cloque dessus ditte, le luminaire, le
» revestiaire, livres, calice, vin, eaue et autres choses servans à la
» dicte chappelle et messe et y nécessaires, et lequel luminaire sera
» de deux cherges ardans durant la messe et une torse à la élévacion
» du St.-Sacrement.

« Toutes voyes s'il advenoit que la ditte cloque fut félée, cassée
» ou rompue, les dis abbés et couvents seront en ce cas tenus de la

» reffaire et réparer à leurs despens, de pareille grandeur et poids,
» assavoir de six cent livres ou environ.

« Item, et avec ce seront tenus yceulx religieux, abbé et couvent
» de paier chascun an au clerc de la paroisse du dict St.-Germain,
» vingt sols parisis pour sonner la ditte cloque, allumer le lumi-
» naire, aidier à dire la messe et diligenter et faire autres choses ad
» ce nécessaires et convenables.

« Item que au dict religieux ou autre depputé à chanter la ditte
» messe, sera baillié et distribué par l'abbé, salaire compétent et
» raisonnable pour faire et exercer le dict divin service.

« Item en regart à la clause du dict testament, s'il estoit mestier
» de confirmation ou auctorité pappal, par manière de privilège, de
» grâce, dispensacion ou aultrement, yceulx abbé et couvent se-
» ront tenus de le obtenir de nostre sainct père le pappe, de court
» de Rome, ou autres canoniquement toutes voyes, et à leurs des-
» pens et pourchas.

« Item, et avec ce seront tenus yceulx religieux, abbé et couvent
» de obtenir et foire avoir à leurs despens, aux dis exécuteurs et
» vesve lettres, loz ou conseil d'iceulx exécuteurs et vesve, de la
» confirmacion des choses dessus dictes de leur père abbé et du chief
» de l'ordre.

» Item, que les dis religieux, abbé et couvent furniront et ga-
» randiront les choses dessus dictes et y obligeront et à ce qui s'en
» sieut, et tous leurs biens, héritaiges et temporel présens et adve-
» nir. Sortiront jurisdiction pour eulx et leurs successeurs, parde-
» vant monseigneur le Bailly d'Amiens ou son lieutenant.

« Item que yceulx religieux, abbé et couvent prendront en leur
» charge, toutes fortunes et infortunes tant de procès, guerres,
» non valoirs, comme autrement, nonobstant les quelz empesche-
» ments ils furniront les choses dessus dittes qui sont attribuées à
» leur charge.

» Item qu'ils seront tenus de ce réduire et escripre en leurs
» comptes, registres et matriloges.

« Item que les dis exécuteurs, les parents et amis des dis deffuncts
» Henry, demiselle Jacque, manegliers d'icelle église présent et

» advenir, procureur du Roi, et autres personnes que lesquelles
» soient, et ung chascun, en cas de deffault d'aucunes des choses
» sus dittes, avoir cause et action, querelle et complaincte directe.

« Item que la poursuicte faicte et à faire pour avoir et obtenir le
» dict admortissement est et sera faicte à communs frais et despens,
» en toutes choses quels conques, et en paieront les dis abbé et
» couvent la moittié à l'encontre des dis exécuteurs et vesve, saulf
» et réserve les principaux deniers ou rentes qu'il convenra paier
» au Roy nostre sire pour avoir et obtenir le dict admortissement,
» qui se paieront du tout par les exécuteurs et vesve, et pareillement
» ce qu'il fauldra au seigneur de Poix, se raison est qu'on lui doibve
» pour ceste cause.

« Item que les dis religieux, abbé et couvent ni autres, ne
» puissent par auctorité pappal ou autre transférer la dicte messe en
» autre lieue ou en autre manière, le dire et faire *à paine de cent marcs*
» *d'argent*, et appliquier au Roy nostre sire, pour chascune fois.

« Item que bonnes lettres unes et plusieurs originales soient
» faictes et passées au loz ou conseil des dis exécuteurs et vesve, et
» que aux vidimus sur ce fais soubs sceaux royaulx foy soit plaine-
» ment adjoustée comme aux originaulx. »

Les dis abbé et couvent d'une part, exécuteurs et vesve d'autre part, ont accepté et accordé cest escript l'an mil quatre cens et chinquante, le vingt-deuxième jour de janvier. Témoings les saings manuels de ceulx qui s'ensieuvent, ainsi signé frere Mahieu Quoterel, J. Levasseur, frere G. Houbet, Ficquet aux Cousteaulx, J. Cordern comme conseiller, T. Pierin comme procureur de l'abbé et couvent.

Sçavoir faisons que nous abbé et couvent et manegliers dessus nommés, sachant les choses dessus dittes estre bonnes, les ayant pour agréables et ratiffiant icelles, nous deuement congreguiés et assemblés ensemble, est assavoir, nous abbé et couvent en nostre dict chappitre, et nous manegliers en la ditte église St.-Germain, avec Gilles de Laon, Pierre Estocart, Guerart de Hemonlieu, Denis Wattin, Lienart de la Croix, Jacque Boulon, Pierre Cardon, Jehan Wattiguez, Adam Hurtault, Jehan Judas l'aisné, Philippe Leconte, Jehan Olive, Jehan Nuce, Guillaume de Prousel, Gilles de

Baugis, Jehan Thiebault, Jehan Lesten, Jehan Lestoc, Colart Bernart, Enguerrant de Longuemort et plusieurs autres en grant nombre comme faisant le plus grant et saine partie des dicts paroissiens.

Nous sommes submis et chargiés et par ces présentes chargeons et submettons, avons promis et promettons loyalement et de bonne foy chascun de nous en regard de soy, de tenir, furnir, entretenir, enteriner et accomplir de poinct en poinct toutes les choses dessus dittes et chascune d'icelles par la maniere et ainsy que dessus est dict et que contenu et déclairée est........avec ce que la ditte cloque ne sera jamais en nul jour sonnée seule fois que pour la célébracion et ordonnance de la ditte messe, pour laquelle elle sera sonnée seule par deux fois et intervalle....... l'espace de dire le psalme de Miserere mei Deus, et à chascune fois sonnera seule vingt volées....... la ditte clocque porra estre sonnée avec les autres cloques quant bon semblera aus dis manegliers........ et de bonne foy.

Meismement nous abbé et couvent sur le veu de notre religion que jamais aucun jour contre la teneur de ces présentes nous ne irons, aller, venir, ne ferons en aucune manière, soubs et par l'obligacion.......... abbé et couvent de tous nos biens, héritaiges et temporel, et nous manegliers de tous les biens, héritaiges et temporel de la ditte église et paroisse St.-Germain présent et advenir, que y avons obligée et obligeons chascun au regard de soy, et pour tant qu'il lui touche, et pour toutes ces choses dessus dittes et chascûne d'icelles et ses deppendences, passer, recognaistre, consentir et accorder au nom de nous religieux, abbé et couvent et manegliers d'icelle église, par devant monseigneur le Bailly d'Amiens, auditeurs royaulx et partout ailleurs là où il appartiendra.

Nous religieux, abbé et couvent et manegliers chascun en tant qu'il nous touche avons fait, commis, ordonné et establi, et par ces présentes faisons; ordonnons et establissons nos procureurs généraulx et certains messaiges espéciaulx, est assavoir, nous abbé et couvent et frères Jehan Levasseur, Witace Pierrin, Guillaume Houbet, nos religieux, Adam Hurtaulx, Jaque de Long Courtil, et Jehan le Prévost le josne, et nous manegliers l'un de l'autre avec, de Jaques de Monchy, Jaque Lefoulan, Adam Hurtault, Jaque de Long

Courtil, Jehan le Prévost, Pierre Estocart et Guerart de Hemonlieu, auxquels procureurs dessus-nommés, et à chascun d'eulx par lui et pour le tout portans ces lettres, nous avons donné et donnons plain pooir et auctorité et mendement spécial et irrevocable de ce faire, sans avoir de nous autres lettres, charges et mandements que ces présentes, ne que ce puissons révoquer ne rappeler en aucune manière et généralement pooir de autant dire et faire en ce que dessus et les deppendences, comme nous mesmes ferions se présens de nos personnes y estions, jà fust il que le cas désirant mandement lui spécial, et promettons loyalement tenir, entretenir, entériner et accomplir ce que dit est dessus, et avons pour agréable et tenir ferme et estable tout ce que par les dits procureurs ou l'un d'eulx sera faict, paier le jugié se mestier est, avec pour rendre tous cousts et frais que par deffault de ce dessus dit s'en porroient ensievir soubs et par l'obligacion avant ditte. En remedechant quant à ce est assavoir, nous manegliers par nos foy et seremens, et nous abbé et couvent sur le dit veu de toutes choses généralement et espécialement que tant de fait comme de droit aidier et retore porroient à nous abbé et couvent, et à la ditte église et paroisse St.-Germain à aler contre le teneur de ces dittes présentes, et nous et chascun de nous ès dis noms, et au porteur d'icelle grever ou nuire.

En sont ces présentes lettres faittes en trois parties dont chascun de nous en avera unes, et les dis exécuteurs les autres, à la conservation du droit de chascune des parties.

En tesmoing de ce, nous abbé et couvent avons mis nos sceaux, et nous manegliers, le scel duquel l'on use et est accoustumé de user au fait de la maneglerie d'icelle église, qui furent faittes et données le vingt et troisième jour de janvier l'an mil quatre cens et chinquante deux.

A cette pièce sont jointes la ratification du bailly d'Amiens et celle du supérieur général de l'ordre des Prémontrés.

NOTE K.

Vidimus délivré par les maires et eschevins d'Amiens, des lettres de Charles VII, donnée par le roi aux Montilz-les-Tours, en janvier 1450, et de son règne le 29, lesquelles lettres portent amortissement d'un fief situé à Maisières en Santerre, au profit de l'abbaye de St-Jean d'Amiens, et donné par Henry Lemaistre, bourgeois d'Amiens, pour la fondation d'une messe perpétuelle en l'église St.-Germain.

A tous ceux qui ces présentes lettres verront, les maires et eschevins de la ville et cité d'Amiens salut, savoir faisons que ce jourd'hui nous avons vu et lu et diligemment regardé une lettre du Roi nostre sire scellée de son grant scel avec laz de soie et chire verd, lesquelles et estoient saines et entières en toutes choses et la teneur s'en suit.

Charles par la grâce de Dieu Roi de France savoir faisons à tous présens et advenir, Nous avons reçeu humbles supplications des exécuteurs et ordonnance de dernière volonté de feu Henry Lemaistre, en son vivant bourgeois d'Amiens, contenant que, le dit feu Henry Lemaistre, en son vivant au moyen et requeste de nos bien amés Thibault de Soissons, Sire de Moreuil et Marguerite de Poix sa femme, acheta bien et deument, et pour prix loyal et compétent de Raoul de Soissons, leur fils aisné, le fief, terre et seignourie appartenances et dépendances de ycelluy Raoul, ce qu'en avoit et lui appartenoit par don et transport que lui en avoit fait les dis père et mère, ycelluy fief en ses appartenances venant de héritaige de la dite Marguerite de Poix, assis en la ville et seignourie de Maisières en Santerre, et tenu de leur terre et seignourie de Poix, par soixante sols de relief et autres, consentant de aider quand le cas y eschet, vingt sols de chambellage et les plaids de quinzaine en quinzaine, en la court de Poix, quand le posesseur du fief y est souffisamment adjourné, *en exécution* par le feu Henry Lemaistre de *donner le dit fief en aumosne pour le salut de son ame*, pour la fondation d'une messe perpétuelle, et le faire admortir tant par le dit Thibault de Soissons et sa femme, comme par nous, dont ils tiennent et maintiennent leur terre et seignourie de Poix, au cas qu'il nous plairoit ly faire ainsy, sans faire ni payer les dits services et devoirs à iceulx Thibault et sa femme ou à leurs successeurs, et de fait les dits Thibault et sa femme au regard d'eulx et de leurs dits successeurs, seigneurs et posesseurs de la dicte terre et seignourie de Poix, et sans prétendre en ce et aultres cas à nos droits et souveraineté et seignourie et de nos successeurs, sy avant que faire l'ont peu et peuvent, et que en cela estoit, et est mesmement la dicte Marguerite de l'auctorité, congié et licence de son dict mary ont voulu consentir et accorder au dict feu Henry Lemaistre ou ses hoirs, ou exécuteurs pour lui, celuy ou ceulx à qui le dict fief auroit esté baillé, assigné ou transporté, ycelluy fief et terre de Maisières pour faire la dicte fondation, demourer quitte du dict service de plaids et de faulx, en quoi ils porront povoir encourir, et par desservant une fois l'an tant seulement en la dicte court de Poix, quand ils seroient souffisamment dénommés, et s'ils estoient en deffault pour payer seulement pour l'amende du deffault douze deniers parisis, et si il advenoit que au temps advenir, le dict feu Henry Lemaistre, ses hoirs ou exécuteurs posesseurs du dict fief et terre, feussent tant que feust par nous et nos successeurs admortis, pour la dicte fondation et dotation d'une messe perpétuelle pour le repos de l'âme du dict feu Henry, et des âmes de ceulx qu'il y vouldroit accopartenir, feust en tout ou en partie, et en ce cas le dict Thibault, toutes fois qu'il apparoit deument accorder admortissement, voulant conformement que pareillement ycelluy fief continue en ce qui en auroit esté admorti par nous, feust et ………… admorty à l'esgard d'iceulx et de leurs successeurs, ac quitteront bonnement à toujours les foys de relief auxdicts plaids, souveraineté, justice et seignourie, et tout le droict, cause et action que ils avoient et pouvaient avoir à cause des dicts fief et terre, et de la tenue d'icelluy, ainsy que ces choses et aultres que on dit estre convenues, et apparoir plus ad plain par lettres faictes et passées sous les sceaux des dicts témoings, le iiij^e jour de janvier mccc. et xxviii.

Et depuis est le dict feu Henry Lemaistre allé de vie à trépas, délaissia les dicts suppliants exécuteurs de son dict testament, pour lequel accomplir et la bonne et dévote intention du dict deffunt, ils ont advisé et délibéré de fonder une messe chascun jour perpétuellement en l'église paroissiale de St.-Germain en la ville d'Amiens, de laquelle il estoit paroichien, et laquelle *est membre* de l'église et *abbaye de St.-Jehan* la dicte ville d'Amiens de l'ordre de Prémontré, et icelle messe fondée et dotée du dict fief terre et appartenances de Maisières et des revenus prouficts et émoluments d'icelluy, au cas qu'il nous plait, les en nous humblement requérant en yceluy fief terre et appartenances nous plaise admortir en faveur de l'augmentation du divin service, et afin que la dévote intencion du dict deffunct soit accompli.

Pourquoi nous attendues ces choses, inclinant à le supplicacion des dicts exécuteurs testamentaires et en faveur de la dicte église St.-Germain et du service divin, à yceulx exécuteurs avons ottroyé et ottroyons de grâce spéciale par ces présentes, que les dictes terres, fief et appartenances assis à Maisières en Santerre, appartenant au dict feu Henry Lemaistre achetés et acquis comme dict est, ils puissent donner et aumosner sous ce titre, d'employer à la fondation perpétuelle de la messe dessus dicte qu'ils ont entencion de fonder en la dicte église paroichiale de St.-Germain en Amiens, et que les dicts religieux de la dicte église St.-Jehan-lès-Amiens ou l'un d'iceulz religieux profèz en la dicte église et non aultres chapellenies, disent la dicte messe à perpétuité, ainsi que bon semblera à la dicte abbaye, et que par luy sera ordonné dès à présent la fondacion d'icelle messe perpétuelle, et incontinent possédant perpétuellement et paisiblement comme admorty à Dieu et cause devant dicte, le fief terre et appartenances de Maisières ainsi acquis par le dict feu Henry Lemaistre à la charge de la dicte messe, ainsy qu'il sera ordonné par les dictes présentes, sans qu'ils soient ne puissent estre astreints à les mettre hors de leurs mains, ne pouvoir en estre tourmentés, molestés et empeschiés en aulcune manière, et nous payant comptant pour une fois la somme de *quatre cent livres tournois et*, à laquelle avons faict composer avec eulx pour icelle fois, de quatre cent livres tournois pour les employer et convertir en *rachapt d'acquis de la revenue, domaine, de nostre terre et seignourie de Dun le Roy, qui naguères avoit esté baillié en gaige à Robert Soingnac pour trois cent quatre-vingt royaulx d'or*, et moyennant laquelle somme de quatre cent livres avoir le dict fief qu'on dict estre de la valeur *de soixante* livres de rente de revenue, que nous avons admorty et admortisons de nostre grâce, plaine puissance et auctorité royale par ces dictes présentes.

Ordonnons et mandons à nos amis et feaulx receveurs de nos comptes et aultres au baillage d'Amiens etc.

Donné au Montilz-les-Tours au mois de janvier 1450.

NOTE L.

Extrait d'une lettre écrite par un religieux du mont St-Quentin, à M. Cauchie, curé de St.-Germain, le 18 mai 1852.

J'ai appris d'un de nos pères qui demeurent en l'abbaye de St.-Nicolas-des-Prés sous Ribemont, de la translation du corps de St.-Germain l'Ecossais évêque et martyr, au dit Ribemont.

Par tradition, on croit que deux religieux bénédictins, il y a bien huit cents ans environ, apportèrent le corps de St-Germain l'Ecossais à Ribemont, où étant surpris de la nuit, se trouvèrent devant une chapelle de Ste.-Anne, auprès du faubourg de Ste.-Anne, vulgairement appelée de Suzencourt ; la porte de laquelle s'ouvrit miraculeusement, ce que ayant apperçu, ils y entrèrent, et portèrent le corps sur l'autel de la dite chapelle ; ayant passé la nuit, comme ils se disposaient de passer oultre, lever le corps du saint, et l'emporter ailleurs, il devint si pesant qu'ils reconnûrent que c'était la volonté de Dieu, que le corps saint demeurât et reposât en ce lieu.

Depuis ce temps, ou un peu après, un comte de Ribemont fit bâtir une église collégiale dans son château de Ribemont, à l'honneur de St.-Germain, évêque et martyr Ecossais, y mit et établit des chanoines, clercs, pour y faire le service divin et fit transférer le corps du saint dans l'église qu'il avait fait bâtir.

Deux cents ans après ou environ, à la requête de Hugues, comte de Ribemont, le pape ôta les chanoines et y établit des religieux de l'ordre de St.-Benoist prins dans l'abbaye de l'ordre de St.-Nicolas-des-Prés soubs Ribemont, à laquelle abbaye le dit comte Godefroy annexa la dite église et ses dépendances, et est maintenant un prieuré conventuel dépendant de la dite abbaye, sous le nom de St.-Germain, évêque et martyr Ecossais.

Le corps du saint, à cause des guerres, fut depuis transporté dans l'abbaye jusqu'au temps de François Ier, auquel temps il fut rapporté dans le dit prieuré du château; et pendant cette même guerre de François Ier, le château et le prieuré ayant été ruinés, pour conserver les reliques du saint, elles furent portées dans la ville de Ribemont, en la paroisse de St.-Pierre, dépendante de la dite abbaye de St.-Nicolas, et y ont demeuré jusqu'en l'an 1650, au temps des guerres : et l'armée avenant à Ribemont, par les soldats de la dite armée, la châsse d'argent relevée en bosse avec quantité d'images à l'entour, fut pillée, rompue, et là les reliques éparses furent receuillies par un des marguilliers dans un sac de toile, qui les porta à Lafère, où maistre Anthoine Bougier, lieutenant du dit Ribemont, fit un procès-verbal et un dénombrement des reliques du dit saint, et les mit en dépôt dans la maison d'un bourgeois, pour les rapporter au temps de la paix.

St.-Germain est tenu pour le principal patron de la ville et de l'abbaye, et on fait office propre avec grande solemnité.

Par tradition tout le corps est à Ribemont, excepté une partie du chef qui se garde dans l'abbaye de St.-Remi de Reims, enclos dans la chasse de St.-Jubrian, sans parler des reliques qui sont en votre paroisse.

Il se fait trois fêtes du dit saint à Ribemont, la fête du deuxième jour de may, la dédicace de l'église et la translation du corps. Il y a grande dévotion et pélérinage à l'honneur du dit saint en un quartier, et on tient que quelques rois de France y ont eu dévotion, ce qui se reconnaît par les titres et archives. Le chef du dit Saint à Ribemont est enchâssé en argent, et des os dans un bras couvert d'argent, et il y a encore d'autres reliques enchassées dans un bras de bois doré.

Extrait d'une lettre adressée au curé Cauchie, par M. Héduin curé de Ribemont, sur St.-Germain, du 21 octobre 1652.

Quant à ce que vous me demandez sur St.-Germain, il est vrai que nous avons ici du corps du saint, le chef et un bras, et de l'autre bras nous n'avons que deux ossements assez petits, le reste nous ne savons où il est.

La châsse fut rompue par des soldats durant le siège de Guise; on n'en a rien emporté, ni de la châsse, ni des ossements, le corps y était tout entier; les os enchaussés comme si c'était une anatomie. On les a emportés dans un linge blanc, bien librement à Lafère, attendant que nous ferons raccomoder la châsse.

Il y a apparence qu'il était grand de corps et encore plus de mérite; il était fils d'Andinus et Aquila, ils vinrent en France avec St.-Germain d'Auxerre, qui les baptisa et fut parrain de notre saint et il lui donna le nom de Germain.

Il est ici dépeint avec un dragon qu'il mène lié comme une bête apprivoisée, parceque il ressuscita l'enfant que le dragon avait étouffé. Une fille étant entrée au lieu où était sa tête coupée, il parla à elle, et la tancea de ce qu'elle entrait dans ce lieu sans vénérer ses reliques. Il commanda d'aller donner avis au seigneur Senard que le bourreau l'avait mis à mort, et qu'il enterrât son chef au lieu où il le trouveroit; ce qu'il fit avec le clergé, et troupe de monde à sa suite.

Le corps a été apporté ici hors de la ville où on fit batir une chapelle qui est à présent ruinée; nous y allons solennellement en procession le deuxième jour de may, sa translation fut le treizième jour de novembre, et sa dédicace le premier de mars que nous faisons fête double; nous l'avons toujours gardé dans l'église de St.-Pierre de la ville.

NOTE M.

Acte de notoriété constatant le transport des reliques de St.-Germain de Ribemont à Lafère.

L'an mil six cent cinquante, le mardi septième jour du mois de juin, dernière fête de la pentecoste, sur les trois à quatre heures d'après midi, quelques troupes des ennemis détachées de l'armée conduite par le vicomte de Turenne, mareschal de France, et le comte de Fuensaldagne, ayant prins la ville de Ribemont, icelle pillée, mesme l'église de M. St.-Pierre, paroisse du dist lieu, en laquelle reposait la fierte du glorieux martyr et pontife St.-Germain l'Ecossais, et qui à cause de sa caducité n'avait pu être transportée en la ville de St.-Quentin avec le chef et le bras du dit saint, resserré chez M. Dorigny advocat du Roy au dit lieu, a, dans le pillage, rompu et brisé la dite fierte, laissé néanmoins les ossements dans le fonds d'icelle ; furent les dits ossements recueillis par les soings de quelques dévots paroissiens, et apportés par maistre Gilbert Carlier, naguères grand marguillier et receveur de la dicte paroisse, en la ville de Lafère, déposés entre les mains de vénérable et discrète personne maistre Nicolas Vitus, prestre curé de la dicte église, pour lors refugié en la dicte ville, et par lui mis et reserré en l'état qu'ils sont, et selon qu'ils se voient au dict et présent escript, dans le coffre contenant les ornements de la dicte église, mis en refuge en la maison du sieur Joseph, docteur en médecine, demeurant en la dicte ville, en la présence et de l'advis de maistre Anthoine Bougier, conseiller du roi, lieutenant civil au dit Ribemont, François Forestier, notaire royal au dit lieu, du dict Gilbert et de Denis Baillet greffier, et à présent eschevin du dit Ribemont, tous aussi refugiés au dict Lafère, le premier jour d'aoust au dit an 1650, qui ont tous avec le dict sieur curé signé ces présentes à la minute demeurée au greffe du dit Ribemont.

Collation faicte et controllé ainsi signé Baillet avec paraphe.

Le présent escript collationné en l'original par moi secrétaire ordinaire de monseigneur l'évêque d'Amiens. 3 avril 1660.

Signé : Guillié.

Acte de notoriété de la destruction de la chasse de St.- Germain, et de son transport de Ribemont à Lafère, 18 octobre 1659.

Aujourd'hui date des présentes sont comparus, par devant les notaires du Roy au Chatelet de Paris, les soussignés vénérable et discrète personne M. Jean Heduin, prêtre, docteur en théologie, conseiller et aulmosnier du roy, son prédicateur ordinaire, et chanoine théologal de Rasay, demeurant en la dicte ville de Paris au collège de Reims, paroisse de St.-Etienne du Mont, Louis Bahat, armurier, demeurant dans le cloître de St.-Jean de Latran, et M. Antoine Gras, demeurant au dit collège de Reims, tous natifs de la ville de Ribemont, ont rattifié et attesté, que, le corps de St. Germain l'Ecossais, évêque et martyr, a été dans la châsse, ainsi qu'ils ont entendu dire par tradition, depuis huit cent cinquante ans ou environ, le treizième jour de novembre, dans l'église de St.-Pierre de la ville de Ribemont, où il est tenu pour patron tutélaire de la dite ville, et qu'en l'année mil six cent cinquante, durant le temps que le siège était devant le château de Guise, dans le mois de juin, par les ennemis de ce royaume, des coureurs détachés de l'armée furent forcer la dite ville de Ribemont et entrèrent dedans, où estoient encore quelques bourgeois réfugiés et nommément le nommé Bahat comparant, qui a dict et déclaré avoir vu rompre et briser à grands coups de marteau et ferrements la châsse du dict glorieux martyr St.-Germain l'Ecossais, et que pendant la rupture de la dicte chasse, d'autres compagnons des soldats ennemis le tenaient avec plusieurs, lié et garroté comme prisonier de guerre, après avoir esté bien battu ; la châsse estant rompue, les ennemis ayant vu les saints ossements d'un corps comme s'ils eussent encore été attachés à carnalité et nerves, eurent une si grande appréhension, Dieu le permettant ainsi, qu'ils s'enfuirent et abandonnèrent et l'argenterie et les pierreries ; les saints ossements demeurants ainsi, jusqu'à ce que le sieur Gilbert Carlier marguillier de la dicte église voyant ce spectacle, mit les saints ossements de ce glorieux martyr dans une nappe bénite de l'église, à l'aide de quelques personnes, les transporta dans la ville de Lafère, où maistre Nicolas Vitus, curé pour lors de Ribemont, avec la plus grande partie des habitants estoient refugiés ; et là, par advis de M. Bougier, lieutenant civil, et de maistre François Blondel, advocat du Roy, et maieur de la dicte ville de Ribemont, les dits saints ossements furent mis comme en dépost chez M. Joseph, docteur en médecine, demeurant au dict Lafère ; et depuis sa mort, le coffre dans lequel estoient les saints ossements, avec les plus précieux ornements de l'église, furent transportés par l'ordre du sieur Heduin comparant, lors curé du dit Ribemont, chez Théodore Violette, marchand chapellier, demeurant au dict Lafère, où il est encore à présent, et dans lequel les dits saints ossements sont enfermés; desquels on en a tiré quelques uns qu'on a délivré à] frère Jean Cauchie, prieur curé de St.-Germain l'Ecossais de la ville d'Amiens, pour enrichir son église dédiée à Dieu, sous l'invocation de ce glorieux martyr et évesque St.-Germain, de laquelle attestation et certificat les dicts comparants nous ont requis ce présent acte : lequel nous avons expédié pour valoir et servir à ceux qu'il appartiendra en ce que de raison.

Fait et passé en l'étude des notaires soussignés le 14 octobre 1659 et ont les dicts comparants signé avec nous, ainsi signé : Heduin, Louis Béhat, Gra, Léger, et Carré, avec paraphe.

Le présent acte a été collationné à son original par moy secrétaire ordinaire de Mgr. l'évêque d'Amiens, et de l'esvéché d'Amiens, le 3 avril 1660. Signé : GUILLIÉ.

Visite et état de la châsse de saint Germain, dans l'église de Ribemont, par l'évêque de Laon, en 1664.

Cejourd'hui 18 janvier 1666, par devant nous notaires royaux au bailliage de Vermandois, demeurant à Laon, soussignés.

Est comparue vénérable et discrète personne maistre Claude Botté, prestre, docteur en théologie, chanoine de l'église cathédrale Nostre-Dame de Laon, y demeurant, lequel a déclaré et certifié :

Qu'au commencement du mois de may de l'année 1664, il avait esté présent et assisté à l'ouverture de la châsse en laquelle sont enclos et enfermés le plus grand nombre des ossements de sainct Germain d'Ecosse, évesque et martyr, faict par monseigneur Cossart d'Estrée, évesque et duc de Laon, comte d'Amiens, second pair de France, etc., faisant la visite épiscopale en l'église paroissiale de St-Pierre de la ville de Ribemont-sur-Oize, en laquelle église repose la dicte châsse en laquelle furent trouvés avec les dicts saints ossements, deux procès-verbaux portant certificat de la vérité en tradition des dittes reliques, laquelle châsse fut fermée aussitost avec le procès-verbal faict par le dict évesque de la dite visite, et aussi à le dit sieur Botté déclaré, certifié par devant nous, notaires soussignés, qu'au mesme temps le dict seigneur evesque visita deux aultres petites chasses, l'une sous la figure d'un bras, l'autre sous celle d'un chef, la dernière d'argent et la première de bois argenté, dans lesquels furent trouvés, savoir dans le premier, un petit ossement saint d'un bras, et dans la seconde la plus grosse partie du crasne ou teste, sans auscuns procès-verbaux, mais que la tradition dict estre du mesme saint Germain d'Écosse, de tout quoi le dict sieur Botté a ordonné par devant nous notaires le présent certificat de déclaration qu'il a signé avec nous pour valoir ce que de raison.

Suivent les signatures.

D'une note jointe à ce certificat, il résulte que la châsse de saint Germain appartenait à l'abbaye de St-Nicolas-sous-Ribemont.

NOTE N.

Procès-verbal constatant la donation des reliques de saint Germain l'Écossais à M. Cauchie, curé de St-Germain à Amiens.

L'an 1659, le vingt-cinquième jour de septembre, par devant nous Robert de Tupigny, prêtre de l'université de Paris, curé de la paroisse de St-Pierre de la ville de Ribemont, diocèse de Laon, Gilbert Carlier, bourgeois de ladite ville, et marguillier en exercice de la dicte paroisse, accompagné de révérend père Victor Damiens, prédicateur capucin et supérieur du couvent de Lafère, et de révérend père Hyppolite Dault, aussi prédicateur capucin du dit couvent, se seroit présenté frère Jehan Cauchie, prestre, religieux profès de l'abbaye de St-Jean-Baptiste d'Amiens, ordre des Prémontrés, et curé de l'église paroissiale de St-Germain de la dicte ville d'Amiens, lequel nous aurait déclaré que, mené de dévotion à l'endroict dédié à St-Germain l'Écossais, évesque et martyr, patron de ladicte paroisse, en l'honneur duquel il aurait recherché et donné au publique, en l'an 1646, la vie avec notes et son office, sous l'approbation de feu monseigneur l'illustrissime et révérendissime père en Dieu, monseigneur François Lefebvre de Caumartin, d'heureuse mémoire et évesque d'Amiens, a visité le lieu de son martyre et sépulture dans un village qui en porte le nom depuis le dit temps, de St-Germain-lès-Bresle, au diocèse d'Amiens et doyenné d'Oisemont, et le dict frère Cauchie continuant toujours la mesme dévotion envers ce grand saint, auroit aussi continué tous ses soings pour savoir le lieu où son corps et reliques reposoient, pour seconder le zèle qu'il avoit de le mettre s'il pouvoit en plus grande vénération, non-seulement dans la dicte paroisse, mais encore en toute la ville d'Amiens, où le peuple lui a grande dévotion, en quoy faisant, il auroit appris qu'il avoit été transféré du lieu de sa sépulture en la ville de Ribemont, diocèse de Laon, depuis environ huit cent cinquante ans, auquel lieu le dict frère Cauchie n'auroit osé se transporter à cause des guerres, mais auroit escript plusieurs lettres à vénérable et scientifique personne M⁰ Pierre Héduin, prestre, docteur en théologie, conseiller et ausmonier du Roy et prédicateur ordinaire, chanoine théologal de Razais, et curé de la dicte église paroissiale de St-Pierre de Ribemont, pour se rendre certain de la vérité des reliques du dict saint Germain, qu'il lui auroit envoyé l'office divin que l'on chante tous les ans en la dicte paroisse de St-Pierre, au jour de son martyre, le deuxième jour de may, et de la translation des sacrés reliques du dict saint Germain, le treizième jour de novembre, qu'il parle des miracles en presque les mêmes termes qui sont dans la vie que le dict frère Cauchie donna au publique, comme aussy dict ci-dessus, enfin lui auroit mandé qu'il le vouloit gratifier de quelque partie notable; pour quoy, aussitôt que le dict frère Cauchie auroit veu le temps calme par la cessation des armes publiée, seroit parti de la ville d'Amiens le dix-huitième jour de juillet dernier, accompagné de Nicolas Harmelin son homme, et arrivé au dict Ribemont le 22 du même mois de juillet, où après avoir appris que le dict Héduin s'étoit retiré à Paris, et nous avoir resigné la dicte cure de Ribemont, le dict frère Cauchie nous seroit venu trouver en déclarant le subject de son voyage, et la dévotion qu'il avoit pour ce sainct martyr et glorieux patron de la dicte église, et prié instamment de lui faire voir la chasse où est le corps de ce saint, et de l'en gratifier de quelque partie qu'il pût faire exposer en publique, pour estre d'autant plus veneré et honoré par le peuple.

Au mesme instant nous lui aurions dict que l'année mil six cent cinquante, la dicte chasse qui estoit d'argent doré, ayant esté rompue et mise en pièces par les gens de guerre, le corps de ce saint qui y estoit refermé, en auroit esté porté par le dict Carlier en la ville de Lafère, et mise en dépost dans la maison de M. Joseph, docteur en médecine, dans un coffre appartenant à la dicte paroisse de Ribemont, et après la mort du dict Joseph dans la maison de Théodore Violette, marchand chapelier, demeurant au dict Lafère, et le chef avec un bras enchassé aussi en argent doré, porté en la ville de St-Quentin, aussi en dépost.

Et néanmoins pour contenter la curiosité du dict frère Cauchie, nous l'aurions mesné dans la dicte église de St-Pierre, et faict voir la place où estoit déposé la dicte châsse, et ensuite aurions prins résolution de partir le lendemain pour nous transporter en la dicte ville de Lafère, mais le dict Carlier estant parti de Ribemont pour affaires pressantes, nous aurions différé le dict voyage, et le dict frère Cauchie seroit retourné au dict Amiens.

Et le dixième de septembre ensuivant nous aurions escript au dict frère Cauchie, à ce qu'il eust à se trouver en la dicte ville de Lafère au vingt-cinquième du même mois, ensuite de laquelle lettre le dict frère Cauchie seroit parti de la dicte ville d'Amiens, accompagné de Nicolas Harmelin son homme, le vingt-deuxième du mesme mois de septembre, et arrivé le lendemain vingt-troisième en la dicte ville de Lafère, auquel lieu nous ayant attendu jusqu'au vingt-cinquième du dict mois, nous accompagnés du sieur Carlier nous serions arrivés le vingt-quatrième du dict mois en la ville de Lafère, et le lendemain vingt-cinquième, conjointement avec le dict Carlier aurions été prier le révérend père Victor d'Amiens, prédicateur capucin et supérieur de la maison et couvent de Lafère, et le vénérable père Hyppolite Dault, anssi prédicateur capucin, de nous accompagnier pour aller chez le dict Violette, dans la maison duquel les reliques de sainct Germain estoient enfermées et déposées dans ung coffre avec les ornements de la dicte paroisse de Ribemont, au quel lieu le dict frère Cauchie ayant esté adverti de se trouver pour assister à l'ouverture du coffre et reliques et satisfaire à sa dévotion, estant présent, nous aurions prié le dict Carlier, gardien des clefs du dict coffre, d'en faire l'ouverture, ce qu'ayant faict, nous aurions tiré du dit coffre avec toute la révérence possible, deux paquets, l'un desquels contenoit le suaire de saint Germain, et l'autre quasy tous les restes des os du corps du dict sainct Germain qui avait esté, excepté le chef et un bras qui sont enchassés séparément, comme il a esté dict ci-dessus, et après, le dict Carlier nous ayant asseuré par serment que c'étoit le mesme corps du dict saint Germain qui avoit esté dans la chasse avant la rupture par les soldats, comme les ayant lui-mesme ramassés le lendemain de la dicte rupture, ce qui nous auroit esté mentionné par le procès-verbal tiré du mesme coffre, portant recueillement et dépost des dictes reliques, et après avoir tous rendu nos respects et honneurs dus aux dictes reliques, à la prière et instante supplication du dict frère Cauchie, et en la présence du sus-nommé, nous en aurions tiré l'*os d'une cuisse*, plus une *coste*, plus un *os des vertèbres*, et finalement un *morceau de la machoire*, dans laquelle il y avoit une *dent*, que nous aurions donné en mesme temps au frère Cauchie, curé de la paroisse St-Germain d'Amiens, pour y estre par lui portés de la façon cy après exprimée, et conservée dans le chœur de la dicte paroisse St-Germain, et n'entendons point que d'autre que lui en ait la direction, pendant tout le temps qu'il y sera curé, et après lui ses successeurs, suppliant instamment le dict frère Cauchie, curé et ses successeurs, d'apporter tous les soins possibles pour la décoration et la vénération d'ycelles.

Puis ayant mis et enveloppé les reliques dans ung corporal blanc, et enfermé dans une boîte de bois blanc avec du coton blanc filé, qui lui avait esté présenté par le frère Cauchie, ayant pareillement mis dans la dicte boîte le double du procès-verbal que tous les sus-nommés ont signé avec nous, et scellé du sceau local du couvent des révérends pères capucins de Lafère, que nous aurions prié de nous prester pour la preuve certaine de la vérité des reliques et de tout le contenu ci-dessus, dont le dit frère Cauchie nous auroit requis acte à lui accordé, pour lui servir en ce qu'il jugera, et de suite, de tout ce que dessus nous aurions mis dans une fine toile blanche, toutes les dictes reliques du dict saint Germain, comme aussi le dict suaire dans une pareille toile et les deux saints paquets, un dans une chasse en bois, de mesme présentés avec les dictes toiles par le susdict frère Cauchie, et après avoir enfermé le tout dans la dicte boëte de bois blanc, la dicte boëte a été clouée et fermée de huit clous, et liée avec corde de chanvre et scellé du dict sceau, désigné en un autre endroit, auquel sceau est gravé un saint Louis Roi de France, et escript autour *Sigil. capuc. conven. Feræ.* Le présent acte mis entre les mains du dit Cauchie.

Signé: Victor Damiens, prédicateur-capucin du couvent de Lafère; Hyppolite Dault, prebtre, prédicateur-capucin, Cauchie, Carlier, de Tupigny.

NOTE O.

Procès-verbal de vérification des reliques de saint Germain par M. Faure, évêque d'Amiens, le 3 avril 1660.

François Faure, par la grâce de Dieu et du saint siège apostolique évêque d'Amiens, conseiller du roy en ses conseils, et maistre de l'oratoire de sa majesté, à tous ceux qui ces présentes lettres verront, salut et bénédiction en Nostre Seigneur. Sçavoir faisons que.

Ce jourd'hui en nostre hostel épiscopal, s'est présenté frère Jean Cauchie prêtre chanoine régulier de l'abbaye de saint Jean-Baptiste d'Amiens, de l'ordre des Prémontrés, et curé de l'église paroissiale de St.-Germain de la dicte ville d'Amiens, lequel nous a déclaré que continuant la dévotion qu'il a toujours eu envers le grand saint Germain l'Ecossais, martyr et pontife, patron de la dicte paroisse de St.-Germain, avoit aussi continué ses soins pour savoir le lieu où son corps et ses reliques reposoient, pour mettre ce saint s'il pouvoit en plus grande vénération, non seulement dans la dicte paroisse, mais encore en toute la dicte ville d'Amiens, où le peuple lui porte une grande dévotion, qu'ayant appris que les reliques de cet illustre martyr avoient été transférées de l'an 850 environ du prieuré conventuel de St.-Germain, ordre de saint Benoist, situé au village de St.-Germain-sur-Bresle entre Aumâle et Senarpont, lieu de son martyre et sépulture, de nostre diocèse, par deux religieux du mesme prieuré en la ville de Ribemont, diocèse de Laon, en Picardie, dans laquelle ville elles avoient esté gardées et conservées dans une châsse d'argent doré jusqu'en l'année 1650, que l'armée Espagnole ayant prins et pillé la dicte ville de Ribemont, comme aussi l'église de St.-Pierre paroisse du dict lieu, rompu et brisé la dicte châsse, les saints ossements de ce grand pontife saint Germain l'Ecossais, auroient esté portés par le sieur Gilbert Carlier bourgeois de la dicte ville de Ribemont de la ville de Lafère, du dict diocèse de Laon, où le curé et les plus nobles habitants de la dicte ville de Ribemont estoient refugiés; les enfermèrent en la présence de noble homme maistre Antoine Bougier, conseiller du Roy, et son lieutenant-civil au dict Ribemont, dans un coffre contenant les argenteries et les plus riches ornements de la dicte église de saint Pierre, qu'ils avoient mis en dépôt dans la maison du sieur Joseph, docteur en médecine, demeurant en la dicte ville de Lafère, suivant leur acte du premier jour d'août 1650, et après le décès du dict sieur Joseph, le dict coffre dans lequel auroient été renfermées les dictes reliques, argenteries et ornements, auroient été transportées dans la maison du dict sieur Violette, marchand chapelier, demeurant en la dicte ville de Lafère, par vénérable et discrète maistre Jean Héduin, prestre, docteur un théologie, conseiller et aulmonier du Roy, son prédicateur ordinaire, chanoine théologal de Razais, alors curé de la dicte église de St.-Pierre de Ribemont, ainsi qu'en fait foy l'acte du 14 octobre 1659; dans laquelle ville de Lafère Jean Cauchie seroit arrivé le 29 septembre 1659 sur l'advis de vénérable et discrète personne maistre Robert de Tupigny, prestre, maistre ès arts de l'université de Paris, curé de la dicte paroisse de St.-Pierre de Ribemont, qui pareillement se seroit rendu le 24 du même mois en la dicte ville de Lafère, avec le dict sieur Gilbert Carlier, marguiller en exercice de la dicte église de St.-Pierre de Ribemont, et le lendemain 25 du dict mois, les dicts sieurs de Tupigny et

Carlier, accompagnés de révérends pères Victor d'Amiens prédicateur capucin supérieur du couvent des capucins de la dicte ville de Lafère, et Hyppolite Dault, aussi prédicateur capucin du dict couvent, ont conduit le dict frère Jean Cauchie en la maison du dict sieur Théodore Violette, dans laquelle les saints ossements du martyr et pontife saint Germain estoient en dépost dans une caisse avec les argenteries et ornements de la dicte église de St.-Pierre; et après que le dict sieur Carlier, en la présence des sus nommés et autres a fait l'ouverture du dict coffre, le dict sieur de Tupigny en auroit levé deux paquets, dans l'un desquels estoit le suaire du dict saint, et dans l'autre estoient presque tous les ossements du dict saint, à la réserve du chef et d'un bras enchassé séparément en argent, duquel second paquet le dict sieur de Tupigny en auroit tiré l'os d'une cuisse, une coste, un os des vertèbres, et un morceau de la machoire à laquelle tient encore une dent; qu'il auroit en même temps mis dans un corporal blanc et enfermé dans une boëte de bois blanc avec coton, scellé du sceau local du couvent des révérends pères capucins de la dicte ville de Lafère dont se seroit servi, faute d'autre, le sieur de Tupigny, pour confirmation du contenu en son procès-verbal, duquel copie signée des dicts de Tupigny, Carlier, des dicts révérends pères Victor et Hyppolite, et du dict frère Cauchie, auroit esté enfermée dans la dict boëte, lesquelles sacrées reliques, le dict sieur de Tupigny aurait donné au frère Jean Cauchie ainsi qu'il nous en a fait apparoir par le double du dict procès-verbal signé et scellé comme dessus, et ensuite nous auroit supplié de lui donner heure, pour nous présenter la dicte boëte, et en faire l'ouverture, laquelle nous lui aurions indiquée à trois heures de relevée du mesme jour dans la chapelle de nostre dict hostel épiscopal, où le dict frère Cauchie se serait rendu, comme nous sortions de vespres de nostre église cathédrale.

Nous, désirant de tout nostre pouvoir sçavoir les pieux desseins de frère Jean Cauchie à rendre l'honneur deub aux sacrées reliques de cet illustre martyr et pontife saint Germain l'Écossois, nous sommes revestus des ornements convenables à de si saintes cérémonies, et ayant béni une caisse en bois de chesne que le dict frère Cauchie avait fait préparer sur l'autel de nostre dicte chapelle pour mettre et enfermer les dictes saintes reliques, nous avons en la personne de vénérable et discret maistre René Robérville, prestre, docteur en théologie à la Faculté de Paris, archidiacre et chanoine théologal de nostre église cathédrale d'Amiens, Charles Picard, prestre, bachelier en droit canon, escholâtre, chanoine de nostre église cathédrale et official de nostre cour spirituelle, d'Amiens, Charles Houlon, prestre licencié ès-lois, conseiller clerc au bailliage et siége présidial d'Amiens, vice-gérant de la dicte officialité, tous trois nos vicaires généraux en spirituel et temporel, Jean Guillé, prestre-chapelain de nostre église cathédrale, secrétaire ordinaire de nostre évesché, François Bernard, prestre, personnat de Liomer, promoteur de nostre dicte cour spirituelle, Nicolas Leleu, prestre, chapelain, commis à nostre trésorerie, et de plusieurs autres personnes, fait ouverture de la dicte boëte dans laquelle nous avons vu le dict procès-verbal signé de Tupigny, Victor, Hyppolite, Cauchie, et scellé d'un sceau sur lequel est gravé un saint Louis, Roy de France, et escript autour : *Sigil. capuc. conv. Feræ.* Le tout semblable au double dont le dict frère Cauchie était porteur.

Et ayant tiré un lien de coton blanc, nous avons apperçu un corporal blanc dans lequel nous avons trouvé l'os des cuisses, une coste, un os des vertèbres et un morceau de la machoire, à laquelle tient encore une dent, et le dict frère Cauchie nous ayant présenté un taffetas rouge cramoisy et une fine toillette blanche, entre trois lits de coton blanc, nous avons enveloppés dans les dicts taffetas et toillette blanche, entre trois lits de coton blanc, sur le premier lit, le dict os de la cuisse, et sur le second la dicte coste, os des vertèbres, et le dict morceau de la machoire à laquelle tient encore une dent, que nous avons fait coudre avec de la soye rouge cramoisy, puis nous avons mis entre deux lits de coton blanc les dictes sainctes reliques dans la dicte caisse, et au-dessus le susdict procès-verbal avec les dicts deux actes et aultant des présentes signées de nostre main et scellées du sceau ordinaire de nos armes et contresignées de nostre dict secrétaire.

Enfin nous avons fait fermer la dicte caisse avec deux chevilles de bois à la colle et un cordon de soye rouge, et y apposer nostre dict sceau en cinq endroits. Ce fait, nous avons remis la dicte caisse entre les mains du dict frère Jean Cauchie, toutes lesquelles reliques ci-dessus mentionnées nous avons approuvées et confirmées, approuvons et confirmons, permis et permettons de les exposer en publique à la vénération des chrétiens fidèles.

Faict à Amiens en nostre dicte chapelle épiscopale, le samedi veille de Pasques, et le troisième jour d'avril 1660. Ainsi signé : FRANÇOIS, évesque d'Amiens.

Collationné et rendu conforme à l'original par moi secrétaire de l'évesché d'Amiens, soubsigné les jour, mois et an que dessus.

Signé : GUILLÉ.

Amiens. — Imp. V⁰ HERMENT, place Périgord, 8.

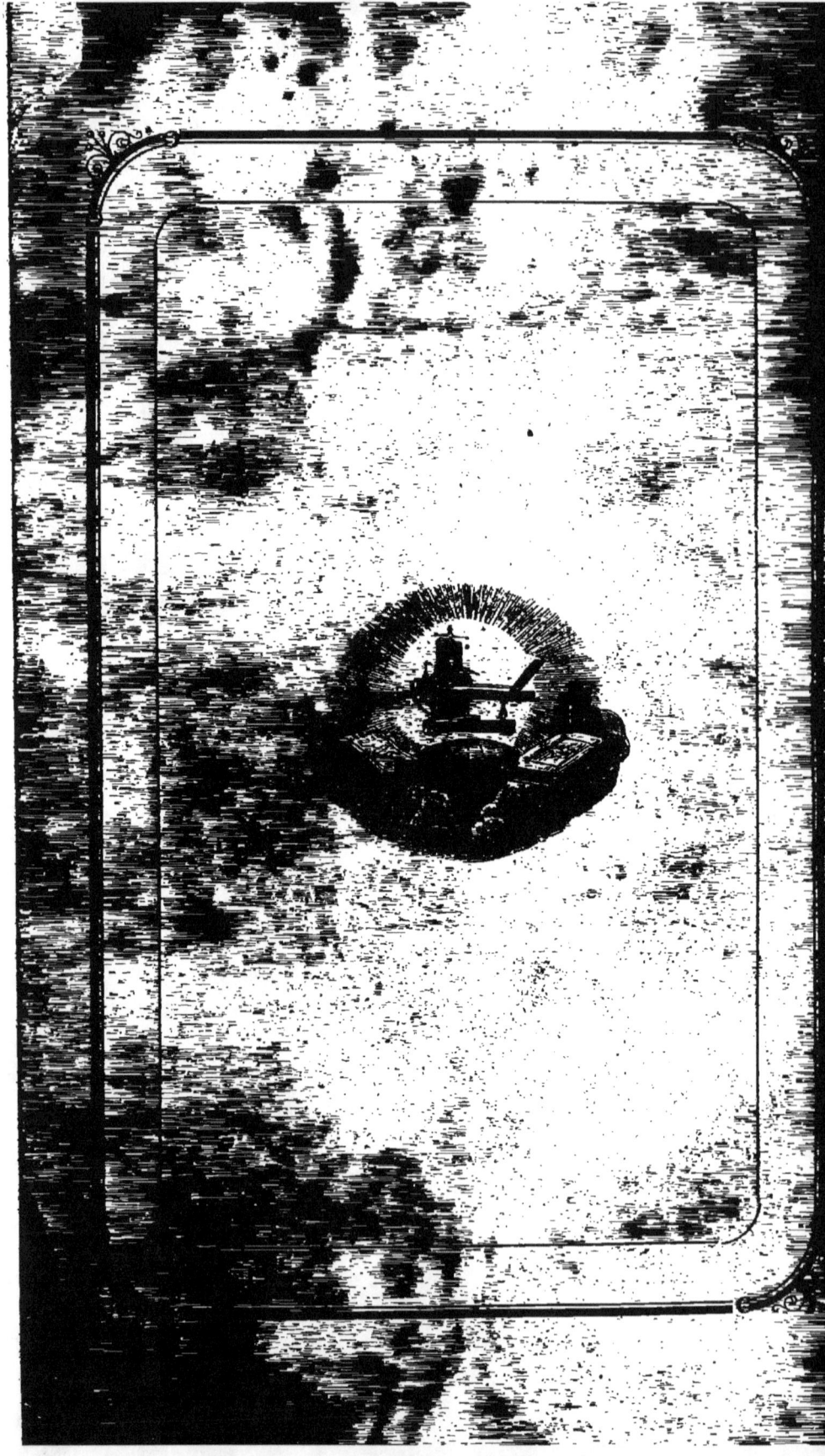

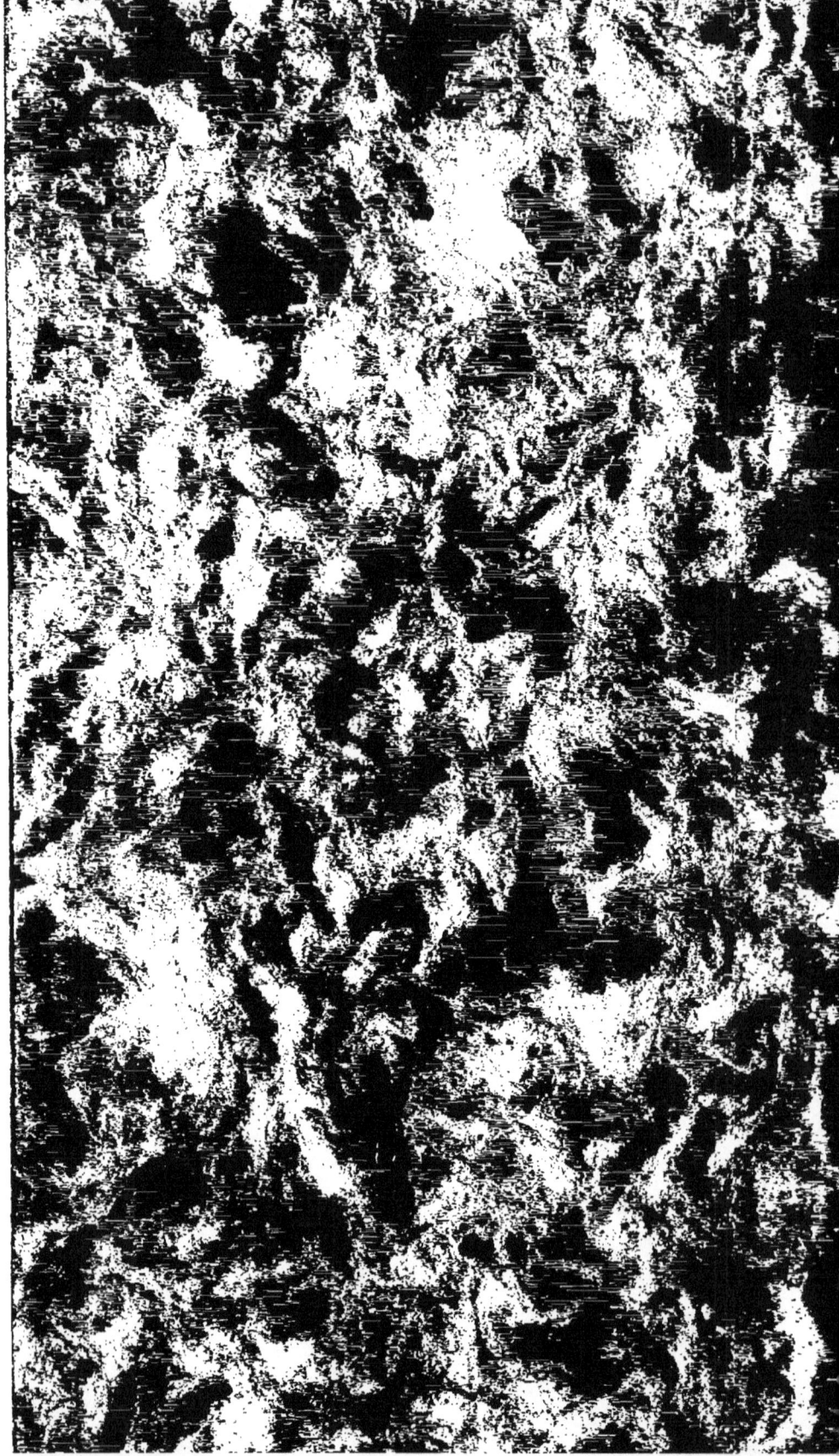

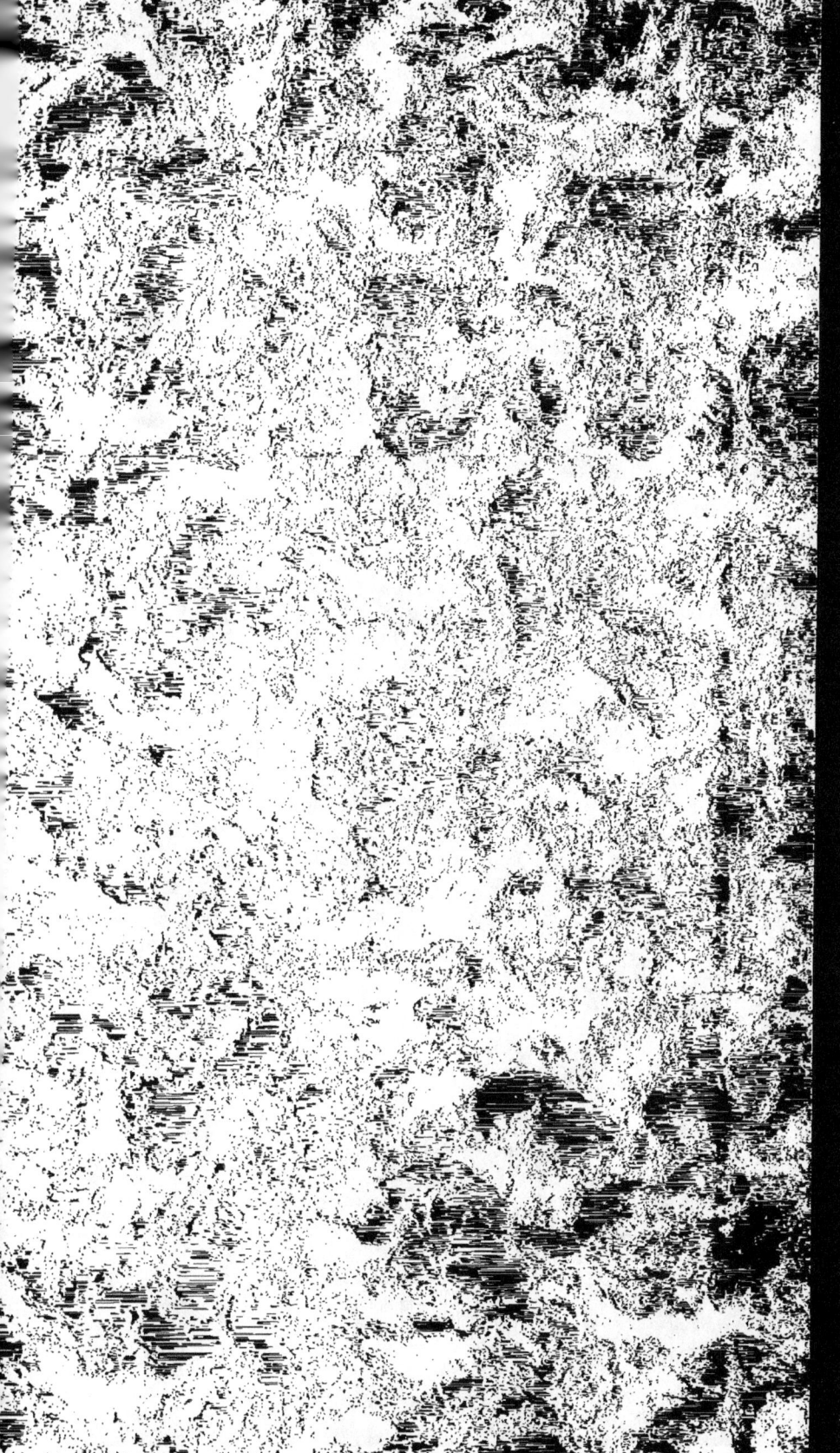

www.ingramcontent.com/pod-product-compliance
Lightning Source LLC
Chambersburg PA
CBHW060055190426
43202CB00030B/1720